रामदरश मिश्र
एक अंतर्यात्रा

वाणी प्रकाशन

21-ए, दरियागंज, नई दिल्ली-110002

फोनः 23273167, 51562621, 51562622 फैक्सः 23275710

e-mail : vani_prakashan@yahoo.com

vani_prakashan@mantraonline.com

रामदरश मिश्र
एक अंतर्यात्रा

प्रकाश मनु

वाणी प्रकाशन

वाणी प्रकाशन

4695, 21-ए, दरियागंज, नयी दिल्ली 110 002

शाखा

अशोक राजपथ, पटना 800 004

फ़ोन: +91 11 23273167 फ़ैक्स: +91 11 23275710

www.vaniprakashan.in
vaniprakashan@gmail.com

RAMDARASH MISHRA: EK ANTARYATRA
by Prakash Manu

ISBN : 81-8143-208-8
Criticism

संस्करण 2004
आवृत्ति 2012

मूल्य : ₹ 300

मुद्रक : न्यू कृष्णा ऑफसैट

वाणी प्रकाशन का लोगो मक़बूल फ़िदा हुसेन की कूची से

रामदरश जी के लिए
जिनके निकट रहकर जाना—
कि जो सहज है, वही सुंदर है!

भूमिका

आस्थाओं के संकट के दौर में अपनी राह चलते रामदरश जी!

इस पंद्रह अगस्त को रामदरश जी अस्सी के हो रहे हैं। मित्रों में जिनसे भी चर्चा की, उन्होंने थोड़े अचरज के साथ टिप्पणी की—"अच्छा...अस्सी के! रामदरश जी...? लगता तो नहीं!"

मुझे यह सुनकर अच्छा लगा। इसलिए कि इस अवस्था में भी रामदरश जी की सीधी देह-यष्टि, चेहरे पर हर समय बनी रहने वाली प्रफुल्ल हँसी और सबको अपने साथ ले चलने वाला सहयात्री का-सा भाव अभी बचा हुआ है।...इसीलिए थोड़ा अचरज होता है, "अच्छा!...रामदरश जी अस्सी के?"

और फिर अस्सी तक आते-आते बहुतेरे लेखक लिखने में कम, यहाँ-वहाँ की 'उड़ानें' भरने और लिखने वालों को चिड़चिड़ाहट भरे लंबे-लंबे उपदेश पिलाने में ज्यादा रस लेने लगते हैं। उनके चेहरे, खासकर माथे पर गुरु गंभीरता की इतनी कठिन रेखाएँ खिंच जाती हैं कि लगता है, उनसे दूर रहने में ही भला है! पर रामदरश जी में ऐसे लक्षण भी कतई नजर नहीं आते। अब भी लेखन की करीब-करीब 'सिद्धावस्था' या एक किस्म की उस्तादी तक पहुँचने के बावजूद, उनमें कुछ नया लिखने और रच पाने का एकदम बच्चों-जैसा निर्मल उत्साह नजर आता है। यहाँ तक कि कभी-कभी तो जिस गीत या गजल पर काम कर रहे हों, वह फोन पर ही सुनने को मिल जाती है।...और चूँकि वे उस समय सृजन के अत्यंत निर्मल प्रकंप भरे क्षणों से गुजर रहे होते हैं, इसलिए ऐसे वक्त में उनकी मासूमियत और उत्साहभरी आवाज के साथ फोन पर ही उनका चेहरा टटोलने की कोशिश करता हूँ, तो बहुत दफा वह एक मासूम—बहुत-बहुत भोले बच्चे का चेहरा लगता है।...वह बच्चा जो बरसों पहले गाँव से शहर आया था और आज तक 'गुम' नहीं हुआ! अस्सी के रामदरश जी में वह अब भी कभी-कभी झलक उठता है। और यही ललक तब उनमें नजर आती है, जब किसी युवा, यहाँ तक कि एकदम नए, उदीयमान रचनाकार की

कोई कविता, कहानी या लेख पढ़कर वे इस कदर मुक्त भाव से उसकी सराहना करते हैं या उसकी खूबियों को इतने विस्तार से बताने लगते हैं कि हमें अचरज होता है—'अच्छा! इस उम्र में भी रामदरश जी इतना पढ़ लेते हैं? या इतने सजग हैं!' यों यह अच्छा है कि उन्होंने इस अवस्था में भी खुद को 'बुजुर्ग' होने से बचा रखा है!

ऐसे रामदरश जी का अस्सी का होना उनके तमाम पाठकों और मिलने-जुलने वालों को थोड़ा अचरज में डाल गया हो, तो इसमें बुरा क्या है!...यह तो उनके अच्छे स्वास्थ्य (शरीर के साथ-साथ मन के भी!) तथा प्रफुल्ल, सक्रिय व्यक्तित्व की एक प्रसन्न स्वीकारोक्ति ही है।

यों सच तो यह है कि रामदरश जी की यह अस्सीवीं वर्षगाँठ सिर्फ अस्सी वर्षों की गिनती से ही पूरी नहीं होती, बल्कि इसके पीछे अपने देश की विराट जनता के सुख-दुख, संवदेना और संघर्षों से सीधे-सीधे जुड़ी उनकी एक से बढ़कर एक दर्जनों कृतियों की रचनात्मक समृद्धि और विपुलता भी है।...यानी इन अस्सी वर्षों में कोई साठ-पैंसठ वर्षों की लंबी रचना-यात्रा की बेचैनी और 'तप' भी शामिल है। शायद इसलिए रामदरश जी का अस्सी का होना केवल उनके निजी जीवन की घटना नहीं है, यह हिंदी साहित्य से जुड़े लेखकों, पाठकों या उससे अनुराग रखने वाले सहृदयों, सभी के लिए एक 'साहित्यिक पर्व' से कम नहीं है। एक ऐसा प्रीतिकर क्षण, जब अपनी सहमतियों-असहमतियों के बावजूद हम कृतज्ञता के साथ अपने एक बड़े, वरिष्ठ लेखक को सम्मान देने के लिए एक जगह आ खड़े होते हैं।

यह किताब 'रामदरश मिश्र : एक अंतर्यात्रा' इसी सिलसिले की एक कड़ी है। रामदरश जी पर समय-समय पर लिखे गए लेख, संस्मरण, इंटरव्यू एक किताब की शक्ल में आएँ, यह इच्छा लंबे समय से थी। वाणी प्रकाशन के भाई अरुणकुमार माहेश्वरी से चर्चा हुई, तो उन्होंने ख़ुशी-खुशी इसे मान लिया। संभवतः एक और नजरिए से रामदरश जी को देखने के साथ-साथ उनका 'एक और सादा, खुरदरा तथा ज्यादा विश्वसनीय चेहरा' यह किताब सामने रख सके, जो बहुतों के लिए थोड़ा अनजाना है! उनकी कृतियों पर अपनी बेबाक राय रखते हुए, कहीं-कहीं हो सकता है, मैं थोड़ा अधिक कठोर हो गया हूँ। पर यह तो रामदरश जी से ही सीखा है कि भीतर-बाहर से एक होकर जियो, एक होकर लिखो, तभी रचना बनती है।

रामदरश जी के बारे में जब-जब सोचता हूँ, एक गाँव के आदमी की सहज सादगी या गँवई गंध सबसे पहले आकर रास्ता रोककर खड़ी हो जाती है। जैसे वह उँगली उठाकर यह बता देना चाहती हो कि प्रकाश मनु, तुम जिस शख़्स के बारे में लिख रहे हो, उसके बारे में यह दर्ज करना मत भूलना कि बरसों से दिल्ली में रहते हुए भी, वह दिल्ली वालों जैसा कभी नहीं हुआ और अपने गाँव का होकर ही गाँव को अलग-अलग शक्लों में जीता रहा।...यानी रामदरश जी दिल्ली के होकर भी

सबसे पहले तो गाँव के आदमी हैं। इतने बरस दिल्ली में रहने के बाद भी वह अपने कुछ-कुछ ग्रामीण चेहरे के साथ लेखकों की भीड़ में दूर से पहचान में आ जाते हैं—सीधी, तनी हुई देह, बगैर उलझाव वाला अकुंठ व्यक्तित्व और प्रफुल्ल आत्मीयता भरी मुस्कान जो बात करने के लिए निरंतर न्योतती है। इस लिहाज से दिल्ली ने उन्हें बहुत कम बदला है। न वह महानगर की चतुराई भरी छद्म विनम्रता कभी अपना सके और न अपना ठेठ और बेलाग अंदाज ही छोड़ा। भले ही बहुतों को इससे परेशानी हो जाती हो, लेकिन उनके अपने उन्हें जानते हैं और इसीलिए उनका सम्मान भी करते हैं।

यह रामदरश जी को जानने का एक बहुत बड़ा 'क्लू' है...बहुत बड़ी कुंजी है। उन्हें गाँव से अलग करके आप उन्हें या उनकी रचनाओं को जान ही नहीं सकते। बहुत संभव है कि अगर आप यह नहीं जानते या संजीदगी से नहीं जानते तो उनकी रचनाएँ आपके निकट अपना अर्थ खोलेंगी ही नहीं। उनकी चर्चित कविताओं, कहानियों, उपन्यासों के अलावा उनके निबंध, यात्रा-वृतांत और सहज सादा संस्मरणों में भी सादगी की शक्ल में यह अकृत्रिम गँवईपन व्याप्त है। गाँव की धरती, गाँव के खेत-खलिहान, गाँव की मुक्त प्रकृति, नदी, आकाश और संबंधों की सहज ऊष्मा...सभी कुछ।

बेशक रामदरश जी ने कविता, कहानी, उपन्यास, आलोचना, निबंध—साहित्य की लगभग हर विधा में लिखा है और जमकर लिखा है। 'अपने लोग', 'जल टूटता हुआ' और 'पानी के प्राचीर' उनके ऐसे कालजयी उपन्यास हैं जो प्रेमचंद और रेणु की परंपरा को अपने ढंग से आगे बढ़ाते हैं और उनकी सम्मानपूर्ण चर्चा के बगैर हिंदी उपन्यास का कोई भी इतिहास पूरा नहीं हो सकता। इसी तरह रामदरश जी की कविताएँ हों, कहानियाँ या निबंध, उनमें से फूटती एक सहज गँवई गंध उन्हें एक अलग शख्सियत देती है। यों मेरे ख्याल से साहित्य की अनेक विधाओं में समान अधिकार, बल्कि कहिए 'उस्तादाना' कौशल के साथ लिखने के बावजूद अगर उनकी मूल या केंद्रीय विधा की चर्चा करनी हो, तो शायद वह कविता ही होगी। उनकी कहानियाँ, उपन्यास, निबंध, यहाँ तक आलोचना भी—मुझे उनकी काव्य-प्रतिभा का अलग-अलग दिशाओं में विकास या विस्तार ही नजर आती हैं। और उनकी कविता का 'मूल मर्म' गीत है, जहाँ से सहज ही उनकी कविता-यात्रा शुरू हुई और उसकी पृष्ठभूमि में बचपन में माँ से सुने हुए भावपूर्ण बहुरंगे लोकगीतों की स्मृति तलाशी जा सकती है। कोई आश्चर्य नहीं कि रामदरश जी ने अपनी आत्मकथा की शुरुआत इसी 'मर्म-बिंदु' से की है और उनके समूचे लेखकीय व्यक्तित्व का केंद्रीय मर्म बिंदु भी यही है जिसने उन्हें अपनी राह पर और आगे चलने का बल दिया और हर भटकन से बचाया। एक वक्त था जब उनके सहयात्रियों में गिरिजाकुमार माथुर, शमशेर जैसे कवि भी अकविता के प्रभाव में बहे, बाद में उनमें से कुछ के कनफेशन

भी सामने आए। पर रामदरश जी अपनी राह छोड़कर किसी ऐसी 'बाढ़' में बहे हों, ऐसा एक भी उदाहरण याद नहीं पड़ता। इससे मालूम पड़ता है, वह जमीन जिस पर रामदरश जी खड़े हैं, कितनी पुख्ता है।

क्या यही वह बुनियादी कारण नहीं कि आज जब तमाम बड़े लेखक 'न लिखने का कारण' पर लंबी-लंबी, निरर्थक और उलझाऊ बहसें चलाकर अपने न लिख पाने के लिए बहाने तलाश रहे हैं, वहीं रामदरश जी ने खूब लिखा है—सहज और अकुंठ भाव से लिखा है और हर जगह अपने व्यक्तित्व की छाप छोड़ी है। शायद इसलिए कि उन्हें महज तात्कालिकता के रस-उत्तेजना में बहने के बजाए, साहित्य की निरंतरता, परंपरा से जुड़ने के बोध और अपनी रचना की शक्ति पर कहीं अधिक भरोसा है। यही वजह है कि वे और बड़े-बड़े लेखकों की तरह अपने पाठकों को आतंकित नहीं करते, बल्कि उन्हें अपने साथ जोड़कर चलते हैं। कुछ अरसा पहले चौदह खंडों में छपी रामदरश जी की समूची रचनावली देख जाइए, उसमें कहीं भी कोई उलझाऊ वाक्य या निरर्थक वाग्जाल नहीं मिलेगा। यह हो ही नहीं सकता...शायद इसलिए कि यही चीज रामदरश जी को रामदरश मिश्र बनाती है। वह कविता लिखें या गद्य, उनके व्यक्तित्व की मूल पहचान, उनकी सरल सादगी की गंध उसमें जरूर रहती है। और इसके बावजूद जीवन की बड़ी से बड़ी उलझनों या पेचीदगियों का बयान करने में उन्हें कोई मुश्किल नहीं आती।

असल में, रामदरश जी का व्यक्तित्व हो या रचनाएँ, उनकी विशेषता ही यह है कि उनमें बनावट कम से कम है और सहजता ही उसका प्राण है। उनकी हर रचना एक सीधे-सादे लेकिन संवेदना में गहरे धँसे आदमी का बयान है। इसके अलावा उनकी जो चीज सबसे ज्यादा भाती है, वह है गहरी लयबद्ध तल्लीनता। वह हड़बड़ी या उतावली में शायद ही कुछ करते हों। सामने जो प्रस्तुत क्षण है, उसको पूरे मन से जीते हैं। यह कहते हुए रामदरश जी के साथ जिए गए अनगिनत पल मेरी आँखों के आगे को जाते हैं, जिनमें मैं उनकी उस अद्भुत 'हिंदुस्तानियत' से साक्षात्कार कर पाया, जिसमें परंपरा और आधुनिकता बड़े ही आश्चर्यजनक ढंग से मिलकर एकमेक हो जाते हैं।

रामदरश जी से पहली बार मिलने पर जो बात महसूस की थी, उनकी संपूर्ण रचना-यात्रा से गुजरकर उसे और अधिक शिद्दत से देख-टटोल और महसूस कर पाया। रामदरश मिश्र का यह अर्जित रचनात्मक सत्य है कि—"जो सादा है, वही सुंदर है और शक्तिशाली भी!" उनसे मिलने वाले जिज्ञासु और उनकी रचनाओं के पाठक दोनों पर सबसे पहला और गहरा असर इसी का होता है। इसीलिए रामदरश जी भले ही उन लेखकों में न हों जो चर्चा में रहने के 'गुर' जानते हैं और इस लिहाज से लिखना जिन्हें सबसे फिजूल कर्म लगता है, लेकिन रामदरश जी अपने लेखन के बल पर वहाँ जरूर पहुँचे हैं, जहाँ पहुँचना किसी लेखक का सबसे बड़ा सपना

होता है। जो लेखन छोड़कर अन्यान्य कर्मों और करतबों में लगे हैं, कभी शायद उनका भी यही सपना रहा होगा। लेकिन यहाँ आने का तो सिर्फ एक ही रास्ता है—अपने लेखन पर भरोसा और सहजता और निरभिमानता के साथ खुद को अपने समाज के आम जन से एकमेक कर देना। लिहाजा आश्चर्य नहीं कि एक बड़े लेखक की 'सिद्धावस्था' तक पहुँचे रामदरश जी के होने में उन बहुत-से लोगों को अपना होना नजर आता हो जिनके लिए लेखन शगल नहीं, अब भी एक तरह की आस्था है और 'एक बेहतर दुनिया का सपना' भी। इस बेहतर दुनिया के लिए लड़ाई रामदरश जी की रचनाओं में भले ही अति मुखर न लगती हो, लेकिन कोई आधे शतक से भी अधिक कृतियों में फैली रामदरश जी की अनवरत रचना-यात्रा के हर सफे में वे बेचैनियाँ, तकलीफें, गहरी करुणा और छटपटाहट दिखाई पड़ सकती है, जिनके रेशे और अंतःसूत्र मिलकर किसी बड़ी लड़ाई की भूमिका जरूर बनाते हैं।

रामदरश जी घोषित रूप से मार्क्सवादी भले न हों, लेकिन एक मार्क्सवादी लेखक की भीतरी जिद, वैचारिक समझ और लड़ाइयाँ उनके रचना-संसार में जगह-जगह फैली और दस्तक देती नजर आ सकती हैं। यह दीगर बात है कि रामदरश जी की आस्था किसी विचार या विचारधारा से अधिक अपने समय और अपने समय के आम आदमी के साथ रही है। इसीलिए जहाँ कई बार बड़े मार्क्सवादी भी चूकते, भटकते और भूल-सुधार करके वापस लौटते दिखाई देते हैं, वहाँ रामदरश जी शांत, निरुद्वेग और विश्वासपूर्ण कदमों के साथ अपनी सीधी-सरल राह पर चलते नजर आ सकते हैं। इसीलिए रामदरश जी की रचनाएँ हिंदुस्तान के आम आदमी का पिछले पचास बरस का 'इतिहास' या उसके हालात का 'कच्चा चिट्ठा' खुद में समेटे हुए नजर आएँ, तो कोई आश्चर्य न होना चाहिए। दूसरी बड़ी बात जो रामदरश जी की रचना-यात्रा से गुजरते हुए बार-बार महसूस हुई, वह यह कि एक धीमी-सी शुरुआत के बावजूद लेखक की सिद्धावस्था तक पहुँचने के पीछे रामदरश जी का यह निर्धूम विश्वास ही है कि अंततः 'रचना ही सबसे बड़ा सत्य है।' और यही भरोसा तमाम विपरीत स्थितियों से बचाकर उन्हें निरंतर आगे बढ़ने की शक्ति देता है। इसीलिए चौदह खंडों में फैली रामदरश जी की बृहद् रचनावली के आने से उन 'महानों' के चेहरे जो सिर्फ 'वक्तव्यों' की झड़ी लगाने और चर्चा में रहने के शगल से ही महत्त्वपूर्ण बने रहते हैं और जो लिखना भूल चुके हैं—थोड़े निष्प्रभ और फीके नजर आएँ, तो यह अकारण नहीं है। रचना इसी तरह अपनी शांत गति और सरल निरभिमानता से अपनी शक्ति प्रकट करती है।

रामदरश जी की रचना-यात्रा कविताओं से शुरू हुई थी और वे स्वयं को प्रथमतः और मूलतः कवि ही मानते हैं। शुरू में गीत, लेकिन उनकी आगे की काव्य-यात्रा में गीत कम, कविताएँ अधिक लिखी गईं। लेकिन यहाँ यह साफ देखा जा सकता है कि गीतों का कवि अपने समय और परिवेश के किन दबावों के तहत गीत से

कविता की ओर मुड़ रहा है। अलबत्ता रामदरश जी की शुरू-शुरू की 'बैरंग बेनाम चिट्ठियाँ', 'देहाती टीसन', 'नींव के पत्थर', 'निशान' सरीखी कविताएँ न सिर्फ बढ़िया और दमदार कविताएँ हैं, बल्कि ये मिलकर वह पुख्ता नींव भी बनाती हैं, जिस पर आगे चलकर उनकी कविता की पूरी इमारत खड़ी नजर आती है। इसके बाद की रामदरश जी की काव्य-यात्रा में 'पक गई है धूप', 'कंधे पर सूरज' और 'दिन एक नदी बन गया' जैसे संग्रह एक-एक कर जुड़ते जाते हैं और रामदरश जी के स्वर में न सिर्फ आत्मविश्वास आता है, बल्कि अपना मुहावरा खुद गढ़ने की एक अनायास कोशिश भी वहाँ देखी जा सकती है। हाँ, बहुतों को यह बात चकित करेगी कि रामदरश जी अपने तमाम आलोचकों को जो महज उन्हें 'एक सीधा-सादा कवि' कहकर एक छोटी पिटारी या खाने में डाल देना चाहता है, कभी-कभी बड़े मजे में खिलाते और छकाते भी हैं। ऐसे श्रीमंत लोग कल्पना तक नहीं कर सकते कि रामदरश जी 'मृत्यु-बोध' जैसी कविताएँ भी लिख सकते हैं, जो उनके 'फूले हुए अस्तित्ववादी पेट' में बड़ी होशियारी से सूई चुभो देती है। और 'आनंद-बोध' कविता में तो वे अपने आलोचकों और पाठकों दोनों को लगभग भौचक्का करते हुए, जिस तरह 'कुकुरमुत्ता' के साथ एक 'जुत्ता' ले आते हैं, उससे अच्छे-अच्छों की साँस उखड़ सकती है और चेहरा फक हो सकता है। लगता है, कहीं चुपके से रामदरश जी में विद्रोही, अक्खड़ निराला की आत्मा उतर आई है।....मैं समझता हूँ, रामदरश जी के हर आलोचक को आईने में अपना सही चेहरा देखने के लिए, कम से कम एक बार जरूर यह कविता जरूर पढ़ लेनी चाहिए। इसलिए कि जो उन्हें सूखा आदर्शवादी कवि कहते हैं, उन्हें पता चल जाए कि उनके भीतर हास्य और सलीके से चोट करने का कितना माद्दा है!

यों रामदरश जी की कविताओं के केंद्र में मुख्य रूप से क्रोध नहीं, पारिवारिकता और करुणा ही है, जिसमें 'मम' और 'पर' का अंतर कम होता जाता है और दुनिया एक 'घर' में तब्दील होने लगती है। इधर रामदरश जी ने रोजमर्रा के काम आने वाली चीजों—मेज, चाकू, चम्मच वगैरह पर इतनी सुंदर और अनौपचारिक किस्म की लंबी कविताएँ लिखीं हैं कि लगता है, उन्होंने अपने भीतर कई और सीढ़ियाँ उतरकर, समय के विस्तार और अनुगूँजों को एक अलग अंदाज में पकड़ता बिल्कुल नया काव्य-मुहावरा पा लिया है। गो कि इसका विकास उनके यहाँ सहज और अनायास ही हुआ है। सच तो यह है कि इधर की रामदरश जी की कविताएँ कविता और कथा की लय को एक-दूसरे में गूँथकर एक नया शीर्ष रचती नजर आती हैं।

रामदरश जी की कथा-यात्रा की शुरुआत बेशक उतनी सबल और आकर्षक नहीं रही। उनके मन में अपने 'कहानीकार' का वैसा बिंब शायद न था, जैसा अपने कवि का। तो भी यह कम आश्चर्यजनक नहीं कि कहानी के फैशनों की बजाए, अपने अनुभवों पर भरोसा करते हुए वे आगे बढ़े और 'संध्या', 'मनोज जी' जैसी

कहानियों से चलकर 'खाली घर', 'माँ, सन्नाटा और बजता हुए रेडियो', 'आज का दिन भी', 'फिर कब आएँगें' और 'ही ईज हेमंत'स फादर' जैसी कहानियों तक पहुँचे, जिसमें कहानी और संस्मरण घुल-मिलकर एक नई आब पा लेते हैं। ये ऐसी कहानियाँ हैं जिसमें आज की कहानी, बल्कि कहें कि 'इक्कीसवीं सदी की कहानी' के तमाम नए रास्ते खुलते हैं। साफ शब्दों में कहूँ तो ये 'कहानी की मुक्ति' की कहानियाँ हैं। ये 'अद्वितीय' कहानियाँ भले ही न हों, मगर ऐसी कहानियाँ जरूर हैं जो अपने साथ बहा ले जाती हैं और इन्हें पढ़कर अपने समय और समाज की एक बेहतर समझ बनती है। रामदरश जी की कहानियाँ पाठकों को अपने अनुभवों पर यकीन करने का भरोसा दिलाती हैं। कोई कथा-लेखक इस तरह का भरोसा अपने पाठकों के दिलों में पैदा कर लेता है, तो यह भी यकीनन एक उपलब्धि तो है ही। यों यह भी कोई कम आश्चर्य की बात नहीं कि बगैर किसी बड़बोली घोषणा के, रामदरश जी ने दलितों के उत्पीड़न और स्त्रियों की वेदना पर जितनी कहानियाँ लिखी हैं, उतनी तो शायद दलितों और स्त्रियों के बड़े 'मसीहाओं' ने भी नहीं लिखी होंगी।

तो भी इसमें शक नहीं कि रामदरश जी की कथा-यात्रा का शीर्ष उनकी कहानियाँ नहीं, उपन्यास ही हैं। खासकर 'पानी के प्राचीर', 'जल टूटता हुआ' और 'अपने लोग' रामदरश जी के इतने बड़े उपन्यास हैं कि आजादी के बाद के हिंदी के एक दर्जन बड़े उपन्यासों का नाम लेना हो, तो रामदरश जी के किसी न किसी उपन्यास का जिक्र उसमें आएगा ही। रामदरश जी के उपन्यासों को अकसर आंचलिक उपन्यासों के खाते में डालने का आलोचकों का रवैया रहा है, पर मुझे साफ लगता है कि उनका रिश्ता रेणु के 'मैला आँचल' या 'आंचलिक उपन्यास' के नाम से जानी गई धारा से कहीं अधिक प्रेमचंद से है। वे अपने थोड़े 'ढीले-ढालेपन' और खुरदरे विस्तार में प्रेमचंद की परंपरा को आगे बढ़ाने वाले उपन्यास हैं। जैसे प्रेमचंद के 'रंगभूमि', 'गोदान' सरीखे उपन्यासों को आंचलिक उपन्यास कहना किसी कदर उनके कद को घटाना है, इसी तरह रामदरश जी के उपन्यासों को आंचलिक उपन्यास कहना, उन्हें एक तरह से छोटा करना ही है। अपनी कुछ एक आंचलिक विशेषताएँ रखते हुए भी, ये जीवन के कहीं अधिक विस्तार को सहेजती खुली कृतियाँ हैं।

अलबत्ता रामदरश जी की रचनाओं से गुजरते हुए यह बात अच्छी तरह समझ में आ जाती है कि एक लेखक की पहली और बड़ी जिम्मेदारी अपने समय और लोगों के प्रति होती है और यही चीज उसे बड़ा और सिद्ध लेखक बनाती है। दूसरे शब्दों में, यह वह सच्चा मार्क्सवाद है, जो किताबों से कम, गोर्की की तरह जीवन का पाठ पढ़ने से ज्यादा आया है। यह जीवन की खुली भाषा पढ़ने से आया है और इसे हम रामदरश जी में शुरू से आखिर तक लगातार विकासमान देखते हैं। बहुत-सी कमियों और थोड़े 'ढीले-ढालेपन' के बावजूद यह रामदरश जी के रचना-संसार को विश्वसनीय ही नहीं बनाता, शक्ति और सुंदरता से भी भरता है।

वे जो 'कलावंत' होने या दिखने के लिए किस्म-किस्म की 'मुद्राएँ' पहनकर, एक बड़बोलेपन से भरा झूठा साहित्य लिख रहे हैं, ऐसे झुंड के झुंड 'सूडो इंटेलेक्चुअल्स' क्यों रामदरश जी की आब का सामना नहीं कर पाते, उनकी 'चीरहरण वाली' परपीड़क लीलाएँ क्यों इस सहज सुंदर शख्सियत के आगे खोखली और हास्यास्पद जान पड़ती हैं, अगर खोजें तो इन सवालों के जवाब भी हमें यहीं कहीं नजर आएँगे। और यह भी कि आस्थाओं के संकट के दौर में, रामदरश जी का 'होना' लेखकों की मौजूदा पीढ़ी को किस कदर आस्था और विश्वास से भर देता है। रामदरश जी हैं और अपनी सहज, प्रसन्न चाल से, बगैर भटके, बगैर झुके अपनी स्वाभिमानी राह पर चले जा रहे हैं, यह कहीं न कहीं आने वाली पीढ़ियों के लिए एक रास्ता भी है—और आस्था भी।

देश के कोने-कोने में फैले रामदरश जी के पाठकों को इस किताब के जरिए, कुछ और आत्मीयता और खरेपन के साथ उन्हें जानने में मदद मिल सके, तो मैं समझूँगा, मेरा प्रयत्न निष्फल नहीं गया। पाठकों की खुली, बेबाक प्रतिक्रियाओं की प्रतीक्षा रहेगी।

7 जुलाई 2004 — **प्रकाश मनु**

545 सेक्टर - 29
फरीदाबाद, (हरियाणा)

अनुक्रम

प्रथम द्वार

हमारी दुनिया में एक सीधा आदमी

गांव की मिट्टी, पानी और गंध से जुड़ा

एक वह सादा निरभिमानी चेहरा

एक

दिल्ली आने के बाद की जिन घटनाओं को आज तक नहीं भूल पाया, उन्हीं में एक वह प्रसंग भी है—एक घटनाविहीन घटना, जब मैं पहली बार रामदरश जी से मिला था।

तब क्या जानता था कि वह सीधा, सरल, धूपखिला दिन मेरे भीतर इस कदर गहरे धँस जाने वाला है कि मैं अपने जीवन में उसकी स्नेहिल और रागात्मक दस्तकें हमेशा सुनता रहूँगा। और रामदरश जी को याद करना मेरे लिए अपने घर के किसी आत्मीय जन या किसी बड़े बुजुर्ग को याद करने जैसा हो जाएगा।

अपने मित्रों देवेंद्रकुमार और रमेश तैलंग के साथ मैं उनसे मिलने वाणी विहार गया था। तब दिल कुछ असामान्य ढंग से धड़क रहा था। खासा संकोच था और एक अजब तरह की उत्तेजना भी। इतने बड़े कवि-कथाकार से मिलने जा रहे हैं, जिसकी रचनाएँ न जाने कब से पढ़ते आ रहे हैं या पढ़-पढ़कर बड़े हुए है! एक संकोच यह भी था हम बिना सूचना दिए जा रहे थे। उनका फोन नंबर हमारे पास नहीं था और उनका पता किसी पत्रिका से हमने टीप लिया था।

पर वहाँ जिन रामदरश जी से हमारी मुलाकात हुई, वे तो जैसे बरसों—बल्कि सदियों से हमारे जाने हुए थे। घर के बाहर बरामदे में फरवरी की गुनगुनी धूप में खरहरी खाट पर लेटे हुए। एकदम गँवई गाँव के किसान की मानिंद। वैसी ही सीधी देहयष्टि, वैसा ही मुक्त मन, वैसी ही खुली बातें। सच्चाई की आब से दमकता

माथा, चमकती आँखें। सिर पर इतने छोटे बाल, जैसे बिना कंघी किए सिर्फ हाथ फिराकर छोड़ दिए गए हों। कोई खास लेखकीय मुद्रा नहीं। बस मिले, परिचय हुआ और गपशप चल निकली। कुछ ऐसे, जैसे एक लंबे अंतराल के बाद घर के किसी चिरपरिचित व्यक्ति से मिल रहे हैं।...और साहित्य-चर्चा की उस अनाविल रसधारा में कितने ही दिलचस्प प्रसंग आ-आकर जुड़ते चले गए। बहुत-सी बातें उनसे कहने-सुनने को हमारे भीतर उमड़ और अकुला रही थीं और रामदरश जी भी हमारे संग-संग बोलते-बतियाते हुए थक नहीं रहे थे।

अचानक मुझे उनकी बहुत-सी प्रसिद्ध कविताओं के साथ-साथ एक बहुत पुराने गीत "उमड़ रही पुरवाई कुंतल-जाल-सी, अंबर में लहराए कारे-कारे बदरा..." की याद आई और मैंने बहुत संकोच सहित आग्रह किया कि उनका मन हो, तो वे कुछ कविताएँ सुनाएँ। इस पर उन्होंने वह पुराना पावस-गीत तो सुनाया ही, अपनी कुछ फागुनी कविताएँ भी सुनाईं, जिनकी गंध अब भी मेरे मन में बसी हुई है। इनमें वसंत के अनेक प्रतीकार्थ थे और बहुत से अछूते, रागात्मक बिंब। महानगर में वसंत के आने और भीड़ की भब्भड़ और तेजी के बीच उसके चुपचाप उपेक्षित होकर चले जाने का दर्द भी था।

रामदरश जी से मिलकर लौटते हुए लगा, हम एक भरा-पूरा दिन जीकर लौटे हैं। इसमें कोई कुंठा नहीं, कोई दुराव नहीं, कोई मैल-मत्सर नहीं। यह एक वासंती धूपखिला दिन था, जिसमें भीतर-बाहर की उजास थी। और यह दिन मेरे लिए 'घटना' इसलिए बन गया कि उस दिन एक बड़े लेखक का एक बिंब मेरे मन में बना कि वह सीधा-सहज और अपनापे से भरा होता है। मिलने पर वह आपको छोटा नहीं करता, बल्कि कुछ और बड़ा बनाकर एक गहरे प्यार और खुलेपन के साथ अपना लेता है।...और मैं स्वीकार करूँगा कि रामदरश जी से मिलने पर बना बड़े लेखक का यह बिंब मेरे मन में कुछ ऐसी जड़ जमा चुका है कि जिन लेखकों के पास जाने पर जीवन की यह सहज ऊष्मा नहीं मिलती, उन्हें लेखक मानने में मुझे कुछ-कुछ शक होने लगता है।

बहरहाल, उस दिन के बाद न रामदरश जी हमारे लिए अजनबी रह गए, न हम उनके लिए। जब-जब मिले, यही लगा, जैसे हम सदा से उन्हें जानते हैं और वे सदा हमारे साथ हैं, हमारे अपने है! और ऐसा नहीं कि यह सिर्फ हमारे साथ ही हुआ हो, शायद रामदरश जी से मिलने वाले सभी नए-पुराने, खासकर युवा लेखकों की यही प्रतीति रही होगी। कम से कम दिल्ली में युवा और नए लेखकों को इतना प्यार करने वाला उन जैसा कोई दूसरा लेखक ढूँढ़ना मुश्किल है। और फिर यह प्यार निष्क्रिय भी नहीं। नए से नए लेखकों की रचनाएँ पढ़ना और अगर वे चाहें, तो उन्हें अपनी सुचिंतित सलाह देना, उन्हें अपने साथ चला ले जाना—ये कुछ ऐसी चीजें हैं, जिनके पीछे कहीं न कहीं हमारी एक विस्मृत गुरु-शिष्य परंपरा के कुछ-कुछ

बारीक धागे गौर से देखने पर नजर आ सकते हैं।

सच तो यह है कि रामदरश जी उन लेखकों में से हैं, जिनमें परंपरा का बहुत-कुछ बचा हुआ नजर आ सकता है। वे न परंपरा का अंध पाठ करने वालों में से हैं और न परंपरा की खिल्ली उड़ाने को ही 'आधुनिकता' मान लेने वालों की जमात में हैं। इसके बजाए वे आचार्य रामचंद्र शुक्ल, आचार्य हजारीप्रसाद द्विवेदी, प्रसाद और निराला की उस परंपरा में हैं, जिसमें परंपरा के सार्थक हिस्से को अपनाकर उसे 'पुनर्नवा' कर दिया जाता है। शेष जो अप्रासंगिक और निरर्थक हो चुका है, खुद-ब-खुद छूटता चला जाता है। लिहाजा कुछ छोड़ने और बहुत-कुछ ग्रहण करने की उनकी परंपरा आगे चलकर खुद-ब-खुद आधुनिकता का ही एक जरूरी हिस्सा हो जाती है। और छद्म और अतिरेकी आधुनिकतावादियों की तुलना में वे कहीं ज्यादा और सही आधुनिक लगते हैं। लिहाजा दिल्ली में इतने बरस रहकर भी न वे अपने गाँव की मिट्टी, खेत और पानी की गंध को भूले हैं और न वहाँ के दुख और समस्याओं के बीहड़ को! उनका गाँव उनके साथ-साथ चलता नजर आता है। कोई ताज्जुब नहीं कि दिल्ली में इतने बरस रहने के बाद भी आज भी वे गँवई गाँव के आदमी लगते हैं और इसमें उन्हें कोई शर्म नहीं महसूस होती। रामदरश जी की एक प्रसिद्ध कविता है, जिसमें वे बताते हैं कि अपने घर में उन्होंने कच्ची जमीन का एक टुकड़ा छोड़ रखा है। यह कच्ची जमीन इसलिए कि वहाँ परंपरा के बिरवे और हरी घास लहराती रहे। यह जो वनस्पतियों के साथ होना है, यह अनिवार्यतः जीवन के साथ होना है और यह चीज उन्हें भीतर से समृद्ध करती है।

दो

रामदरश जी की रचनाओं को पढ़ें या उनके निकट जाकर उनके व्यक्तित्व की लकीरों को पढ़े, उनकी बातें सुनें तो इस बात की तरफ आपका ध्यान जरूर जाएगा कि वे जीवन से बहुत मजबूती से और गहरे आंतरिक लगाव से जुड़े हैं और उनके पैर पूरी तरह जमीन पर हैं। इसीलिए उनकी आस्था जितनी मनुष्य में है, उतनी किसी और में नहीं। उनका मानना है कि ईश्वर है या नहीं है, यह बड़ी बात नहीं, बड़ी बात यह है कि मनुष्य है। इसी से यह धरती इतनी सुंदर है और है और इसी से यह दुनिया इतनी अजब निराली और बहुरंगी है। रामदरश जी के 'बीज' शब्द हैं—गाँव, मिट्टी, पानी, परंपरा और अपने लोग। और उनके निकट जाएँ, तो इन शब्दों के नए-नए अर्थ, बल्कि इनका एक समूचा दर्शन समझ में आता है और जीवन से रामदरश जी के गहरे लगाव का पता चलता है। यहाँ तक कि उनके लेखन का बीज या 'उत्स' भी यहीं कहीं है। माँ और पिता की भावुकता, खासकर पिता के फक्कड़ स्वभाव और गाँव की मिट्टी के खिंचाव और मस्ती भरे परिवेश ने इसे यकीनन कुछ और बढ़ा

दिया।

एक बार एक लंबी, अंतरंग बातचीत में उन्होंने खुद भी भावुकता से सीझकर बताया था—"मेरी माँ और पिता दोनों ही बड़े भावुक थे...पिता तो कुछ सैलानी, घुमक्कड़ तबीयत के थे और भावुकता, रसिकता उनमें कूट-कूटकर भरी हुई थी। वे होली आदि त्योहारों पर मस्ती में भरकर गाया करते थे तो देखते बनता था। ऐसे ही स्त्रियों के गीतों में हमेशा माँ सबसे आगे होती थी।...मुझे लगता है, इस पारिवारिक परिवेश का भी जरूर कुछ न कुछ असर हुआ होगा और यों लेखन का जो बीज भाव भीतर मौजूद था, उसका पोषण हुआ। तो इस तरह, जो गाँव मैंने जिया है, वह ऐसा गाँव है जो सौंदर्य और अभाव से ठसा हुआ गाँव है—बाढ़ की विभीषिका से हर क्षण काँपता हुआ गाँव! लेकिन बाढ़ का पानी उतरते ही मिट्टी की महक इस कदर खींचने-लुभाने लगती है कि मस्ती में भरकर लोग गा रहे हैं, बजा रहे हैं। ...दरअसल तब लोगों की प्रवृत्ति मस्ती की थी—मस्ती से जीने की...व्यावसायिक बुद्धि इतनी नहीं थी...गाने-बजाने में लोग इतने मस्त रहते कि खेतों तक की ज्यादा चिंता नहीं रहती थी...!"

रामदरश जी यह भी बड़े सहज और अकुंठ भाव से स्वीकार करते हैं कि "मैं कोई चमत्कारी प्रतिभा का व्यक्ति नहीं हूँ। बहुत जल्दी में आपाधापी में मैं कोई चीज नहीं समझ पाता...।" शायद इसी का परिणाम यह है कि पढ़ाई-लिखाई की 'आतंककारी' विधि से वे शुरू में ही घबरा गए थे। बड़े भाईसाहब ने घर पर अक्षर-ज्ञान देने की कोशिश की। बार-बार झल्लाए, डाँटा-डपटा और अंत में पटरी उठाकर फेंक दी। उन्होंने जैसे ऐलान कर दिया है कि पढ़ना-लिखना इसके बस का नहीं है!

माँ पढ़ी-लिखी नहीं थीं, बस अक्षर-ज्ञान उन्हें था। उन्हें इस बात पर विश्वास नहीं हुआ। उन्होंने बालक रामदरश की आँखों के भीतर जाने क्या देख लिया था, पहचान लिया था कि उन्होंने एक दिन घोषणा की—"तुम्हें मैं पढ़ाऊँगी!" जाड़े के दिन थे। सभी अलाव के पास बैठे थे। माँ ने उसी अलाव की बुझी हुई राख निकाली और उसे सामने फैला दिया। बोलीं—"लिखो बेटा 'क'।" और बच्चे की उँगली पकड़कर आहिस्ता से 'क' पर घुमाने लगीं। रामदरश जी अपनी आत्मकथा 'सहचर है समय' में बचपन की इस अविस्मरणीय घटना के बारे में लिखते हैं—"कोई हड़बड़ी नहीं थी, कोई दबाव नहीं था। पढ़ाई का कोई अलग से वातावरण नहीं बनाया गया था। इसलिए मैं माँ के साथ कौड़ा तापने की-सी सहजता से उसके साथ 'क' लिखने लगा। माँ को लगा, जैसे मेरे भीतर बँधी हुई कोई गाँठ खुल रही है। उसके स्पर्श की आँच से जड़ता धीरे-धीरे पिघल रही है और भीतर सोई हुई या अवरुद्ध चेतना अपनी ऊष्मा फेंक रही है। माँ बहुत विश्वास से मुस्कराई थी और पता नहीं क्या चमत्कार हुआ कि सात-आठ दिन में पूरी वर्णमाला मैं सीख गया।"

उसके बाद रामदरश जी की अध्ययन की यात्रा सहज भाव से चल पड़ी। हालाँकि स्कूल में अध्यापकों का बच्चों को पीट-पीटकर आतंकित करने का जो तरीका था, उसे याद करके वे आज भी असहज हो जाते हैं, जैसे वे अध्यापक न हों, थानेदार हों! कितने ही लायक बच्चे उन अध्यापकों के आतंक के कारण हमेशा के लिए पढ़ने-लिखने से वंचित रह गए। उनमें से कितने ही आगे चलकर कुछ बन सकते थे, क्योंकि प्रतिभा की उनमें कमी नहीं थी। रामदरश जी को आज भी वह दृश्य नहीं भूलता, जब गाँव के तमाम बच्चे 'बरम बाबा' की पीढ़ी के आगे हाथ जोड़ कर खड़े हो जाते थे, मन ही मन बड़बड़ाते हुए—"हे बरम बाबा, आज मैं मार न खाऊँ, दुहाई बरम बाबा की!"

बहरहाल, गाँव के इसी परिवेश में, जिसमें "स्कूल, परिवार, गाँव प्रकृति, हाट-बाजार, पर्व-त्योहार—सभी एक-दूसरे में गुँथे हुए थे"—रामदरश जी का बचपन बीता। एक ओर घर की अफाट निर्धनता, कमजोर कच्ची भीतें, टपकते छप्पर, निर्धनता से पैदा हुए दुख, क्षोभ और अपमान, हर साल फूत्कारती हुई आती बाढ़ का आतंक और दूसरी ओर गाँव के जीवन की भावनात्मक समृद्धि, इनसानी संवेदना और गाने-बजाने की मस्ती—शायद जीवन की इस खुली पाठशाला से ही रामदरश जी ने जीवन के बड़े-बड़े पाठ सीखे। थोड़ी-बहुत तुकबंदी भी शुरू हो गई। कोई लोकगीत सुनते या कविता पढ़ते, तो लगता—'अरे, ऐसा तो मैं भी लिख सकता हूँ!' और यों भीतर को जो भराव था, जो रचनात्मक समृद्धि थी—उसने कविता की ओर बह आने का क्षीण ही सही, मगर रास्ता जरूर तलाश लिया था।

रामदरश जी की बौद्धिक और साहित्यिक प्रतिभा को निखारने में ढरसी स्कूल के आचार्य रामगोपाल शुक्ल का बड़ा हाथ है। उन्होंने स्कूल को एक स्वावलंबी गुरुकुल का रूप दे रखा था। और वहाँ वे मैट्रिक और विशेष योग्यता की कक्षाएँ चलाते थे। पंडित जी के बहुआयामी व्यक्तित्व का प्रभाव रामदरश जी पर भी पड़ा और उनकी सर्जनात्मक प्रतिभा निखारने लगी। हालाँकि ढरसी स्कूल की ही एक ऐसी घटना है, जिसे याद करके आज भी रामदरश जी की आँखें नम हो जाती हैं। स्वर गीला-गीला सा होने लगता है। हुआ यह कि ढरसी के पास ही बड़हलगंज में कार्तिक पूर्णिमा का मेला लगता था, जिसमें किशोर रामदरश अपने एक सहपाठी कपिलदेव के साथ पहुँच गए। वहाँ मेले का आनंद तो खूब आया, लेकिन वापस स्कूल पहुँचे तो देखा, पंडित जी मुँह फुलाए बैठे हैं। और उसी दिन से पंडित जी ने इन दोनों बच्चों से बात करना बंद कर दिया। किशोर रामदरश मिश्र ने गुस्से में एक कविता बनाई —"हमसे पढ़ा न जाए गोपाला, ले लो आपन कुंजी-ताला!" और उसी रोज शाम के झुटपुटे में दोनों अपने-अपने बक्स रामधनी हलवाई के यहाँ रख आए। सुबह उठकर ही निकल भागने का प्रोग्राम था। लेकिन पंडित जी को पता चल गया। बोले—"तुम लोग जहाँ चाहे जा सकते हो, भगवान तुम्हारा मार्ग प्रशस्त

करे।" रामदरश ने भरे हुए गले से कहा—"आपको हमें डाँटना चाहिए था, आपने कुछ कहा ही नहीं!" और झट उनके पाँवों पर गिर पड़े। पंडित जी बोले—"मेरा आशीर्वाद तुम्हारे साथ है, जहाँ रहो, सुखी रहो।" रामदरश जी ने अपना त्यागपत्र फाड़कर चिंदी-चिंदी कर दिया। दौड़कर गए और रामधनी हलवाई के यहाँ से बक्सा उठा लाए।

यह घटना सुनाते-सुनाते आज भी रामदरश जी की आँखें भर आती हैं, स्वर थरथराने लगता है। वे स्वीकार करते हैं, कि उनकी प्रतिभा तब कच्चे मिट्टी के ढेले जैसी थी, जिसे निखारने का काम पंडित रामगोपाल शुक्ल ने किया। रामदरश जी ने न सिर्फ अपनी आत्मकथा में उस दौर में अपनी चेतना के प्रस्फुटन के तमाम प्रसंग लिखे हैं, बल्कि अपनी संस्मरणों की किताब 'स्मृतियों के छंद' में भी पंडित रामगोपाल शुक्ल पर एक लंबा और भावुकता भरा संस्मरण लिखा है। यही वह दौर था जब रामदरश जी ने स्वाधीनता संग्राम की धमक को निकट से देखा जाना और बड़े भाई साहब की क्रांतिकारियों से निकटता और सक्रिय साझीदारी के कारण उनके भीतर भी एक जोश और उबाल पैदा हुआ, जिससे अपने समाज और उसके हालात को देखने की उनकी दृष्टि बदली और उनमें एक नई तेजी और चमक आई।

तीन

बाद में बनारस जाने पर रामदरश जी को जैसे एक नया जीवन मिला। ज्ञान की एक दुनिया खुलने का रोमांच उनके भीतर भर गया था। वे बताते हैं, "पहला अनुभव बनारस का यही था कि एक गाँव के आदमी के भीतर एक बड़े शहर का परिदृश्य खुल पड़ा। शहर थी अनेक सुंदरताएँ मन को अभिभूत कर देने के लिए काफी थीं।" बनारस की कैंब्रिज अकेडेमी, जहाँ से उन्होंने मैट्रिक की परीक्षा पास की—के पास ही मूर्धन्य छायावादी कवि जयशंकर प्रसाद का घर था। रामदरश जी ने पहली बार उसे देखा, तो रोमांचित हो उठे। राजेंद्रनारायण शर्मा से घनिष्ठता हुई जो प्रसाद जी के अंतेवासी रहे थे। उनसे प्रसाद जी के संस्मरण सुनकर वे अभिभूत होते। फिर बी.एच.यू में इंटरमीडिएट में एडमीशन लिया तो बेढब बनारसी, सीताराम चतुर्वेदी, कांतानाथ पांडे 'चोंच' तथा अनेक साहित्यकारों से परिचय हुआ। दूसरी ओर शंभुनाथ सिंह, मोती बी. ए., त्रिलोचन शास्त्री, ठाकुरप्रसाद सिंह, नामवर सिंह आदि से दोस्ती शुरू हुई, जो अभी शुरुआती चीजें लिखकर साहित्य में अपनी पहचान बना रहे थे।

बनारस की ही एक दिलचस्प घटना यह है कि केशवप्रसाद मिश्र जब हिंदी विभाग से सेवा-निवृत्त हुए, तो रामदरश जी का मन उखड़ गया। उन्होंने बी.एच.यू. छोड़कर इलाहाबाद जाने का निर्णय कर लिया। इलाहाबाद विश्वविद्यालय का आकर्षण उन्हें खींच रहा था, जहाँ धीरेंद्र वर्मा, रामकुमार वर्मा आदि थे। उन्होंने वहाँ

दाखिले का फार्म भी भर दिया था। लेकिन फिर राजबली पांडेय ने उन्हें बताया कि शांतिनिकेतन से आचार्य हजारीप्रसाद द्विवेदी आ रहे हैं, तो अचानक उन्होंने अपना फैसला बदल दिया।...यह घटना रामदरश मिश्र के जीवन के निर्णायक मोड़ों में से है, इसलिए कि आचार्य हजारीप्रसाद द्विवेदी आगे चलकर न सिर्फ उनके साहित्यिक गुरु और प्रेरणा-स्रोत ही बने, बल्कि उनकी छिपी हुई शक्तियों और कल्पना के अपार वैभव को आचार्य द्विवेदी ने ही उजागर किया। उनके भीतर जीवन की एक रसात्मक वृत्ति और उदात्त जीवन-मूल्यों की उन्होंने प्रतिष्ठा की, जिनसे रामदरश मिश्र कभी दूर नहीं हुए। और यों उनके मन में गुरु के आसन पर आचार्य हजारीप्रसाद द्विवेदी की मुक्त और उदात्त छवि मानो अब भी ज्यों की त्यों प्रतिष्ठित है। जैसे अब भी वही संकट या द्वंद्व के क्षणों में रामदरश जी को आगे की राह सुझाती हो!

दिलचस्प बात यह है कि आचार्य हजारीप्रसाद द्विवेदी से रामदरश जी की निकटता भी उनकी एक कविता के माध्यम से ही हुई थी। हुआ यह कि काशी विद्यापीठ में एक कवि-गोष्ठी थी जिसकी अध्यक्षता हजारीप्रसाद द्विवेदी कर रहे थे। रामदरश जी ने अपना प्रसिद्ध गीत पढ़ा, "उमड़ रही पुरवैया कुंतल-जाल-सी..." पढ़ते-पढ़ते चोर निगाहों से द्विवेदी जी की ओर देखा, तो मालूम पड़ा आँखें बंद किए झूम रहे हैं। सिर हौले-हौले हिल रहा है। गोष्ठी के बाद उन्होंने रामदरश जी से पूछा—"क्या कर रहे हो?" रामदरश जी ने कहा—"आपका शिष्य हूँ!" बस, उसी दिन से वह उनके प्रिय शिष्यों में आ गए। रामदरश जी के गीत संकलन 'पथ के गीत' की भूमिका भी आचार्य हजारीप्रसाद द्विवेदी ने ही लिखी थी।

इसके बाद का समय रामदरश जी के लिए एक अजब तरह के संघर्ष और तनाव का समय है—एक तरह से आजीविका की चिंता में भटकने का समय। बनारस यूनिवर्सिटी में कुछ समय तक अस्थायी तौर पर पढ़ाया, फिर नौकरी के चक्कर में गुजरात गए और वहाँ सन् 56 से 64 तक करीब आठ साल तक पढ़ाया। हालाँकि वहाँ के दुख, अपमान और पीड़ाएँ कुछ अलग तरह की थीं। हमेशा उखड़ने, हटा दिए जाने और राजनीतिक दुरभिसंधियों की तलवार सिर पर लटकती रहती थी। वहाँ से उखड़कर अंततः दिल्ली आए, जहाँ आजीविका के लिए एक 'पिछड़ गई दौड़' में शामिल होना उनकी मजबूरी थी। यों भी कुछ ज्यादा तेजी और आपाधापी उनके स्वभाव में नहीं थी। वे धीरे-धीरे चलते गए और बढ़ते गए।

हाँ, सबके बीच वे जिस चीज को नहीं भूले, वह था उनका साहित्य-सृजन, जिसमें वे पूरी शिद्दत, ईमानदारी और अडिग निष्ठा से जुटे रहे। मानो उन्होंने जान लिया हो कि जीवन की सारी उखाड़-पछाड़ और भागदौड़ के बीच, एक साहित्य ही है जो उनका संबल है और वही उनकी पहचान भी है। लिहाजा वे बरसों प्राध्यापक रहे, प्रोफेसर के पद से सेवा-मुक्त हुए, लेकिन उनकी पहचान एक जीवनधर्मी लेखक की ही है। वे गाँव से जुड़े, लोक से जुड़े एक सहज लेखक पहले हैं, प्राध्यापक बाद

में—और दिल्लीवासी तो और भी बाद में! इसलिए कि दिल्ली में खासकर इसकी अपरिमित फैलती बस्तियों में मैंने उन्हें बड़ी गहरी और आर्द्र संवेदना के साथ अपने गाँव को ही तलाशते पाया है।

रामदरश जी की जिस कृति में पहली बार मैंने उन्हें संपूर्णता में पाया और जिससे सचमुच एक दिग्गज और कालजयी लेखक के रूप में उनकी छवि बनी, वह है उनकी आत्मकथा—'सहचर है समय।' हालाँकि उनकी आत्मकथा के अलग-अलग खंड हैं जो पहले पत्र-पत्रिकाओं में और फिर पुस्तकाकार भी छप चुके थे, लेकिन मेरा ध्यान उनकी तरफ नहीं गया था। मैंने उनकी आत्मकथा को पहली बार और संपूर्णता के साथ 'सहचर है समय' शीर्षक वाले एक बड़े ग्रंथ में पढ़ा और ज्यों-ज्यों पढ़ता गया, रामदरश जी के मनुष्य और लेखक का कभी न मिटने वाला चित्र मेरी आत्मा के पर्दे पर बनता चला गया।

'सहचर है समय' पढ़कर पता चलता है कि निपट गँवई गाँव का, एक अभावों में पलता और थोड़ा-सा झिझका हुआ भयकातर बच्चा कैसे धीरे-धीरे अपनी सीमाओं और अभावों से टकराता है, अपने समय के थपेड़े झेलता है और धीरे-धीरे राह बनाता हुआ आगे निकलता जाता है। इस रास्ते में उसे दुख, अपमान, बार-बार की पराजय, विश्वासघात के धक्के और जख्म, क्या कुछ नहीं मिला। लेकिन सबको वह अपने समय का प्रसाद मानकर ग्रहण करता है और अपनी ही गति से एक ईमानदार राह पर आगे बढ़ता जाता है। तमाम हैं जो 'शार्टकट' के सहारे आगे निकलना चाहते हैं। बहुत से उसे टँगड़ी मारकर भी आगे बढ़ जाना चाहते हैं। वह सबको देखता है, समझता है, पर अपनी राह नहीं छोड़ता और एक दिन उसी राह पर चलते-चलते वहाँ पहुँचता है, जो किसी भी लेखक का—एक सही और ईमानदार लेखक का प्राप्य है।

हिंदी में आत्मकथाएँ बहुत सी है और बच्चन की आत्मकथा तो बहुत मशहूर भी हुई है। इसके अलावा रामविलास शर्मा की आत्मकथा, देवेंद्र सत्यार्थी की आत्मकथा, पांडेय बेचन शर्मा 'उग्र' की आत्मकथा। फिर डॉ. राजेंद्रप्रसाद सरीखे राजनेताओं की आत्मकथाएँ तो हैं ही। इन सभी की अपनी-अपनी खूबियाँ हो सकती हैं। लेकिन हिंदी में आत्मकथा जो रास्ता रामदरश मिश्र ने निकाला, वह मुझे कई मायनों में निराला लगता है। इसलिए कि यह आत्मकथा खाली रामदरश मिश्र की आत्मकथा न होकर उनके पूरे समय की आत्मकथा है। उनके तमाम सहयात्रियों की कथा है, जिन्होंने एक साथ या आगे-पीछे चलना शुरू किया, मगर कोई कहीं थककर बैठ गया, कोई कहीं। कुछ भटके भी, कुछ आगे भी गए। खास बात यह है कि आत्मकथा लिखते समय रामदरश जी कैमरे का 'लेंस' सिर्फ खुद पर नहीं रखते, उसे लगातार अपने साथियों और सहयोगियों पर घुमाते रहते हैं। यहाँ तक कि उनकी

ओर भी, जो उन्हें शत्रु-भाव से देखते रहे और उन्हें नीचा दिखाने की कोशिश करते रहे। रामदरश जी की आत्मकथा में यह सब है और एक ऐसे महाकाव्यात्मक औदात्य का हिस्सा बनकर आया है, जिसमें चीजें रहती तो हैं, लेकिन उनके प्रति निजी राग-द्वेष की कड़वाहट बहुत कम रह जाती है। लिहाजा बहुत छोटे-छोटे मामूली प्रसंग भी समय की कथा में ढलकर एक बड़े अर्थ को वहन करते हुए, जगमगा उठते हैं।

'सहचर है समय' के नायक रामदरश मिश्र नहीं, बल्कि 'समय' है। इसलिए 'सहचर है समय' से बेहतर नाम इस किताब का कोई और हो ही नहीं सकता था।

चार

खुद रामदरश जी के व्यक्तित्व के बहुत-से अज्ञात पहलू और कोने-अंतरे इस आत्मकथा को पढ़ने पर खुलते हैं।...मसलन बहुत कम लोगों को पता होगा कि रामदरश जी ने एक दफा एम.एल.ए. का चुनाव भी लड़ा था। और यों वे राजनीति में सफल तो नहीं हो पाए लेकिन राजनीति के बहुत पास होकर लौट आए। रामदरश जी अपने बड़े भाई के आग्रह पर न चाहते हुए भी इस पचड़े में पड़ गए थे। और खुद उनके शब्दों में, उनके जीवन में 'एक बहुत बड़ा दुष्ट ग्रह' उदित हुआ था। वह ग्रह यदि सफल हो गया होता तो उनके जीवन की दिशा ही बदल गई होती। रामदरश जी एम.ए. के द्वितीय वर्ष में थे, तभी यह चक्कर चला। किंतु एक तो राजनीति में उनकी कोई खास रुचि ही नहीं थी, दूसरे व्यावहारिक राजनीति में वे कोरे थे। इसलिए घबराए, लेकिन बड़े भाई का आग्रह था—"अपने जर-जवार के लोग तुम्हें चाहते हैं। वे चाहते हैं कि कोई युवा व्यक्ति आए जो उनका दुख-दर्द ऊपर तक पहुँचा सके।" रामदरश जी अच्छी तरह जानते थे कि राजनीति का यह खेल उनसे सध नहीं सकेगा। फिर भी मन मारकर उन्होंने स्वीकृति दे दी। एम.एल.ए. के चुनाव का पर्चा भरा और चुनाव-प्रचार पर निकल पड़े।

दुर्भाग्य से इस राजनीति में भी 'राजनीति' हुई और धोखे से उनका पर्चा खारिज करा दिया गया। और यों रामदरश जी राजनीति में जाते-जाते रह गए। लौटकर अपनी पढ़ाई लिखाई में जुट गए।...आज रामदरश जी को वह पूरा प्रकरण कैसा लगता है? अपनी आत्मकथा 'सहचर है समय' में इसका बहुत शानदार ढंग से जवाब देते हुए वे लिखते हैं :

"...मैं एम.एल.ए. होते-होते रह गया और मेरा भाग्य राजनीति की कुचक्री दुनिया में फँसते-फँसते रह गया। वहाँ गया होता तो न माया मिलती न राम। साहित्य की दुनिया में राजनीति का कुचक्र कुछ कम तो नहीं, चाहे प्रतिष्ठा और पुरस्कार पाना हो, चाहे आलोचकों के मूल्यांकन से गुजरकर स्थापित होना हो। राजनीति की माया यहाँ भी दिखाई पड़ रही है और यदि साहित्य की राजनीति मेरी

समझ में नहीं आई तो राजनीति की राजनीति मेरी समझ में कहाँ आती? और तब मैं न साहित्यकार रह पाता और न राजनीतिक। फिलहाल साहित्यकार तो हूँ और पूरे मन से हूँ। साहित्य की राजनीति किसी को तात्कालिक लाभ भले दे दे, किंतु साहित्य को स्थायी होने के लिए अंततोगत्वा साहित्य ही होना चाहिए। किसी का स्थायी साहित्य होता है कि नहीं, इसका फैसला वह तो नहीं कर सकता, किंतु इतना तो वह जानता ही है कि साहित्य-कर्म से उसका जुड़ाव कितना आंतरिक या कितना फैशनपरस्त है। यदि उसका जुड़ाव आंतरिक है, यदि साहित्य-कर्म उसकी वरीयता है, यदि वह जानता है कि साहित्य-कर्म के बिना उसका जीवन अधूरा या असार्थक है तो वह अपनी शक्ति-भर साहित्य को स्थायी साहित्य बनाने की दिशा में प्रयत्नशील है। और मैं आज अपने निर्णय के प्रति नहीं, उस मजिस्ट्रेट के निर्णय के प्रति कृतज्ञ हूँ कि उसने मुझे साहित्यकार रहने दिया।..."

यों रामदरश जी के जीवन में इस तरह के मौके बार-बार आते रहे कि उनके सहज पथ को, सहज प्राप्तव्य को भी कुछ लोग आड़ी-तिरछी रेखाओं से काटते रहे। बार-बार लगता रहा कि वे मंजिल के नजदीक हैं और हर बार कोई 'किंत-परंतु' उन्हें काटता चला गया। जिन दिनों वे बनारस में शोध कर रहे थे, उन दिनों आसपास के कालेजों और बनारस यूनिवर्सिटी में भी उनकी नियुक्ति के मौके आए और हर बार किसी न किसी कारण से उन्हें पीछे धकेल दिया गया। स्वयं आचार्य द्विवेदी अपनी सदिच्छाओं के बावजूद खुद को लाचार पा रहे थे। एक बार तो यह भी हुआ कि यू.जी.सी. से उन्होंने बनारस यूनिवर्सिटी के लिए दो लेक्चरर्स की अतिरिक्त सीटें माँगी। उन पर वे अपने प्रिय शिष्यों नामवर सिंह और रामदरश मिश्र की नियुक्ति चाहते थे। यू.जी.सी. ने सिर्फ एक ही सीट के लिए अनुमति दी। रामदरश जी को पता लगा कि द्विवेदी जी गहरी चिंता और उधेड़बुन में हैं। तय नहीं कर पा रहे हैं कि ऐसी स्थिति में क्या करें? वे दौड़े-दौड़े गए द्विवेदी जी के पास और कहा—"नामवर जी मुझसे सीनियर हैं। आप उन्हीं की नियुक्ति कीजिए। पहला हक उन्हीं का बनता है। और मुझे इसमें कोई शिकायत न होगी।" द्विवेदी जी मानो एक बड़ी चिंता से उबर गए। बोले—"तुमने मुझे एक बड़े द्वंद्व से उबार लिया।" उसके बाद द्विवेदी जी ने बहुत चाहा कि रामदरश बनारस में ही बने रहे, भले ही किसी कॉलेज में उनकी नियुक्ति हो जाए। लेकिन हर बार तिकड़मी लोग बीच में आकर रास्ता काटते रहे। और रामदरश जी अपने शांत स्वभाव के साथ पीछे हटते और हारते रहे।

लेकिन रामदरश जी इससे टूटे नहीं। बनारस की इस हृदयहीनता की भी वे कभी शिकायत नहीं करते, बल्कि इसके प्रति एक तरह की कृतज्ञता जैसा ही भाव जताते हैं कि इसी के चलते उन्हें गुजरात जैसे एक सांस्कृतिक रूप से समृद्ध अहिंदी भाषी राज्य में जाने और वहाँ के लोगों के जीवन और संस्कृति को पास से देखने और समझने का मौका मिला। हालाँकि मन के एक कोने में दर्द भी उमड़-घुमड़ रहा

था और वह संचित दर्द कभी-कभी आँसुओं की शक्ल में भी उमड़-घुमड़ आता था। 'बड़ौदे की शाम' निबंध में रामदरश जी ने अपनी इस मनःस्थिति के बारे में लिखा है। उनकी आत्मकथा के कुछ पन्ने भी मानो इसी दुख से छलछला रहे हैं। परिचितों द्वारा धकियाए जाने और अपरिचितों द्वारा आगे बढ़कर अपनाने का यह सुख-दुख का अजब-सा मिला-जुला अनुभव था :

"बड़ौदा में नौकरी मिली तो मेरी जीवन-यात्रा में एक निश्चिंतता आई और यह सोचकर आँखें भर आईं कि अपने परिवेश ने मुझे अपने भीतर से निकाल फेंका और एक निपट अनजाने परिवेश ने मुझे प्यार से अपना लिया। भटनागर जी के साथ शाम को एक लंबी सैर पर निकलता था और लगता था कि नया परिवेश धीरे-धीरे मुझसे परिचित होकर मेरे भीतर उतर रहा था। वह मुझसे बातें करता था, मेरा सुख-दुख पूछता था और मेरे परिवेश को बड़ा बना रहा था।"

इससे पहले रामदरश जी ने अपनी आत्मकथा में बनारस से बड़ौदा-यात्रा का बड़ा मार्मिक चित्रण किया है। जून की तपती गरमी, एक अनजान लंबा सफर, पीछे छूटता हुआ घर और बनारस जहाँ की अनगिनत यादें मन में दस्तक दे रही थीं। बनारस से वे आगरा पहुँचे और वहाँ से बयाना। बयाना से उन्हें बड़ौदा जाने के लिए फ्रंटियर मेल पकड़नी थी। जब रेलगाड़ी आई तो उनके होश उड़ गए। उसमें सामान्य डिब्बे दो ही थे और वे बुरी तरह भरे हुए थे। रामदरश खिड़कियों के पास जा-जाकर प्रार्थना कर रहे थे—"कृपया मेरा होल्डाल अंदर आने दीजिए, कल मेरा इंटरव्यू है!" किंतु कोई सुनता ही नहीं। आखिर उन्होंने खिड़की से होल्डाल अंदर ठेल दिया और खुद दरवाजे पर लटक गए। आगे की कथा खुद रामदरश जी से सुनिए :

"...भीतर घुसने की कोई गुंजाइश नहीं थी। इतनी तेज गाड़ी पर पहली बार चढ़ा था। उसकी गति का पूर्व अनुभव नहीं था, जब फ्रंटियर ने तेज रफ्तार पकड़ी तो हवा और उसके साथ उड़कर आने वाले छोटे-छोटे कंकड़ मुझसे टकराने लगे। वे मेरी कनपटियों को पीटने लगे। मुझे डर लगा कि कहीं गिर न ज़ाऊँ। आखिर कब तक इस तरह लटके-लटके चलूँगा। उतरना भी विकल्प नहीं था। दूसरी किसी गाड़ी से समय से नहीं पहुँच पाऊँगा और मेरा होल्डाल पता नहीं कहाँ, किस हाल में होगा। उसे भीतर से कौन निकालकर देगा। अतः मैं थकी देह, जलती आँख लिए लटके-लटके यात्रा करने के लिए अभिशप्त था। लेकिन अद्भुत शक्ति होती है मनुष्य की। वह किसी भी तरह अपने लिए रास्ता निकाल ही लेता है। स्टेशन पर जो भीड़ फैली होती है, गाड़ी छूटने के बाद धीरे-धीरे वह सिमटने लगती है और डिब्बों में समा जाती है। अजनबी की तरह धक्का-मुक्की करने वाले लोग कुछ देर बाद साहचर्य की ऊष्मा अनुभव करने लगते हैं। और एक-दूसरे के लिए जगह बनाने लगते हैं। धीरे-धीरे पायदान पर लटकी हुई भीड़ अंदर हो गई। मैं भी अंदर हो गया किंतु बड़ी मुश्किल से पाँव टिकाकर खड़ा होने की जगह मिली। लटकने के बाद

अंदर पाँव टिकाकर खड़ा होने में एक आश्वस्ति प्राप्त हुई किंतु यह आश्वस्ति कुछ देर बाद पाँव के साथ थरथराने लगी। कब तक खड़ा चलता रहूँगा? अब तो जलती आँखों में नींद भी उतरने लगी थी, किंतु ठहरती कैसे?

गुजरात में रामदरश जी को एक अपरिचित माहौल के बावजूद इतनी अंतरंगता इतना प्यार, इतना घरेलूपन मिला कि गुजरात उन्हें 'दूसरा घर' ही लगने लगा। और सच ही 'दूसरा घर' के नाम से अपने अनुभवों पर उन्होंने एक मार्मिक और प्रभावशाली उपन्यास लिखा भी है। पर गुजरात में भी वे कुछ तथाकथित साहित्यिकों और प्राध्यापकों की अजीब-सी राजनीति के शिकार हुए। और अंततः वहाँ की नौकरी से मुक्त होकर उन्हें दिल्ली लौटना पड़ा।

गुजरात छोड़ते समय रामदरश जी को बहुत कष्ट हो रहा था। इसलिए कि अपने सहज विश्वास के कारण वे धोखे के शिकार हुए थे और अब इस अवस्था में जब उन पर पारिवारिक जिम्मेदारियों का खासा बोझ था, उन्हें दिल्ली में फिर से नौकरी ढूँढ़ने के लिए निकलना था। हालाँकि उन्हें अपनी योग्यता पर विश्वास था और वह समय भी ऐसा था कि लोग एक-दूसरे के दुख से विगलित होते थे। डॉ. नगेंद्र ने जब सुना कि 'डॉ. रामदरश इज आउट ऑफ जॉब' तो वे विचलित हो उठे और शुरू-शुरू में उन्होंने काफी मदद की।

दिल्ली में आने के बाद रामदरश जी का फिर एक नया जीवन शुरू हुआ। उनका नाम तो प्रसिद्ध हो ही चुका था, लिहाजा दिल्ली में आते ही वे यहाँ के साहित्यिक वातावरण में हिल-मिल गए। हालाँकि यहाँ दिल्ली में अलग तरह की आपाधापी थी और प्राध्यापकों में शार्टकट तलाश कर जल्दी से जल्दी आगे बढ़ने और जैसे भी हो, सफल होने की अंधी दौड़ शुरू हो चुकी थी। उनके लिए मंजिलें रीडर या प्रोफेसरशिप हासिल करना, हैड ऑफ दि डिपार्टमेंट, या डीन या वी.सी. होना आदि-आदि थीं। लेकिन रामदरश जी ने इस सबकी परवाह न करते हुए अपने सीधे-सादे साहित्य-पथ पर चलना पसंद किया। वे प्राध्यापक थे इसलिए मेहनत से पढ़ाना तो उनके कर्तव्य में शमिल था, लेकिन विश्वविद्यालय की राजनीति हरगिज नहीं। यही वजह है कि अपने जीवन के हर काल में वे न सिर्फ निरंतर रचना-रत रहे, बल्कि भीतर से खुद को भरा-भरा और समृद्ध भी महसूस करते रहे। और यही वजह है कि होते-होते चाहे वे दिल्ली यूनिवर्सिटी के प्रोफेसर पद तक पहुँचे और दिल्ली में रहते-रहते उन्होंने कितने बरस गुजार दिए, पर वे दिल्ली के कतई नहीं हुए। दिल्ली उन पर हावी नहीं हो सकी। अब भी उनका मन अपने गाँव-जवार, खेतों-फसलों और उन्मुक्त प्रकृति की खुली हवाओं के साथ बहता है।

एक दफा मैंने अंतरंग बातचीत में मैंने रामदरश जी से पूछा था कि ऐसा क्यों

है कि दिल्ली में इतने बरस रहने के बाद भी उनका चेहरा दिल्ली का नहीं लगता? गाँव के एक सहज आदमी की छाप ही वहाँ दिखाई पड़ती है। और गाँव के उनके अनुभवों में ऐसा क्या था कि वे अपने उपन्यास, कहानियों, कविताओं में लाख उसका वर्णन कर चुके हों, मगर वह अकूत खजाना चुकता ही नहीं। अब भी जब वे गाँव के बारे में कुछ लिखते हैं तो उसमें बहुत भीतर से छू लेने वाली आत्मीय ऊष्मा होती है।...ऐसा क्यों?

रामदरश जी ने इस सवाल था जो जवाब दिया, वह काबिलेगौर है। उनका कहना था कि दिल्ली की कोई एक संस्कृति नहीं है, बल्कि दिल्ली में कई संस्कृतियाँ हैं। आप चाहें तो कह सकते हैं कि एक दिल्ली में कई दिल्लियाँ हैं। उनमें एक दिल्ली संपन्न और 'एलीट' लोगों की दिल्ली है तो दूसरी दिल्ली उन छोटे-छोटे कामगर लोगों की भी है, जो कहीं दूर से आए हैं। कोई बिहार से, कोई बनारस, लखनऊ-गोरखपुर से या बलिया से। वे छोटे-छोटे मेहनत के काम करते हैं। हम सबको सुख पहुँचाने के लिए तपते हैं और फिर छोटे-छोटे कमरों और झोंपड़ियों में रहकर जैसे-तैसे गुजारा करते हैं। हाड़-तोड़ मेहनत करने वाले इन लोगों की भी एक दिल्ली है...उत्तम नगर जहाँ मैं रहता हूँ, वे इसके चारों ओर बिखरे हुए हैं। अब कुछ लोगों ने अपने छोटे-छोटे मकान, घर भी बना लिए हैं। इन लोगों से जब मैं मिलता हूँ तो मुझे नहीं लगता कि मैं दिल्ली में रह रहा हूँ, बल्कि अपने गाँव-कस्बे में रहने की सीधी अनुभूति होती है। मेरी बहुत-सी कहानियाँ, कविताएँ जो गाँव की पृष्ठभूमि पर लिखी गई हैं, इन्हीं लोगों के जीवन से निकलकर आई हैं।

"फिर गाँव में जो जिया था, वह सचमुच अनुभवों का एक अकूत खजाना है जो खत्म होने में नहीं आता। अब भी जब-जब मैं किसी संकट में पड़ता हूँ और कोई रचना मुझे लिखनी होती है तो गाँव का कोई चेहरा, कोई अनुभव अब भी आगे आकर खड़ा हो जाता है कि मुझे तो आपने लिया ही नहीं या मेरे जीवन का यह पहलू तो छूट ही गया! और फिर कलम अपने आप चल पड़ती है।...गाँव में जो जिया था, उसमें ऐसा क्या था कि उसका प्रभाव अब भी खत्म होने में नहीं आता? इस सवाल का जवाब यही हो सकता है कि गाँव और शहर के जीवन में बड़ा फर्क है। गाँव की तुलना में एक शहरी आदमी का जीवन बड़ा बंद-बंद और सपाट होता है। जबकि गाँव के जीवन में कई परतें होती हैं—जिनमें अपने ही नहीं, अड़ोसी-पड़ोसी और पूरे गाँव के सुख-दुख के अनेक अक्स समाए रहते हैं। गाँव के आदमी को पता होता है कि आज गाँव में किस घर में चूल्हा नहीं जला, कौन-सी आँख रोई, कौन-सी हँसी है...! वहाँ एक का सुख-दुख सबका सुख-दुख बन जाता है।...वहाँ भी अब बहुत-कुछ बदल गया है और शहर वहाँ भी प्रवेश कर गया है, पर बहुत-कुछ वहाँ

अब भी बचा हुआ है।...बार-बार वही मेरे मन में झाँकता है और मुझे लिखने के लिए उकसाता है। वही मुझे अपने आस-पास के सामान्य लोगों या कहिए कि आम आदमी से खुलकर मिलने या बतियाने के लिए प्रेरित करता है...और शायद यही वह चीज है जिसके बारे में आपने कहा कि मैं दिल्ली का होकर भी दिल्ली वाला नही हुआ!..."

रामदरश जी के ये शब्द दिल्ली और उनके रिश्ते ही नहीं, बल्कि दिल्ली की बुनावट और 'दिल्ली के भीतर पैठी बहुत-सी छोटी-छोटी दिल्लियों' के चेहरे भी उजागर कर देते हैं। मुझे स्वीकार करना चाहिए, इन 'छोटी-छोटी दिल्लियों' को पहले कभी इस तरह मैंने नहीं देखा था।

पाँच

अपनी लेखन-यात्रा के प्रारंभिक चरण से लेकर आज तक रामदरश जी साहित्य-पथ के धीरजवान राही बने रहे। साहित्य-कर्म उन्हें एक बेहतर आदमी, एक अधिक संवेदनशील मनुष्य बनने की प्रेरणा तो देता ही रहा, बल्कि अपने जीवन-संघर्षों में भी वे वहीं से बल लेते रहे। इसलिए खराब से खराब स्थितियों, अभाव और विपन्नता में भी वे विचलित नहीं हुए। और जब दिल्ली यूनिवर्सिटी के प्रोफेसर जैसे सम्मानित पद पर पहुँचे, तब भी उन्होंने खुद को लेखक पहले माना, प्रोफेसर बाद में। इसीलिए रामदरश जी का सारा लेखन एक खुले लेखक के खुले अनुभवों की अभिव्यक्ति है। उनका लेखन उन प्राध्यापकीय लेखकों के सपाट लेखन से नितांत भिन्न है जो अनुभवों के एक सीमित दायरे में ही घूमते रहे। जबकि रामदरश जी ने अपने ऊपर ऐसी कोई छाप नहीं लगने दी तो उसका कारण गाँव के लोगों और आम आदमी से उनका सीधा रिश्ता होने के साथ-साथ उनका एक सहज पथ का राही होना भी था। वे एकेडेमिक दुनिया में गए जरूर थे, मगर वहाँ भी वे आम आदमी के प्रतिनिधि बनकर ही गए। और आज भी वे साधारण से साधारण आदमी के सुख-दुख के सबसे करीब रहने वाले लेखकों में माने जाते हैं।

अपने गाँव में लोकगीतों को बार-बार सुनकर रामदरश जी के मन में यह भाव आता था कि ऐसी कविता तो मैं भी लिख सकता हूँ। शुरू-शुरू में उन्होंने लोकगीतों की तर्ज पर कविताएँ लिखनी शुरू कीं तो मदनेश जी जैसे सहृदय लेखकों का सामीप्य उन्हें कविता की दुनिया में कुछ और आगे चलने और कुछ नया कर गुजरने के लिए प्रेरित करता-सा लगा। बाद में ढरसी स्कूल के आचार्य पंडित रामगोपाल शुक्ल के साहित्यिक स्पर्श ने भी उनमें कुछ नए रंग, नया उजास भर दिया। उन्हीं दिनों की उनकी पंक्तियाँ हैं जिनमें उनका ग्राम्य मन मानो पावस के बादलों को

देखकर गा उठा—"घटा है पावस की घनघोर, नाचते वन में देखो मोर।"

बनारस में आने के बाद वहाँ के परिष्कृत साहित्यिक वातावरण की गूँजों-अनुगूँजों और आचार्य हजारीप्रसाद द्विवेदी जैसे सहृदय विद्वान का पारस-स्पर्श पाकर रामदरश जी की लेखकीय प्रतिभा का तेजी से विकास हुआ और उनके गीतों और कविताओं की धूम मचने लगी। कवि-गोष्ठियों और कवि-सम्मेलनों में वे सम्मान से बुलाए जाते और उनके गीत "उमड़ रही पुरवइया कुंतल-जाल-सी, लहर रहे अंबर में काले-काले बदरा..." ने तो उन्हें मानो समूचे साहित्यिक जगत में चर्चित कर दिया। लेकिन उनकी आर्थिक स्थितियाँ तब भी वही थीं कि जैसे-तैसे एक छोटे-से कमरे में गुजारा करना होता था। घर में कोई मेहमान आ जाए तो अच्छा तो बहुत लगता था, पर चिंता यह होती थी कि इनके खाने-पीने का इंतजाम कैसे किया जाए? तब रामदरश जी के पास एक पुरानी सायकिल थी और 'भक्ति भवन' नाम की जिस बिल्डिंग में वे रहते थे, वह शहर में एक ओर थी। सड़क से भक्ति भवन तक की फर्लांग भर की दूरी निपट सुनसान थी, जहाँ कोई किसी को पकड़कर कुछ भी कर सकता था। और रामदरश जी को डर उस सायकिल का लगा रहता था जो अगर चली गई या छीन ली गई तो मानो उनके जीवन का मेरुदंड ही टूट जाएगा। वे गोष्ठियों में, सभाओं में जहाँ भी जाते, वहाँ डर के मारे इसलिए असहज बने रहते कि लौटते समय उन्हें वही फर्लांग भर की दूरी पार करनी होगी जो निपट सुनसान और डरावनी थी। अपनी एकमात्र संपत्ति उस सायकिल के छिनने को वह भय कैसा था, इसे आइए खुद रामदरश जी के शब्दों में सुनें—

"...वैसे मेरे पास सायकिल के सिवा था क्या! लेकिन उस जमाने में सायकिल का कोई कम महत्त्व तो नहीं था। आखिर सायकिलें चोरी होती ही थीं और मेरे लिए तो वह सर्वस्व थी। यदि कोई छीन लेता तो मेरे लिए सायकिल खरीदना असंभव हो जाता। केवल स्कॉलरशिप का वायदा। पता नहीं कब मिलेगी? अभी तो पी.एच.डी. का बाकायदे रजिस्ट्रेशन भी नहीं हुआ था, घर से कुछ लाया था, उसी से काम चल रहा था। सायकिल छिन जाने का मतलब था मेरी गति का कुंद हो जाना। न बी.एच.यू. जा सकता था, न नागरी प्रचारिणी सभा। इसलिए इस दूरी से बहुत डरता था। मेरी शामें बाहर डराने लगती थीं। ज्यों-ज्यों शाम गहराती थी, यह दूरी मेरे भीतर अपने डरावने स्वर में बजने लगती थी और मैं चाहे किसी कवि-सम्मेलन या गोष्ठी में जाऊँ, चाहे किसी मित्र के घर उत्सव में...कंबख्त यह दूरी मेरे भीतर उभर आती थी और मैं अप्रकृतिस्थ हो उठता था। मैं जहाँ होता, उसका आनंद नहीं ले पाता था..."

एक और विडंबना रामदरश जी की उस समय यह थी कि घर की रोजमर्रा की जरूरतें ही पूरी नहीं हो पाती थीं। स्कॉलरशिप के पैसे चार-चार महीने बाद मिलते थे। तब तक उधार का ही सहारा था। दुकानदारों से चाय, चीन, दूध और खाने-पीने

का सामान उधार ही आता था। स्कॉलरशिप के पैसे मिलने पर यह उधार चुकाया जाता। इस फटेहाली में घर में कोई अतिथि आ जाता तो अजीब सी हालत होती। मन तो साहित्य-चर्चा के लिए भागता था और किसी लेखक-साहित्यकार के आने पर बहुत खुशी होती थी। लेकिन अगले ही पल मन में चिंता यह सवार हो जाती कि अब किया क्या जाए? जेब तो खाली है! उन दिनों रामदरश जी के ज्यादातर दोस्त भी उन्हीं की तरह फटेहाल थे और अपनी-अपनी तरह से जीवन-संघर्ष में जुटे थे। ऐसे में बहुत विकल होने पर भी मित्रों से माँगा कैसे जाए? बहुत बार स्वाभिमान भी आड़े आता था। और माँगने में संकोच तो होता ही था। ऐसे में दिन कैसे कटते थे और गृहस्थी कैसे चल रही थी, रामदरश जी ने स्वयं इसका एक मार्मिक चित्र उपस्थित किया है :

"...कई बार जेब में एक पैसा नहीं होता था और घर में आवश्यकता दहाड़ रही होती थी। मैं घर से सोचकर निकलता था कि अमुक मित्र से माँगूँगा। वहाँ जाकर उनके साहित्य की बातें करने लगता और भीतर-भीतर सोचता रहता था कि पैसे की बात अब कहूँगा, अब कहूँगा, लेकिन कुछ कहे बिना चुपचाप लौट आता। अभाव से लदी घर की उस सुनसान उदासी के बीच। मेरा चेहरा देखकर पत्नी सब कुछ समझ जाती थी और कुछ पूछती नहीं थी। अँधेरी रात, आगे दूर तक फैला हुआ सुनसान, पीछे नीबूओं के बाग में पसरा हुआ डरावना सन्नाटा, गिरगिटों, नेवलों, विषखोपड़ों और साँपों की सरसराहट, तमचर मनुष्यों के पैरों की आहट, अँधेरे में से झाँकती उनकी डरावनी आँखें और लूक-सी जल-जलकर बुझती पहरेदारों की 'जागते रहो' की आवाज और कमरे में अभाव का गहरा सन्नाटा...उसमें डूबा हुआ मैं, पत्नी और सब कुछ से अनभिज्ञ एक अबोध शिशु..."

उन्हीं दिनों के एक मार्मिक प्रसंग का वर्णन रामदरश जी ने किया है। ऊपर से देखने पर यह प्रसंग मामूली भी लग सकता है पर इसमें जो गहरी विडंबना समाई हुई है, वह रामदरश जी के शब्दों से बार-बार उझककर सामने आ जाती है। बी.ए. में उनका एक सहपाठी था विपिनकुमार षडंगी। बी.ए. पास करके वह अपने शहर रायगढ़ चला गया। एक लंबे अर्से बाद वह बनारस आया तो रामदरश धधाकर उससे मिले। लेकिन आगे मुश्किल आ गई। उसने कहा—चलो चाय पीते हैं! पर रामदरश जी की जेब खाली थी। उन्होंने टालना चाहा पर मित्र ने दोबारा आग्रह किया—"चलो यार, इतने दिनों पर मिले हैं, वहीं बैठकर गपशप होगी।" आगे का वर्णन खुद रामदरश जी के शब्दों में सुनें :

"आखिर मैं खिंचा हुआ-सा सामने की दुकान पर गया। आर्डर उसी ने दिया। चाय के साथ पकौड़ी का भी। उल्लास से बातें करने लगा। मैं भीतर से खोया हुआ-सा बाहर उसकी बातचीत में शरीक था। चाय-पकौड़ी मेरे गले के नीचे नहीं उतर रही थी। काफी देर बाद महसूस हुआ कि अब उठने का समय आ गया है। मैं पास पड़ा

अखबार देखने लगा बल्कि उसमें अपने को खो देने का अभिनय किया। विपिन धीरे से उठा और काउंटर पर पैसे चुकाने लगा। तब मैं अखबार रखकर उसकी ओर लपका—अरे विपिन, तुम यह क्या कर रहे हो! तब तक वह पैसे दे चुका था।... और प्यार से बोला, 'अरे कुछ नहीं दोस्त, बहुत दिनों बाद तुमने अपने साथ चाय पीने का सौभाग्य मुझे दिया, तुम्हारे लिए यही बहुत है। हम लोग तो तुम जैसे साहित्यकार मित्र पर नाज करते हैं।'...मुझे लगा जैसे विपिन ने अपने इस स्नेहमय व्यवहार से मुझे और भी छोटा बना दिया।...वह चला गया और मैं अपने को धिक्कारता रहा—कैसा भाग्य लेकर जन्मा है तू कि अपने इतने नजदीकी दोस्त से एक बार यह तक न कह सका कि मेरे घर चलो, अपनी भाभी और भतीजे से तो मिल लो।"

छह

रामदरश जी ने इस तरह की तंगी और फटेहाली उस दौर में चाहे जितनी भी झेली हो, लेकिन गर्दिश के दिनों के नाम पर वे उसे उछालते नहीं फिरते। एक गँवई स्वाभिमान के साथ वे अपने उस अतीत के गौरव की रक्षा करते हैं क्योंकि तंगहाली चाहे जितनी भी रही, उन्होंने अपने स्वाभिमान को कभी बेचा नहीं और किसी के आगे सिर झुकाना उन्हें गवारा नहीं हुआ।

निस्संदेह इसमें उनकी सहधर्मिणी सरस्वती जी का काफी योगदान रहा। रामदरश जी जब एम.ए. कर चुके, तब सरस्वती जी केवल हाईस्कूल पास थीं। लेकिन इससे दोनों के संबंधों में कोई विषमता नहीं आई। रामदरश जी उन छद्म प्रगतिशीलों में से नहीं हैं जो बाहर तो क्रांति और स्त्री-पुरुष समानता के नारे लगाते हैं, लेकिन घर आकर अपनी कम पढ़ी-लिखी पत्नी को हिकारत से देखते हुए उसके साथ किसी मध्ययुगीन सामंती पुरुष का-सा आचरण करते हैं। इसके बजाए रामदरश जी ने अपनी पत्नी को पूरा आदर और सम्मान दिया और मानो हाथ पकड़कर उन्हें अपनी बराबरी तक ले आए। सरस्वती जी ने आगे की पढ़ाई की और उन्होंने न सिर्फ एम.ए. किया, बल्कि हिंदी भाषा और साहित्य में उनकी गति किसी अच्छे से अच्छे साहित्यकार से कम नहीं है।

हिंदी के लेखकों में रामविलास शर्मा के बाद मुझे रामदरश ही याद आते हैं जिन्होंने अपनी पत्नी को इतना अधिक सम्मान दिया। उनके साथ एकदम बराबरी का-सा व्यवहार किया और कृतज्ञतापूर्वक यह माना कि आज वे जो कुछ भी लिख-पढ़ पा रहे हैं, उसके पीछे उनकी पत्नी की बड़ी साधना और त्याग है। शायद यही वजह है कि रामदरश जी के संपूर्ण लेखन में पारिवारिक रस का एक झरना-सा बहता है। इसी पारिवारिक रस और जिम्मेदारी ने उन्हें एकांतवासी या सिनिकल नहीं होने दिया

और जीवन से गहरे जोड़े रखा। रामदरश जी स्नेह से छलछलाते शब्दों में सरस्वती जी का मानो यह एक गहगहा चित्र प्रस्तुत करते हैं जिसमें दृढ़ता और निर्भीकता की गहरी रेखाएँ हैं :

"इस विषम स्थिति में मेरी शक्ति थीं सरस्वती। वे अर्थोपार्जन में मेरी सहायता तो नहीं कर सकती थीं किंतु अपने कुशल प्रबंध से थोड़े में गृह-संचालन कर लिया करती थीं। और सबसे बड़ी बात तो यह है कि उन्होंने कभी भी अपने लिए किसी चीज की माँग नहीं की। और कभी भी किसी चीज के लिए गिला-शिकवा नहीं किया। वे मेरे सुख-दुख में रच-पचकर एक संघर्षमयी, निस्पृह सहधर्मिणी की तरह सहयात्रा करती रहीं और हमेशा बाहर से लुट-पिटकर आए हुए मेरे उदास, थके मन को सहारा देती रहीं। वे सही अर्थों में मेरी शक्ति रही हैं। वे एक साथ पत्नी, प्रेयसी, साथी सब कुछ थीं। उनमें अथक श्रमशीलता की चमक है, दूसरों के लिए मानवीय संवेदना है और गहरी सादगी है, जिसे बहुत स्वाभिमान के साथ जीती हैं। उनमें एक सात्विक बोध है जो गलत काम के विरुद्ध फनफना उठता है। इस गुण के कारण वे तमाम बातें लोगों के मुँह पर कह देती हैं जिन्हें मैं या तो कहता नहीं या घुमा-फिराकर कहता हूँ। इसलिए पास-पड़ोस में जो अच्छे लोग हैं, उनसे उनकी खूब पटी और नकली, धूर्त लोगों से वे नहीं निभा पाईं और प्रायः टकराव की स्थिति आती रही। बनारस से दिल्ली तक यह सिलसिला चलता रहा। पास-पड़ोस में जहाँ कहीं उन्होंने दुख-दर्द देखा, उसे बँटाने के लिए चली गईं। वहाँ उनकी मानवीय तरलता सक्रिय हो उठी। उस दुख-दर्द को घर में भी उठा लाईं और मुझे उसमें शरीक कर बैठीं। तब से आज तक यह उनका जीवन-क्रम बना हुआ है। जहाँ कहीं से आएँगी, किसी न किसी का दुख लिए आएँगी और मेरे सामने उसे उड़ेल देंगी। किसी अभावग्रस्त को कोई सुख मिला तो उसकी अनुभूति से संपन्न हो उठेंगी और मेरे भीतर उसे संप्रेषित कर देंगी। कहीं कोई अन्याय हो रहा हो तो उनकी बेचैनी देखने लायक होती है। वश में हुआ तो विरोध भी करेंगी, अन्यथा भीतर-भीतर तिलमिला कर रह जाएँगी। वे मेरी साथी नहीं, पूरक भी हैं।"

रामदरश जी की कई कहानियों, कविताओं और संस्मरणों में तो सरस्वती जी की यह स्नेहार्द्र और कर्मठ छवि आती ही है, लेकिन इधर के दौर की 'दिन के साथ' कहानी तो पूरी की पूरी रामदरश जी ने अपनी पत्नी सरस्वती जी को ही समर्पित की है। और उसमें सरस्वती जी की कुछ ऐसी पारिवारिक और घरेलू छवियाँ छल-छल करती नजर आ सकती हैं जिनके बगैर रामदरश जी का व्यक्तित्व आधा-अधूरा ही नजर आएगा। रामदरश जी का जीवन ही नहीं, उनका लेखन भी सरस्वती जी के साथ से संपूर्ण होता है। और इस चीज ने निःसंदेह उनके लेखन में एक अलग तरह का पारिवारिक आस्वाद भी भरा है। उनके सहज होने और निरंतर सहज होते जाने का राज भी मेरे ख्याल से यही है। वे जैसे बड़े लेखक हुए, वैसे ही सीधे-सरल भी होते

गए। बड़प्पन पाकर ऐंठे नहीं, सनकाए नहीं, इसका श्रेय भी उनके भरे-पूरे पारिवारिक जीवन और खासकर सरस्वती जी को ही देना होगा। और फिर सरस्वती जी न सिर्फ उनकी रचनाओं की जागरूक पाठिका हैं, बल्कि उन पर वे अपनी गहरी मौलिक राय भी देती चलती हैं। किसी लेखक को इस तरह का आत्मीय साथ मिल जाना उसके बहुत-से अभावों को भर देता है। रामदरश मिश्र इस मामले में सौभाग्यशाली लेखक ही कहे जाएँगे।

सात

रामदरश जी खुद को मार्क्सवादी लेखक कहते-मानते हैं पर उनका मार्क्सवाद बहुत-से अन्य मार्क्सवादियों से अलग तरह का है, इसलिए कि रामदरश जी का मार्क्सवाद से संबंध भी उतना ही सीधा-सहज है, जैसे जीवन से उनका संबंध। उसमें जड़ता और कठमुल्लापन तो हरगिज नहीं है। मार्क्सवाद को पढ़ना, जानना और अपनाना उनकी एक आंतरिक जरूरत ही थी। इसलिए कि जिस जीवन को उन्होंने देखा और बचपन से देखते आए हैं, उसके कारणों को समझने के साथ-साथ एक बेहतर जीवन जीने की दृष्टि भी उन्हें मार्क्सवाद से ही मिली। वे शुरू में जिस छायावादी रोमानियत और छायावादी भाषा-संस्कार से ग्रस्त थे, वह भी प्रगतिवाद के निकट आकर ही टूटा और उन्हें जीवन की एक खुली और साफ दृष्टि मिली।

प्रगतिवाद की ओर रामदरश जी का झुकाव कैसे हुआ और वह किस तरह उनका 'सहज सहचर' होता गया, इस पर स्वयं रामदरश जी ने अपनी आत्मकथा में बड़े अच्छे अल्फाज में लिखा है :

"मैं कवि रूप में काफी जान लिया गया था। धीरे-धीरे मेरा झुकाव प्रगतिवाद की ओर हो रहा था। मैं मार्क्सवाद पढ़ने भी लगा था और उससे प्रभावित साहित्य की छवि भी धीरे-धीरे मेरी समझ में उतरने लगी थी। धीरे-धीरे मेरा छायावादी संस्कार टूटने लगा था। और लोक-संपृक्ति की काव्य-भाषा और चेतना मेरे गीतों में उभरने लगी थी। मैं इस तथ्य को शुरू से ही अनुभव करता था कि साहित्य एक लंबी दौड़ है, इसमें जल्दी नहीं पड़ी होती। जैसे आप अंदर से हों, वैसे ही दीखिए। यानी अपने अनुभव में उतरे हुए सत्य को ही कहिए। हुआ यह कि कुछ नए-नए लड़के रातोरात मार्क्सवादी पैदा हो गए और वे सभी स्थापित कवियों को प्रतिक्रियावादी और बुर्जुवा कहने लगे। छाती तानकर और आँखें तरेरकर चलते थे। दो साल बाद एकाएक वे काँग्रेसी हो गए। मैं अपने स्वभाव को छिपाकर नहीं, उसे नए संस्कार देकर साहित्य के नए जगत की ओर पैर बढ़ा रहा था। इसलिए जब पूरी समझदारी और अनुभव के साथ प्रगतिवादी चेतना और दृष्टि से जुड़ा तो जुड़ता ही चला गया। प्रगतिवाद न तो मेरे लिए तेवर-प्रदर्शन की चीज बना, न कम्युनिस्ट देशों से कुछ पाने का

प्रलोभन। वह मेरी भीतरी आवश्यकता बन गया। मेरे भीतर जो अपने अभावग्रस्त परिवेश की पीड़ा और अनुभव व्याप्त था, उसे एक दृष्टि या दर्शन प्राप्त हो गया था, जिसके नाते सामान्य जन के अभाव और दर्द को, उसकी जड़ों उसके कारणों को और निदान को समझने की चेतना प्राप्त हुई।"

लेकिन इसके साथ ही साथ रामदरश जी प्रगतिवाद के नाम पर चल पड़े फैशन और छद्म से भी खुद को सायास दूर रखते रहे। इसलिए कि वे प्रगतिवादी साहित्यकारों की उस जमात से जुड़ने के लिए तैयार नहीं थे, जो सिर्फ 'प्रचारवादी' साहित्य पर ही जोर देती थी। नए लेखकों को फतवे देना और एक खास साँचे में फिट किए हुए साहित्य को ही प्रगतिवादी साहित्य मानना रामदरश जी को मंजूर नहीं था। वे प्रगतिवादी जमात में शामिल हुए तो उनकी शर्तों पर नहीं, बल्कि अपनी शर्तों पर। इसलिए कि उनके यहाँ लेखक का अनुभव और स्वाभिमान सबसे बड़ी चीज है जिसके साथ कोई समझौता वे बर्दाश्त नहीं कर सकते। शायद यही वजह है कि प्रगतिवादी होते हुए भी वे कभी भी इस या उस दल में दीक्षित नहीं हुए और जैसा कि उन्होंने स्वयं कहा है—"सामाजिक नजरिए से अपने ढंग से अपने अनुभव में उतरे हुए यथार्थ को देने की कोशिश करता रहा। आज तक मेरी कोशिश यही रही है।"

मैं समझता हूँ, यही वह सहजता है जो रामदरश मिश्र को रामदरश मिश्र बनाती है। हाँ, इस सहजता को 'कोरी सिधाई' नहीं समझ लेना चाहिए, क्योंकि इसमें ऐसी दृढ़ता भी शामिल है जिसमें बहुत कुछ को नकारने और जिसे ठीक समझा, उसे ठीक कहने का साहस भी शामिल है। रामदरश जी की सहजता को उनके सहज स्वाभिमानी रूप के साथ जोड़कर देखे बगैर आप उन्हें ठीक-ठीक समझ नहीं सकते।

अतलबत्ता एक अंतरंग बातचीत में मैंने उनसे सीधे-सीधे पूछ लिया था कि आपके ख्याल से वह क्या है आपमें जो आपको औरों से अलग, रामदरश बनाता है? इसका जो जवाब उन्होंने दिया था, उसे मैं आज तक नहीं भूल पाया और उसे रामदरश जी के पाठकों के आगे रखने का मन है। उनका कहना था :

"मैं जो बना, सहज भाव से, सहज गति से बना हूँ—कुछ चीजों को जोड़-बटोर कर नहीं। इसलिए मैं यह नहीं कह सकता कि वे क्या चीजें हैं जो दूसरों की चीजों से अलग हैं। मैं अपने बारे में सोचता हूँ और आकलन करता हूँ तो पाता हूँ कि जो मैंने बचपन में जिया, वह मेरे भीतर से कभी नहीं गया। बचपन के घोर अभाव में भी जो हँसी मिली थी, वह भी लगातार साथ रही। गरीब परिवार का एक संकोच भी साथ लगा रहा है। महत्त्वाकांक्षा कभी नहीं पाली, इसलिए गलत ढंग से और शीघ्रता से बहुत कुछ पा लेने के साधनों से मेरा संवाद नहीं बना। सहज भाव से जो पाता गया, उसी में संतुष्ट होता रहा। प्रचार-प्रसार के कौशल से विरक्त होकर अपने परिवेश में सिमटा रहा। जो मेरे अनुभव में उतरता रहा, जो मुझे ठीक लगता रहा, जो मेरी दृष्टि में समाता रहा, उसे ही अपने जीवन और साहित्य में स्वीकार करता

रहा। फैशन के तहत मुझे कुछ भी प्रभावित नहीं करता। रहन-सहन, खाने-पीने, आचार-विचार की जो सादगी बचपन की अभावजन्य विवशता ने दी थी, वह मेरे जीवन का अंग बन गई। खुलकर आदमी से मिलने का भी जो संस्कार बचपन के अभावों ने दिया था, वह मेरी स्थायी निधि बन गया। मुझे खुले, सहज स्वाभिमानी और ईमानदार लोग अच्छे लगते हैं।"

इसी बातचीत में रामदरश जी ने यह भी स्वीकारा कि खाने-पीने, पहनने, ओढ़ने में वे काफी देहाती किस्म के और 'अप्रयोगवादी' व्यक्ति हैं। बचपन में खाने-पीने की जो रुचियाँ बनीं, वे अब तक बदली नहीं और इसीलिए–"जब कभी किसी पाँच तारा होटल में खाना पड़ा, भूखा ही रह गया। वहाँ से छूटकर किसी ढाबे पर गया हूँ और भूख शांत की है।" इसी तरह पहनने को तो वे कोट-पैंट भी पहनते हैं किंतु उनका कहना है कि–"धोती-कुर्ता ही मेरा प्रिय पहनावा है। इसी में मुझे अपनापन मिलता है।"

उनसे मैंने पूछा कि अगर उन्हें नए सिरे से जीवन जीने को मिले तो कौन सी चीजें वे बदलना चाहेंगे और क्या चाहेंगे कि ऐसा ही हो? इस सवाल पर रामदरश जी का जवाब भी उतना ही सादा सरल था जितने वे स्वयं हैं। उनका कहना था– "मैं अपने इस जीवन से काफी संतुष्ट हूँ। चाहूँगा कि बहुत कुछ चीजें ऐसी ही रहें। लेकिन यह अवश्य चाहूँगा कि मेरा घर-घुसरापन टूटे और देश-विदेश के विभिन्न परिवेशों में मुक्त भाव से विचरण कर सकूँ और मेरी सामाजिक और मानवीय संवेदना की मूल्यवत्ता सक्रिय संघर्ष में उतरे।"

आठ

यही चीज रामदरश जी के लेखन में भी सबसे पहले उभरती है। आप उनकी चर्चित आत्मकथा 'सहचर है समय' पढ़ें या फिर 'जल टूटता हुआ' और 'अपने लोग' जैसे कालजयी उपन्यास, कहानियाँ, कविताएँ, यात्रा-वृत्तांत, संस्मरण कुछ भी, सबसे पहले जिस बात पर हमारा ध्यान जाता है, वह यह कि रामदरश जी की कृतियाँ उनके साथ-साथ हमें समय की एक लंबी यात्रा करा रही हैं। रामदरश जी की आत्मकथा खाली रामदरश मिश्र की आत्मा न होकर, उनके पूरे समय की आत्मकथा है। इसी तरह रामदरश जी के उपन्यासों को गौर से पढ़ा तो लगा कि एक विराट जीवन उनमें से खुल-खुलकर बाहर आ रहा है। जो आंचलिकता का ठप्पा इन पर लगाया गया था, वह कब का छूटकर परे जा गिरा। 'जल टूटता हुआ' अगर गाँव की जिंदगी का महाकाव्य है तो 'अपने लोग' में गोरखपुर की जो कथा कही गई है, वह सचमुच छोटे-छोटे सुख-दुख और द्वंद्व-उलझनों में फँसे मामूली आदमी के देवत्व की कथा है। ऊपर से देखने पर निहायत टुच्ची और सड़ांध भरी लगती हुई जिंदगी में भी मनुष्यता

कैसे जी और जगमगा रही है, इसे देखना और दिखा पाना किसी बड़े उपन्यासकार का ही कमाल हो सकता है। रामदरश जी के उपन्यासों को ही नहीं, उनकी कहानियों, कविताओं, संस्मरणों और यात्रा-वृत्तांत वगैरह-वगैरह को पढ़ते हुए भी जिस चीज की ओर हमारा ध्यान सबसे ज्यादा जाता है, वह यह कि रामदरश जी लगातार जिंदगी और रचना का भेद मिटाते हुए लिखते जाते हैं। उनकी रचनाओं की प्रेमचंदीय सदगी और 'कलाविहीनता की कला' उनकी सबसे बड़ी ताकत है। यही वजह है कि उनकी कहानियाँ बहुत दफा संस्मरणों जैसी लगने लगती हैं और संस्मरण कहानियों जैसे। पर एक बात तय है कि इन्हें पढ़ते हुए जो बात मन में लगातार गूँजती है, वह यह कि रामदरश जी जो कह रहे हैं, वह जीवन का सत्य है और झूठ तो हो ही नहीं सकता।

रामदरश जी ने पिछले दिनों बताया था कि वे दिल्ली को लेकर एक उपन्यास लिखने की तैयारियों में हैं। वे लिखें तो यह हम सबके लिए भी एक नई और आँखें खोलने वाली चीज होगी, क्योंकि जैसा कि रामदरश जी भी कहते हैं, इस दिल्ली में कई दिल्लियाँ हैं! और रामदरश जिस दिल्ली को दिखाएँगे, वह निश्चय ही आस्था और मानवीय विश्वास से लबालब होगी।

फिलहाल तो हम यही कामना कर सकते हैं कि रामदरश जी स्वस्थ रहें, सक्रिय रहें। उनकी सक्रियता से लगता है कि मौजूंदा दौर में अजनबियत, विद्वेष और नफरत की आँधियों के बीच प्रेम और अपनत्व की धारा एकदम सूख तो नहीं ही गई है!

रामदरश जी हैं, इसलिए आज हम कह पा रहे हैं कि हिंदी साहित्य में आदमकद व्यक्तित्व हुए ही नहीं है, बल्कि हिंदी साहित्य में आदमकद व्यक्तित्व आज भी हैं और होते रहेंगे।

अंतरंग

एक चेहरा जो दिल्ली का नहीं, गाँव का है!

एक

लगातार टल रहा है रामदरश जी पर लिखना। पीछे दो-तीन बार कोशिश की, पर आधा-अधूरा जो लिखा था, वह यूँ ही दिल्ली की भागम-भाग और कागजों की भीड़ में कहीं गुम हो गया। और अब उसे ढूँढ़ना आसान नहीं।

हारकर फिर शुरुआत की, और फिर वही हश्र।

एक दफा और उन पर लिखने का सोचा था, जब मोदी कवि-शेखर सम्मान मिलने पर वाणी विहार में उनके प्रियजनों, मित्रों और प्रशंसकों ने उनके सम्मान में एक अनौपचारिक कार्यक्रम रखा था। तब मैं चाहता था कि उनकी स्मृतियाँ जो मन में गहरी तह पर तह लगाए बैठी है, उनके बारे में कुछ लिखूँ, पर जाने क्या हुआ कि एक 'शार्टकट' निकल आया। मैंने उन पर एक लंबी कविता लिखकर सुनाई—'हमारी दुनिया में एक सीधा आदमी' और यूँ उन पर लेख लिखने की इच्छा को एक बार और चरका दिया और भाग आया।

उसके बाद भी दो-एक आधी-अधूरी कोशिशें कीं और असफल हुआ, खीजकर भाग निकला।

अब समझ गया हूँ कि जो अपने—नितांत अपने और आत्मीय होते हैं, बल्कि जो खुद में ही कहीं मौजूद होते हैं—उन पर लिखना कितना मुश्किल है। हालाँकि न लिखना और भी मुश्किल है। वे इस तरह लगातार आत्मा के पर्दे पर दस्तक पर दस्तक देते हैं कि उसे अनसुना तो आप कर ही नहीं सकते।

गालिब ने शायद इसी उलझन में पड़कर कभी यह मिसरा कहा होगा, जो हमारे बाबा सत्यार्थी को बहुत प्रिय था और वे उसे गाहे-बगाहे दोहराते ही रहते थे

कि—'गोयम मुश्किल वगरना गोयम मुश्किल...!'

गालिब के एक और शेर में इस मुश्किल का जिक्र है—'गो कि दुश्वार है हर चीज का आसाँ होना/आदमी को भी मयस्सर नहीं इंसाँ होना।'

क्या इसीलिए गँवई गाँव के इस आदमी पर, जो बरसों से दिल्ली में रहकर भी दिल्ली का नहीं हुआ, दिल्ली वालों जैसा नहीं हुआ और अपने गाँव का होकर गाँव को ही अलग-अलग शक्लों में जीता रहा—ऐसे आदमी पर लिखना क्या इसीलिए इतना मुश्किल है कि मैं हर बार घबराकर अधबीच से उठ आता हूँ। और अपने ही आगे पसीना-पसीना होने लगता हूँ।

उफ, बहुत मुश्किल है यह आदमी! एक साथ बहुत सीधा और बहुत मुश्किल। लीजिए, अब मैंने रामदरश जी की ताजी पुस्तक 'पड़ोस की खुशबू' को फिर से उठा लिया है। और उसके पन्ने पलटते हुए उस 'मानुष गंध' को महसूस कर रहा हूँ जो रामदरश जी में, उनकी रचनाओं में हर कहीं हैं। इस किताब में रामदरश जी की साहित्यिक यात्राएँ हैं और कुछ साहित्यिकों के बारे में उनके संस्मरण भी। इनमें से अधिकांश पढ़े हुए हैं, बल्कि कइयों का तो मैं पहला पाठक रहा हूँ। जब-जब रामदरश जी के यहाँ गया हूँ, अपनी कोई नई रचना वे जरूर सुनाते हैं या फिर आग्रह करके मैं ही पढ़ने लगता हूँ। पर रामदरश जी की रचनाओं की खासियत यह है कि जितनी बार पढ़ो, उतनी बार वे नया सुख देती हैं। उनके निकट आतंकित होकर नहीं जाना पड़ता। वे मित्र की तरह हमें बुलाती हैं और धीरे-धीरे हमारे भीतर घुलने लगती है। इसीलिए बार-बार उनके नजदीक जाना अच्छा लगता है।

लेकिन इसी पुस्तक का एक संस्मरण ऐसा है जो किसी बड़े और जाने-माने लेखक पर नहीं है। वह कभी रामदरश जी के शिष्य रहे विनीतलाल गोस्वामी पर है। लेकिन वह इतना करुण और मार्मिक संस्मरण है कि पढ़ते हुए मैं हिल गया था और आँखें छलछला आई थीं। हालांकि रामदरश जी ने इसे किसी अति नाटकीय शैली में नहीं लिखा। अपने उसी सीधे-सादे अंदाज में लिखा है, जिसे कई बार लोग 'सपाट शैली' समझने की गलती कर जाते हैं। लेकिन रामदरश जी की सादगी में छिपी कला वे नहीं समझ पाते कि वे कैसे भावनाओं की तह पर तह जमाते जाते हैं और उसमें से मार्मिक अभिव्यंजना खुद-ब-खुद होती जाती है। यह एक ऐसी सिद्धावस्था है, जो बड़े से बड़े लेखकों को भी हासिल नहीं है। रामदरश जी को वह हासिल है, लेकिन वे इस उस्तादी को ऐसे ढाँककर रखते हैं, और ऐसी सहजता से, इस कदर बराबरी के स्तर पर आकर आपसे बात करते हैं, जैसे कि वे नाकुछ हों!...जो भी हो, रामदरश जी की इसी सहज सिद्धावस्था ने संस्मरण को एक मार्मिक कहानी में तब्दील कर दिया है। पुस्तक मेरे हाथ से छूटकर अगले रोज सुनीता के हाथ में जाती है तो उसकी भी कुछ-कुछ वही हालत होती है। उसका कहना था कि "यह इतना मार्मिक और सच्चा संस्मरण है कि आगे बहुत देर तक कुछ भी पढ़ने की हिम्मत नहीं हुई। मन

अजीब-सा हो गया!...एक अजब-सा करुणार्द्र प्रभाव।"

साथ ही उसका यह भी कहना था कि इस पुस्तक को पढ़ते हुए निरंतर लगता है कि हम एक बड़े लेखक को पढ़ रहे हैं–बड़े कद के लेखक को पढ़ रहे हैं। जिस आदमी के शिष्य ऐसे हों, उसने निश्चय ही एक समृद्ध जीवन जिया है।...एक बड़प्पन के साथ लिखा और अपने लिखे का हरफ-हरफ जिया है! इतनी 'समृद्धि' कितने लोगों का मिल पाती होगी?

फोन पर रामदरश जी से बात हुई, तो फिर न जाने कैसे 'पड़ोस की खुशबू' की चर्चा छिड़ जाती है। मैं विनीतलाल वाले संस्मरण पर आता हूँ, "यह एक मामूली आदमी पर लिखा गया एक बेशकीमती संस्मरण है। इसे पढ़ते-पढ़ते मन करुणा से भर गया...कैसे लिख पाए आप? इतने सीधे-सादे शब्दों में ऐसी करुण गाथा!"

रामदरश जी मानते हैं कि आम लोगों पर–साधारण लोगों पर जब भी वे लिखते हैं, उनकी कलम में एक मार्मिक प्रभाव आ जाता है। इसलिए कि ये सीधे-सच्चे लोग हैं, जिन पर सीधे-सच्चे ढंग से लिखना है। कहीं कोई दिखावा नहीं, शर्म नहीं, गुरेज नहीं कि इन पर ऐसा लिखेंगे तो लोग ऐसा समझेंगे। जबकि लेखकों पर लिखते हुए हमेशा यह भय रहता है कि कहीं कुछ ऐसा न लिखा जाए, कि वे बुरा मान जाएँ!...लिहाजा आम आदमी के बारे में जो लिखा जाता है, वह ज्यादा रमकर लिखा जाता है। और इसी क्रम में वे 'आजकल' में हाल ही में छपी अपनी कहानी 'विदूषक' की चर्चा छेड़ देते हैं, जिसका मुख्य पात्र उनका जाना-पहचाना गँवई गाँव का आदमी है। बस, उन्होंने कुछ नाम और स्थितियाँ बदल दी हैं। और वह कहानी इतनी मार्मिक हो गई है कि उन पर पाठकों के प्रशंसा के बहुत-से पत्र पहुँचे।

"आगे से मैं ऐसे साधारण पात्रों के बारे में ही ज्यादा लिखूँगा...।" रामदरश जी अपना संकल्प दोहराते हुए से कहते हैं। किसी की कोई बात अच्छी लगे तो रामदरश जी तारीफ करने और 'मन की थाप' लगाने में देर नहीं करते।

"यह विनीतलाल वाला संस्मरण कहीं भेजा नहीं आपने...या छपा था?" मैं जिज्ञासावश पूछता हूँ।

"पता चला कि एक छोटी-सी साहित्यिक पत्रिका को यह भेजा गया था, लेकिन उस 'छोटी-सी पत्रिका के छोटे-से संपादक जी' को शायद रास नहीं आया। उन्होंने न तो इसे छापा, न लौटाया और न कोई पत्र लिखकर ही सूचना दी।"

सुनकर मन खिन्न हो जाता है। मैं ऐसी कई लघु पत्रिकाओं के संपादकों को जानता हूँ, जो इस बात के लिए तरसते रहते हैं कि खुद को 'हीरो' या 'सेलिब्रिटी' बना चुके 'मीडियॉकर' लेखकों की तीसरे-चौथे दरजे की रचनाएँ या फिर इंटरव्यू ही उन्हें मिल जाएँ!...लेकिन रामदरश मिश्र अपनी तरफ से भी कोई रचना भेजें, तो उसके साथ ऐसा सलूक होता है।

इसलिए कि जब रामदरश जी के तमाम समकालीनों ने ही नहीं, उनसे दशकों

और पीढ़ियों बाद आए लेखकों ने भी लिखना छोड़कर खुद को माफिया और 'गॉड फॉदर' में तब्दील कर लिया, वहाँ रामदरश जी अब भी एक सीधे-सादे लेखक की तस्वीर मन में सँजोए हुए लिख रहे हैं, लिखते जा रहे हैं। वे उन लेखकों में से नहीं हैं जिनकी बिना लिखे ही तूती बोलती है, लेकिन उन्होंने ऐसा चाहा ही कब था? उन्होंने तो लिखना और लेखक होना ही चाहा था—और यहाँ लेखन की जमीन पर कितने हैं जो सचमुच उनका मुकाबला कर पाएँगे!

मुझे लगता है, रामदरश जी की 'पहचान' का यह 'नया सूत्र' है, जिसे हाथ से जाने नहीं देना चाहिए, क्योंकि इसके बगैर उन्हें जानना असंभव है!

दो

कुछ लेखक होते हैं जो पहली बार में अच्छे लगते हैं और मन पर छा-से जाते हैं, लेकिन धीरे-धीरे उनकी प्रभाव-छाया छीजती जाती है और वे बेरंग हो जाते हैं। दूसरी ओर कुछ लेखक ऐसे भी होते हैं जो पहली मुलाकात में बड़े सीधे-साधारण-से लगते हैं और धीरे-धीरे उनका प्रभाव गहराता है। वे हमें लपेटते जाते हैं और उनके प्रभाव से बच पाना नामुमकिन होता है। रामदरश जी इसी कोटि के लेखक हैं। जबकि पहली कोटि के लेखकों के नाम गिनाने की जरूरत नहीं है। ऊँची दुकान फीके पकवान वाले ऐसे 'बाजारवादी' लेखकों की संख्या ही आज बहुतायात में है। वे दूर से अच्छे लगते हैं। और धीरे-धीरे लगने लगता है कि वे दूर ही रहें, उनकी निकटता से मन घबराता है, जबकि रामदरश जी का स्नेह जैसे दोनों बाँहें खोले बार-बार पुकारता-सा खड़ा रहता है। और उनसे जल्दी-जल्दी कुछ मुलाकातें न हों या कुछ ढंग की बातचीत न हो, तो लगता है कि कहीं कुछ छूट गया है और मन बेसब्र होकर उनकी ओर दौड़ पड़ता है।

यह तो तब, जब रामदरश जी जीवन में ही नहीं, साहित्य में भी हमेशा 'बैक बैंचर' रहे हैं—और रहे ही नहीं, उसे खुलकर आत्मव्यंग्य के साथ कह भी देते हैं। 'पड़ोस की खुशबू' के पहले ही निबंध में उन्होंने लंदन-यात्रा के समय हवाई जहाज में पीछे की पंक्ति में बैठने की तकलीफों और मजे के बारे में लिखते हुए, अपनी इस हमेशा पीछे की पंक्ति में रहने वाली आदत की भी ठसके से व्याख्या की है।

और सचमुच मैं याद करता हूँ, सन् 75 से 80 तक कुरुक्षेत्र विश्वविद्यालय में रिसर्च के दौरान जिन कवियों-लेखकों को मैंने अपेक्षाकृत कम पढ़ा, उनमें रामदरश मिश्र भी थे। कवियों में रघुवीरसहाय, श्रीकांत वर्मा आदि-आदि की जो चमक थी या मुक्तिबोध के खुरदरेपन के जो चर्चे थे, उसके आगे रामदरश मिश्र की सादगी की तरफ ध्यान जाता ही कहाँ! फिर 'कविता के नए प्रतिमान' जैसी पुस्तकें जो आलोचना की आदर्श पुस्तकें तब मुझे लगा करती थीं—में भी रामदरश पूरी तरह नहीं

तो काफी कुछ नदारद थे। लिहाजा मेरी स्मृति में कुछ हल्के और छितरे हुए प्रभावों के रूप में ही रामदरश जी रहे और अपने थीसिस में जिन कवियों पर मैंने फोकस किया था, उनमें वे नहीं थे। यह भी एक अजब-सी स्थिति थी कि हमारे विश्वविद्यालय के पुस्तकालय में उनकी ज्यादा किताबें ही नहीं थीं।

तो भी उनकी जिस कविता ने सबसे पहले मेरा ध्यान खींचा था, वह 'पाँच जोड़ बाँसुरी' में छपा—उमड़ रही पुरवाई कुंतल-जाल-सी...' गीत था और इसकी सरल सादगी ने जैसे मुझे बाँध लिया। यह ऐसा गीत था जिसे बार-बार दोहराने का मन होता था। और इसमें कुछ ऐसी बात थी जो बहुत चकित तो नहीं करती, लेकिन भीतर से छूती है। शायद इसीलिए बरसों पहले पढ़े उस गीत के प्रभाव से मैं आज भी मुक्त नहीं हूँ।

फिर जिन दिनों आर्य कॉलेज, पानीपत में मैं बी.ए. के विद्यार्थियों को हिंदी पढ़ाता था, रामदरश जी की एक लंबी कविता 'साक्षात्कार' पढ़ाने का सुयोग मुझे मिला। इस एक कविता में अपने समय का कैसा कठिन यथार्थ बीहड़ चित्र ओर गूँजें-अनुगूँजें समाई हुई हैं, इसका अहसास मुझे तब हुआ, जब इस कविता का भाव और उसकी जमीन मैं विद्यार्थियों को समझा रहा था और पूरी कक्षा में कुछ इस तरह का सन्नाटा था कि खुद मुझे अपने शब्द कहीं दूर से आते लग रहे थे। रामदरश जी वहाँ नहीं थे, पर रामदरश जी सबसे ज्यादा उपस्थित थे वहाँ। उन दिनों जब यह कविता कई अलग-अलग भाव-भूमियों के संश्लिष्ट चित्र के रूप में पूरी क्लास के आगे उतर रही थी, मैं समझता हूँ, रामदरश जी से मेरा पहला लंबा साक्षात्कार तभी हुआ था। मुझे हल्का खेद हुआ था कि मैंने उनकी ज्यादा चीजें नहीं पढ़ीं और सचमुच इसके बाद उनकी कविताएँ ढूँढ़-ढूँढ़कर पढ़ने का सिलसिला चल निकला।

तीन

रामदरश जी से पहली मुलाकात मेरे दिल्ली आने के कोई पांच बरस बाद, संभवतः 1988 में हुई। उन दिनों मैं दिल्ली प्रेस की नौकरी छोड़कर हिन्दुस्तान टाइम्स की बच्चों की पत्रिका 'नंदन' के संपादकीय विभाग में आ गया था। मेरे साथ देवेंद्रकुमार भी थे, जो नौकरी की एक अजब तरह की मजबूरी को जी रहे थे। कविताएँ और कहानियाँ वे लिखते थे, लेकिन लिख-लिखकर अपनी फाइल में रखते जाते। उनकी कहानियाँ तो शुरू-शुरू में 'धर्मयुग' और 'साप्ताहिक हिन्दुस्तान' समेत कई अच्छी पत्रिकाओं में छपीं भी, लेकिन कविताएँ अप्रकाशित रहीं। मेरी भी बहुत-सी कविताएँ लघु पत्रिकाओं में पहले छप चुकी थीं, लेकिन नौकरी की भागमभाग में मैं सबसे कटता चला गया। अब मन था कि वे चीजें फिर से सामने आएँ, किसी एक किताब की शक्ल में। लिहाजा देवेंद्र और मैंने 'कविता और कविता के बीच' संग्रह निकाला।

यही संग्रह रामदरश जी को भेंट करने के लिए उनका पता कहीं से खोजकर देवेंद्र, मैं और रमेश तैलंग उनके घर पहुँचे।

शाम का समय। हम लोग बिना सूचना दिए अचानक ही पहुँच गए थे। सूचना देते भी कैसे! हमारे पास तो केवल उनका पता ही था—आर-38, वाणी विहार, उत्तम नगर, नई दिल्ली। फोन नंबर तो था नहीं। लिहाजा सीधे पहुँच गए और बाहर खरहरी खाट पर लेटे अपने प्रिय लेखक से जा भिड़े।

जाते ही उन्हें पुस्तक भेंट की गई और थोड़ी-बहुत बातचीत के बाद मैंने अपने युवोचित अति उत्साह में बताया कि—"ये कविताएँ हमने खुद छपाई हैं। सोचा कि जब खून जलाकर लिखी हैं ये कविताएँ, तो कुछ पैसा खर्च करके इन्हें छपा भी दिया जाए!"

इस पर रामदरश जी एकाएक चिंतित हुए, बोले—"अरे-अरे! आपका तो परिवार है न! फिर ये खून से कविताएँ लिखने की क्या बात कर रहे हैं?"

इस पर कुछ ऐसा ठहाका पड़ा कि मैं फुस्स! मुझे लगा था कि या तो रामदरश जी मुझे ठीक से समझ नहीं रहे हैं या मैं उन्हें ठीक से नहीं समझ पा रहा। मैंने थोड़ी-बहुत कोशिश की भी, पर मैं समझता हूँ, मैं ज्यादा कामयाब नहीं हुआ।

बहरहाल, मैंने यह प्रसंग छोड़कर रामदरश जी से अनुरोध किया कि वे अपनी कुछ कविताएँ सुनाएँ। इसी सिलसिले में उनकी 'साक्षात्कार' कविता का भी जिक्र आया और देर तक चला। मुझे जानकर अच्छा लगा कि यह रामदरश जी की भी प्रिय कविता है। लेकिन जब उन्होंने हमारे आग्रह पर कविताएँ सुनानी शुरू कीं, तो कुछ छोटी-छोटी प्रगीतात्मक कविताएँ ही सामने आईं। उनमें वसंत पर लिखी गई तीन छोटी कविताएँ भी थीं, जो शायद एक ही सीरीज में लिखी गई थीं। महानगर में वसंत की दस्तकें अनसुनी छूट जाती हैं—इस अहसास को रामदरश जी ने तीन अलग-अलग कविताओं में खूबसूरत ढंग से कहा। झट मैंने 'पाँच जोड़ बाँसुरी' में पढ़े 'उमड़ रही पुरवाई कुंतल-जाल-सी...' गीत की फरमाइश कर दी और रामदरश जी ने भीतर से संग्रह मँगाकर वह पूरा गीत पढ़कर सुनाया।

सचमुच यह एक अविस्मरणीय अनुभव था और जब हम वहाँ से लौटे, तो काफी भरे-भरे थे।

इसके कुछ रोज बाद 'बरगद' साहित्यिक संस्था ने 'कविता और कविता के बीच' पर एक गोष्ठी आयोजित की तो रामदरश जी से ही अध्यक्षता के लिए कहा गया। वे इस आयोजन में आए और बोले। उन्होंने संग्रह में शामिल देवेंद्रकुमार की कविताओं को ही पसंद किया। मेरी कविताओं के बारे में उनका कहना था कि "ऊपर से घनघोर विद्रोही नजर आती इन कविताओं में जीवन अधिक नहीं है।...सिर्फ विद्रोह की मुद्राएँ भर हैं। इसलिए ये कविताएँ बहुत-कुछ एकरस हो गई हैं।"

गोष्ठी के बाद चाय पीते हुए मैं रामदरश जी के निकट गया और बगैर किसी

शिकायत या तल्खी के, मैंने कहा—"अगर आपके पास कभी समय हो, तो थोड़ी-सी बात मैं इन कविताओं के बारे में करना चाहूँगा।"

उन्होंने मुस्कराकर कहा—"हाँ-हाँ, क्यों नहीं? आप कभी भी घर आइए। स्वागत है।"

उसके बाद रामदरश जी से मुलाकातों का सिलसिला शुरू हुआ, तो पंद्रह-सोलह बरस बाद भी आज तक थमा नहीं है। कुछ दिनों तक मुलाकात न हो तो न उन्हें चैन पड़ता है, न मुझे। उनकी कोशिश होती है कि घर से निकलें तो किसी न किसी तरह रास्ते को कनाट प्लेस की ओर मोड़कर चाहे थोड़ी देर के लिए ही सही, मुझसे मिल लें। और वे नहीं आते, तो मैं ही सुबह-सुबह उनके घर जा पहुँचने और साहित्य-वार्ता के साथ-साथ उनके साथ नाश्ते का आनंद लेने का सुख छोड़ नहीं पाता।

इस बीच मैं ही नहीं, मेरी रचनाएँ भी कैसे उनके निकट आती चली गईं और वे उनके बारे में अपनी राय, आलोचना और सुझाव स्पष्ट तौर से देते हुए अपने साथ-साथ खुद मेरी राह भी बनाते चले गए—यह याद करता हूँ तो हृदय उनके आगे कृतज्ञता से झुका पड़ता है।

मुझे याद है, मेरा दूसरा कविता-संग्रह 'छूटता हुआ घर' जब निकला था, तो यह एक तरह से विस्मृति में ही विलीन हो गया था। मुझे याद नहीं पड़ता, इस पर कहीं कोई आलोचनात्मक प्रतिक्रिया या समीक्षा छपी हो। लेकिन हाँ, रामदरश जी ने इस पर एक लंबा-सा पत्र लिखा था और यह प्रसन्नता प्रकट की थी कि 'कविता और कविता के बीच' के दिखावटी विद्रोह वाला रास्ता छोड़कर मैंने अच्छा किया। और इधर की मेरी कविताओं में जीवन की बेचैनी, तनाव और पीड़ा तथा उसकी प्रसन्न छवियाँ भी कई रूपों में छलककर सामने आ रही हैं।

'छूटता हुआ घर' पर प्रथम गिरिजाकुमार माथुर पुरस्कार देने की घोषणा हुई, तो इसकी सूचना भी रामदरश जी ने ही मुझे दी। रात को नौ-साढ़े नौ बजे उनका फोन आया और उन्होंने कहा—"एक अच्छी खबर आपको देनी है। प्रथम गिरिजाकुमार माथुर पुरस्कार के लिए आपके संग्रह 'छूटता हुआ घर' को चुना गया है।"

मैं हक्का-बक्का। मैंने कहा—"मैं तो पुरस्कारों के पक्ष में नहीं हूँ और उन्हें नापसंद करता हूँ। इस बारे में लिखता भी रहा हूँ।"

रामदरश जी ने कहा—"आपने तो पुस्तक पुरस्कार के लिए जमा की नहीं थी। पुरस्कार के निर्णायकों ने (रामदरश मिश्र, जगदीश चतुर्वेदी तथा अजितकुमार) खुद-ब-खुद आपकी पुस्तक पढ़कर यह निर्णय लिया है। पिछले तीन वर्षों में छपे सभी कविता-संग्रहों को पढ़ने के बाद यह निर्णय लिया गया है। इसके साथ माथुर जी के परिवार की भावना भी जुड़ी है। अगर आप इनकार करेंगे, तो उन्हें अच्छा नहीं लगेगा।"

मैंने कहा—"ठीक है, पर मैं राशि स्वीकार नहीं करूँगा।"

उन्होंने कहा—"हां, यह निर्णय आपको करना है। आप इस बारे में चाहे जो भी निर्णय कर सकते हैं।"

बहरहाल, त्रिवेणी सभासागर में हुए आयोजन में 'छूटता हुआ घर' की कविताओं पर वे जिस आवेश और आग्रह के साथ बोले थे, उसकी याद बहुतों को होगी।

और बाद में जब पुरस्कार की राशि में कुछ राशि और जोड़कर मैंने 'सदी के आखिरी दौर में' नाम से मित्र-कवियों का एक संग्रह निकाला, तो चाहे ज्यादातर साहित्यिक दुनिया के 'महानों' ने उनके प्रति उपेक्षा ही दर्शाई हो, पर रामदरश जी ने त्रिवेणी सभासागर में इन अज्ञात कुल-शील कवियों की कविताओं के बारे में खूब बोला—खूब जमकर तारीफ की।

और सच तो यह है कि कुछ घिसे हुए नामों को ही बार-बार घिसते जाने और नयों के प्रति हमारी उपेक्षा का हाल यह है कि अगर रामदरश जी ने प्रयत्न न किया होता, तो शायद आज तक यह संग्रह छपकर न आ पाता!

चार

रामदरश जी की जिस कृति में पहली बार मैंने उन्हें संपूर्णता में पाया और जिसने सचमुच एक दिग्गज और कालजयी लेखक के रूप में उनकी छवि बनी, वह है उनकी आत्मकथा—'सहचर है समय'। एक ऐसी पुस्तक जिसे ज्यों-त्यों पढ़ता गया, रामदरश जी के मनुष्य और लेखक का कभी न मिटने वाला चित्र मेरी आत्मा के पर्दे पर बनता चला गया।

'सहचर है समय' सच में एक 'महाकाव्यात्मक' आत्मकथा है, पर साथ ही साथ यह यथार्थपरक भी है, जो जिंदगी की धूल-धक्कड़ से गुजरी है, और एक साथ जीवन के बहुत-से रूपों, बहुत-से नामों, बहुत-सी घटनाओं और हाड़-मांस के असंख्य जिंदादिल लोगों से हमें नजदीक से मिलने का मौका देती है। पर इससे भी बड़ी बात यह है कि इस आत्मकथा को पढ़कर पता चलता है कि निपट गँवई गाँव का, एक अभावों में पलता बच्चा कैसे धीरे-धीरे अपनी सीमाओं और अभावों से टकराता है, अपने समय के थपेड़े झेलता है, और धीरे-धीरे राह बनाता हुआ आगे निकलता जाता है। तमाम हैं जो शार्टकट के सहारे आगे निकलना चाहते हैं। बहुत से उसे टँगड़ी मारकर भी आगे बढ़ जाना चाहते हैं। साहित्य-पथ पर भी दूसरों को गिराकर हँसने वाले अभिमानियों की कमी नहीं। वह सबको देखता है, समझता है, पर अपनी राह को नहीं छोड़ता और एक दिन उसी राह पर चलते-चलते एक दिन वहाँ पहुँचता है, जो किसी भी लेखक का—एक सही और ईमानदार लेखक का प्राप्य है।

हिंदी में आत्मकथाएँ बहुत-सी हैं और बच्चन जी की आत्मकथा तो बहुत मशहूर भी हुई है जिसे हिंदी की 'सर्वश्रेष्ठ' आत्मकथा मानने वालों की कमी नहीं है। बेशक भाषा की छवियों और सर्जनात्मकता के लिहाज से यह असाधारण आत्मकथा है भी। लेकिन आत्मकथा का जो रास्ता रामदरश मिश्र ने निकाला, वह मुझे कई मायनों में निराला लगता है। इसलिए कि यह आत्मकथा खाली रामदरश मिश्र की आत्मकथा न होकर उनके पूरे समय की आत्मकथा है। उनके तमाम सहयात्रियों की कथा है, जिन्होंने एक साथ या आगे-पीछे चलना शुरू किया, मगर कोई कहीं थककर बैठ गया, कोई कहीं। कुछ भटके भी, कुछ आगे भी गए। खास बात यह है कि आत्मकथा लिखते समय रामदरश जी खुद को 'नायक' या 'महानायक' की जगह आसीन नहीं करते। उनकी आत्मकथा को अगर असंख्य चेहरों, असंख्य पात्रों वाली एक 'बड़ी' फिल्म कहें, तो कहना होगा कि हर क्षण जीवन की चहल-पहल से भरी इस फिल्म के कैमरे का लैंस रामदरश जी सिर्फ खुद पर नहीं रखते, बल्कि उसे लगातार अपने साथियों और सहयात्रियों पर घुमाते रहते हैं। यहाँ तक कि उनकी ओर भी, जो सदैव उन्हें शत्रु-भाव से देखते रहे और उन्हें नीचा दिखाने की कोशिशें करते रहे। रामदरश जी की आत्मकथा में यह सब है और एक ऐसे महाकाव्यात्मक औदात्य का हिस्सा बनकर आया है जिसमें चीजें रहती तो हैं, लेकिन उनके प्रति निजी राग-द्वेष की कड़वाहट बहुत कम रह जाती है। और बहुत छोटे-छोटे मामूली प्रसंग भी समय की कथा में ढलकर बड़ी संजीदगी से मन को छूने लगते हैं।

एक और खास बात यह है कि रामदरश जी ने अपनी आत्मकथा में बड़ी-बड़ी और चकाचौंध पैदा करने वाली चीजें नहीं लिखीं। उन्होंने छोटी-छोटी बातों को ही लिया है, जिन्हें अनुभूति की आँख से देखें तो उनके बड़े-बड़े अर्थ निकलते हैं। ऐसा ही एक छोटा सा प्रसंग वह है, जब बालक रामदरश स्कूल और मास्टरों के खौफ से डरकर फैसला कर लेता है कि उसे अब स्कूल नहीं जाना और तभी उसकी लगभग अनपढ़ माँ चूल्हे की राख में उँगलियाँ फिराती हुई, उसे क ख ग लिखना सिखाती है। और यों धुर ग्रामीण परिवेश की एक स्वाभिमानी माँ एक डरे हुए बच्चे को फिर से राह पर ले आती है। मैंने जब यह प्रसंग पढ़ा था, तो रोमांचित हो उठा था और आज तक इसे भूल नहीं पाया। हालाँकि मजे की बात यह है कि जिन दिनों यह आत्मकथा पढ़ रहा था, एक साहित्यिक मित्र से यह चर्चा हुई तो उन्होंने बड़े व्यंग्यात्मक स्वर में सिर को दाएँ-बाएँ हिलाते हुए कहा—"भला रामदरश मिश्र क्या लिखेंगे आत्मकथा? न उन्होंने कभी शराब पी, न मंडलियाँ जमाईं और न अपनी बीवी को छोड़कर किसी से इश्क किया! ऐसे आदमी के पास कहने को है ही क्या?"

और मेरे लिए उन्हें समझा पाना मुश्किल था जिस आदमी के पास छोटी-छोटी सनसनियाँ नहीं होतीं, समय उसे लिखने के लिए 'एक पूरा महाकाव्य' दे देता है।

और 'सहचर है समय' इसी अर्थ में अपने समय का महाकाव्य है। हालाँकि इसके पात्र बहुत साधारण और मामूली लोग हैं, जिनके छोटे-छोटे संघर्षों और मामूलीपन में ही युग-सत्य और युग-संघर्षों की आँच देखी जा सकती है।

'अक्षरा' पत्रिका में मैंने रामदरशजी की आत्मकथा पर एक लंबा लेख लिखा था और यह मत भी प्रकट किया था कि आज की आत्मकथा का रास्ता बच्चन की आत्मकथा से नहीं, रामदरश मिश्र की आत्मकथा से निकलता है। बच्चन जी की आत्मकथा बहुत कलात्मक हो सकती है, लेकिन बच्चन बहुत आत्मकेंद्रित हैं, जबकि रामदरश मिश्र खुद को फैलाना जानते हैं और अपनी आत्मकथा को वे अपने समय की आत्मकथा बना देते हैं। यही उसकी सबसे बड़ी शक्ति है। हालाँकि इस आत्मकथा के आखिरी खंड के ढीले-ढालेपन को लेकर मैंने बहुत कठोर टिप्पणी भी की थी। मैंने सोचा था, जरूर इस पर रामदरश जी बिगड़ेंगे। लेकिन उन्होंने कहा—"तुम्हारा सुझाव अच्छा है। अगले संस्करण में मैं इस हिस्से को रिवाइज करूँगा।"

इसके कुछ ही समय बाद रामदरश जी को और जानने के लिहाज से मैं लाइब्रेरी से उनकी कहानियों की किताब 'इकसठ कहानियाँ' उठा लाया और उसे पढ़ गया। बीच में एक दिन रामदरश जी से फिर मुलाकात हुई। बोले—"आजकल क्या कर रहे हो?" मैंने कहा—"आजकल आपकी 'दूसरी आत्मकथा' पढ़ रहा हूँ।"

वे चकित होकर बोले—"'दूसरी आत्मकथा'...यानी...?"

मैंने कहा—"इकसठ कहानियाँ..."

वे जैसे सब समझ गए और हँसने लगे।

असल में जो रामदरश जी की आत्मकथा को जानता है और उस सिंहद्वार से उनकी रचना-भूमि में प्रवेश करता है, उसके लिए कुछ भी अपरिचित नहीं रह जाता। और एक-एक कर कोठरियाँ और अंतपुरों के द्वार खुलते चले जाते हैं। रामदरश जी कोई बहुत चतुर-चालाक लेखक नहीं है और न जो लिखते हैं, उसमें बहुत ज्यादा कसरत करना ही उन्हें प्रिय है। लिहाजा जो उन्होंने जीवन जिया और जो कुछ उन्होंने करीब से देखा और पाया, उसी को थोड़ा फेर-फारकर वे रचनाओं में ढाल देते हैं...और उसी में उनकी कलम के स्पर्श से एक ऐसी चमक पैदा हो जाती है कि यथार्थ हमें कुछ नया-नया और ज्यादा अर्थपूर्ण लगने लगता है। इसीलिए रामदरश जी की इकसठ कहानियों के बड़े संग्रह को मैं सिर्फ कहानी संग्रह के रूप में ही नहीं पढ़ रहा था। मेरे लिए यह रामदरश जी की 'एक और आत्मकथा' थी और सही मायने में थी।

पाँच

इसके बाद मैं रामदरश जी की रचना-यात्रा के शायद सबसे जरूरी और महत्वपूर्ण खंड की ओर बढ़ा—उनके उपन्यास। 'पानी के प्राचीर', 'जल टूटता हुआ', 'अपने लोग', 'दूसरा घर', 'आकाश की छत', 'आदिम राग', 'रात का सफर', 'थकी हुई सुबह', 'बीस बरस बाद'।...एक-एक कर ये उपन्यास पढ़े और मैं उनमें सीझता गया। अभी तक रामदरश जी के ज्यादातर उपन्यासों का परिचय जो मेरे भीतर इधर-उधर की छिटपुट टिप्पणियों ने भर दिया था, वह यह था कि ये 'आंचलिक' उपन्यास हैं और 'आंचलिक' उपन्यास कहने से कोई बहुत साफ, स्वच्छ और अच्छी तस्वीर मेरे मन में नहीं आती थी। लगता था, वही कुछ होगा जो आंचलिक उपन्यास के नाम पर लिख दिया जाता है। लेकिन रामदरश जी के उपन्यासों को एक-एक कर पढ़ना शुरू किया, तो लगा कि एक विराट जीवन इनमें से खुल-खुलकर बाहर आ रहा है। जो आंचलिकता का ठप्पा इन पर लगाया गया था, वह कब का छूटकर परे जा गिरा था और नाकाफी और छोटा लग रहा था। जबकि रामदरश जी के उपन्यास हर सीमा, चौहद्दी और संकीर्ण वर्गीकरण को तोड़कर ऊपर आते हुए जिंदगी से लबालब उपन्यास हैं। हालांकि इनमें सभी उपन्यास समान महत्व के नहीं है। कुछ वाकई 'बड़े' उपन्यास है और कुछ बड़े उपन्यास लिखने के अंतराल में लिखे गए छोटे-छोटे उपन्यास। हालाँकि ये छोटे-बड़े उपन्यास कुल मिलाकर एक बृहत् यात्रा का सुख देते हैं, जिसमें जीवन सिर्फ शहर तक सिमटा नहीं रहता। वह गाँव के खेतों, कछारों और दुख-दर्द की जमीन तक भी जाता है और गाँव और शहर मिलकर ही एक समूची दुनिया रचते हैं।

अगर आप मुझसे पूछें कि रामदरश जी के तीन सबसे अच्छे उपन्यास कौन-से हैं तो मुझे बताने में एक क्षण का भी विलंब नहीं होगा—'जल टूटता हुआ', 'अपने लोग' और 'पानी के प्राचीर'। अगर उनके दो सर्वश्रेष्ठ उपन्यासों के नाम पूछें तो भी जवाब देने में देर नहीं लगती—'जल टूटता हुआ' और 'अपने लोग'। हाँ, अगर रामदरश जी के सबसे अच्छे उपन्यास का नाम पूछा जाए तो आज भी सूई बड़ी तेजी से 'जल टूटता हुआ' और 'अपने लोग' के बीच घूमती है। जैसे ठीक-ठीक निर्णय न कर पा रही हो कि कहाँ टिके! और अंत में बड़ी मुश्किल से झिझकते हुए 'जल टूटता हुआ' पर आकर ठिठक जाती है। हालाँकि दोनों उपन्यासों की अपनी-अपनी खासियत है। 'जल टूटता हुआ' अगर गाँव की जिंदगी का महाकाव्य है, तो 'अपने लोग' में गोरखपुर की जो कथा कही गई है, वह सचमुच छोटे-छोटे सुख-दुख और द्वंद्व-उलझनों में फँसे मामूली आदमी के 'देवत्व' की कथा है। ऊपर से देखने पर निहायत टुच्ची और सड़ांधरभरी लगती हुई जिंदगी में भी मनुष्यता कैसे जी और जगमगा रही है, इसे देखना और दिखा पाना रामदरश मिश्र जैसे किसी बड़े

उपन्यासकार का ही कमाल हो सकता है। और मुझे यह कहने में कोई झिझक नहीं, कि 'जल टूटता हुआ' और 'अपने लोग' की गिनती हिंदी के कुछ सबसे अच्छे उपन्यासों में की जानी चाहिए। ये सचमुच कालजयी उपन्यास हैं और सिर्फ रामदरश मिश्र की रचना-यात्रा की ही नहीं, पूरे हिंदी साहित्य की उपलब्धि है। यकीनन ये उन उपन्यासों में से हैं जिनके बारे में कहा जा सकता है कि अगर ये न लिखे गए होते तो हिंदी की उपन्यास-यात्रा में कुछ न कुछ अधूरापन और कमी रह जाती।

लेकिन रामदरश जी के बाकी उपन्यास भी ऐसे नहीं हैं कि वे आपके मन पर गहरी छाप न छोड़ें। उनके गुजरात के अनुभवों पर लिखा गया उपन्यास 'दूसरा घर' और 'आकाश की छत' तथा 'रात का सफर' जैसे कुछ छोटे उपन्यासों की मुझे खासकर याद आ रही है, जिन्हें पढ़ना अनुभव की एक गहरी खराश से गुजरना है। और इन्हें पढ़ते हुए जिस चीज की ओर हमारा ध्यान सबसे ज्यादा जाता है, वह यह कि रामदरश जी लगातार जिंदगी और रचना का भेद मिटाते हुए लिखते जाते हैं। उनकी रचनाओं की प्रेमचंदीय सादगी, अनुभवों का 'भराव' और कलाविहीनता की कला उनकी सबसे बड़ी ताकत है।

इधर रामदरश जी के नए कहानी-संग्रह 'फिर कब आएँगे' को पढ़ते हुए यह बात एक बार फिर महसूस हुई। इसलिए कि ये कहानियाँ सिर्फ कहानियाँ ही नहीं, जीवन के सीधे-सादे संस्मरण भी हैं और कहानियाँ भी। संस्मरण और कहानियाँ एक दूसरे में घुल-मिलकर जो रूप अख्तियार करते हैं, वही रामदरश जी की इधर की कहानियों में उभरा है। दिलचस्प बात यह है कि इससे इन कहानियों को एक अतिरिक्त शक्ति और विश्वसनीयता मिल जाती है। और उन्हें पढ़ते हुए जो पहली बात मन में गूँजती है, वह यह कि लेखक जो कह रहा है, वह जीवन का सत्य है और यह झूठ तो हो ही नहीं सकता। इससे 'शब्दों की नुमाइश' के जरिए बनाई हुई तमाम नकली और अति कलात्मक कहानियों की सजावटी दुनिया के सामने ये कहीं ज्यादा अपनी-अपनी-सी लगती हैं।

छह

अगर मैं सर्दियों के उस धूपभरे दिन का जिक्र न करूँ, जब मैं एक भीतरी उमंग से भरकर यूँ ही रामदरश जी के यहाँ पहुँच गया था बातचीत करने के लिए, तो यह संस्मरण अधूरा ही रहेगा। वह दिन जैसे तमाम दिनों से अलग खड़ा, मन पर दस्तक दे रहा है। उस दिन रामदरश जी के जीवन के तमाम पन्ने खुले और खुलते ही चले गए। मैं लगभग पूरे दिन उनकी बातों और उनके अनुभवों की आँच में सीझा, उनके पास बैठा रहा। उनकी जिंदगी और लेखन-यात्रा तथा संघर्षों के बहुत से मर्म-बिंदु जानता था, लेकिन उनकी आधार-पीठिका पहली बार खुली। और उस खुली बातचीत

में रामदरश जी को ज्यादा खुलेपन से और कहीं ज्यादा करीब से जाना।

खास बात यह थी कि उनके यहाँ बड़े लेखकों वाली दिखावटी व्यस्तता का ताम-झाम मुझे बिल्कुल नजर नहीं आया। उनका वह पूरा दिन जैसे मुझे दे दिया गया था। वे पूरी तरह प्रफुल्ल और बातचीत के मूड में थे। और वह बातचीत इस कदर अनौपचारिक थी कि एक प्रसंग में तमाम प्रसंग निकलते चले जा रहे थे और रामदरश जी के साथ-साथ उनके तमाम साथियों और सहयात्रियों के चेहरे उनमें से झाँकने लगे। खासकर निराला और अपने गुरु आचार्य हजारीप्रसाद द्विवेदी का जिक्र आने पर तो वे बेहद भावुक हो गए थे। तमाम वरिष्ठ लेखकों का जिक्र हुआ और उनके तमाम संस्मरणात्मक प्रसंग इस लंबी बातचीत में खुल-खुलकर सामने आने लगे। लेकिन सबसे बढ़िया प्रसंग वे थे, जिनमें गाँव के मामूली और अनपढ़ लोगों का जिक्र था और वे उनके 'दिव्यत्व' का बखान-सा करते थे कि उस समय उन लोगों ने मुझे बचाया न होता तो आज मैं कुछ न होता, कहीं न होता।

इसी बातचीत के क्रम में मैंने एक 'असुविधाजनक' सवाल पूछ लिया कि—"तमाम लोगों ने आपके साथ यात्रा की, मगर वे बहुत आगे निकल गए, उनका बहुत नाम है और आप कुछ पिछड़ से गए हैं। ऐसा किसलिए?" मैं सोचता था, सवाल सुनकर वे नाराज़ होंगे। लेकिन बड़ी ही सहजता के साथ उन्होंने सवाल का सामना किया और कहा कि—"जो-जो ये तथाकथित बड़े लेखक हैं, उनके साथ कोई न कोई बड़ी पत्रिका या लेखक-संगठन जुड़ा रहा और उनकी जो भी अच्छी रचनाएँ हैं, वे इस कदर उछाले जाने से पहले की हैं। बाद में तो वे लेखक के रूप में चुक ही गए, जबकि मैं लगातार एक लेखक के आत्मविश्वास के साथ अपनी राह पर आगे बढ़ता गया।...और मुझे इस बात का मलाल नहीं है कि मुझे इतना उछाला क्यों नहीं गया? मुझे अपने पाठकों का बहुत प्यार मिला है और वही मेरी शक्ति है। जबकि इस तरह से बहुत उछाले गए लेखकों की रचनाएँ शायद पढ़ी ही नहीं जातीं।"

मेरा एक और सवाल यह था कि जो जीवन उन्होंने जिया, क्या उससे वे संतुष्ट हैं? "अगर दुबारा जीवन की शुरुआत करनी पड़े तो...?" इस पर उन्होंने मुस्कराते हुए कहा—"जो जीवन मैंने जिया, उससे मैं पूरी तरह संतुष्ट हूँ। अगर दुबारा जीवन जीने को मिले, तो मैं बहुत-कुछ ज्यों का त्यों रखना चाहूँगा। हाँ, मैं चाहूँगा कि मेरा झेंपू स्वभाव और घर-घुसरापन थोड़ा कम हो...ताकि जो उपेक्षा मेरे खाते में आई है, वह न रहे और लोग मेरे बारे में जानें। खुद अपने गले में ढोल लटकाकर आत्म-विज्ञापन करने वालों की दुनिया में अगर एक ईमानदार लेखक को जीवित रहना है, तो उसे अपना अति संकोच और घरघुसरापन तो छोड़ना ही होगा।"

उस लंबे इंटरव्यू को शायद सात-आठ बरस तो हो ही गए और इतने समय में मैंने उन्हें लगातार और-और गहरे आत्मविश्वास से भरकर और-और कठोर, लेकिन संयत ढंग से अपनी बात कहते देखा है। जयशंकर प्रसाद के 'आँसू' की एक प्रसिद्ध

पंक्ति है—'दीनता दर्प बन बैठी, साहस से कहती पीड़ा...' रामदरश जी में दैन्य तो कभी था ही नहीं। हाँ, एक झिझक कभी-कभी नजर आती थी—बहुत सहने और सहकर लिखने वाले लेखक की झिझक। इधर मैं देखता हूँ, उन्होंने अपनी झिझक को तोड़ा है और खुलकर अपनी बात कहने लगे हैं।

'कवि-शेखर सम्मान' मिलने पर उनके पास लेखकों और पाठकों की बधाइयों का ताँता लग गया, लेकिन कुछ 'महान' थे जो चुप्पी साधे रहे और यूँ दर्शाते रहे, जैसे अशोक वाजपेयी, केदारनाथ सिंह और विनोदकुमार शुक्ल के बाद रामदरश मिश्र को यह पुरस्कार मिल जाने से कोई कुफ्र हो गया हो और इस पुरस्कार की मर्यादा घट गई हो। हालाँकि बाद में इन महानों ने भी झेंपकर ही सही, उन्हें बधाई दी। एक दिन यही प्रसंग चल निकलने पर रामदरश जी ने कहा—"ये जितने हिंदी साहित्य के तथाकथित महान लोग हैं, जो लिखते कुछ नहीं, सिर्फ पूरे समय साहित्य की राजनीति करते हैं, इन्हें मैं अपने सामने कुछ नहीं मानता। अगर एक लेखक की लेखन-यात्रा के लिहाज से ही देखा जाए, तो ये मेरे सामने कहीं नहीं ठहरते। मुझमें पहले भी यह आत्मविश्वास था और अब भी यह आत्मविश्वास है कि लेखक तो मैं ही बड़ा हूँ, ये चाहे कितना ही अपना ढोल पीटते रहें!...मैं आज भी इनसे बड़ा हूँ और आने वाले कल में भी निश्चय ही इनसे बड़ा साबित होऊँगा...जबकि ये ढोल पीटने और पिटवाने वाले कहीं नहीं होंगे।"

यही तेजी और तुर्शी इधर रामदरश जी की कविताओं में भी साफ देखने को मिल रही है। उनके कविता संग्रह 'बारिश में भीगते बच्चे' की एक कविता में गाँव के दो सह-यात्री कवियों का वर्णन है। इनमें एक शहर का होकर गाँव की अपनी सहजता को बिसार देता है और दूसरा शहर में रहकर भी अपने गाँव की सादगी और सहजता को जीता रहता है और गाँव की मिट्टी और पीड़ा के बिंब उसकी कविताओं में छलछलाकर आते हैं। फिर एक दिन गाँव पर फिल्म बनती है और कैमरा उसी आदमी के साथ हो लेता है, जिसने शहर की चालाकियाँ सीखकर अपने भीतर के 'गाँव के आदमी' की हत्या कर दी है। जो सच में गाँव का आदमी था और जीवन भर उसे जीता रहा, वह फिर भी उपेक्षित ही छूट जाता है। इन दो सहयात्रियों में एक रामदरश जी हैं, यह साफ पता चल जाता है। और दूसरा, जिसने शहर में आकर शहर की चालाकियाँ सीख लीं और अपने गँवईपन की जान-बूझकर हत्या कर डाली...? इस शख्स का नाम जानना भी मुश्किल नहीं और उसका नाम होंठों पर आया ही चाहता है...लेकिन रहने दीजिए, क्या फायदा!

यह बात कोई कम काबिलेतारीफ नहीं कि राजधानी में इतने बरसों से रहते हुए भी रामदरश जी ने अपनी सहजता और गाँव के आदमी का खरापन खोया नहीं। इससे उन्हें नुकसान चाहे जो भी हुए हों, लेकिन एक फायदा भी हुआ है कि वे छोटे-बड़े हर नए आदमी से प्यार से धधाकर मिलते हैं और पूरी तरह से उससे समरस

हो जाते हैं। इसीलिए तथाकथित बड़े जब एकांत की चारदीवारियों में कैद हैं, रामदरश जी ने खुद को खुला छोड़ दिया है। अब वे खुद के ही नहीं रहे, उन सभी के हैं जो उन्हें प्यार करते हैं और उन्हें प्यार करने वालों की संख्या निरंतर बढ़ती ही जाती है। खासकर युवा पीढ़ी को उनसे जो प्यार मिला है, उसकी तो मिसाल ही मुश्किल है। शायद ही बड़े लेखकों में उनके अलावा कोई दूसरा लेखक हो, जो युवाओं से इतना खुलकर संवाद रख पाता है।

वाणी विहार में कुछ अरसा पहले हुए रामदरश जी के सम्मान-समारोह में मूर्धन्य आलोचक डॉ. नित्यानंद तिवारी ने एक बड़े काम की बात कही। उन्होंने कहा कि "अगर रामदरश जी को तथाकथित महान लोगों में ही शुमार होना होता, तो यह तथाकथित महानता तो उन्हें बहुत पहले ही मिल गई होती। तब वे औरों के बताए रास्तों और औरों के साँचों के हिसाब से औरों जैसा ही लिख रहे होते, पर रामदरश जी को ऐसी तथाकथित महानता की दरकार नहीं थी। इसके बजाए उन्होंने अपने ही रास्ते पर चलकर, अपने ही जैसा लिखना पसंद किया। और इसी कारण उन्हें अपने पाठकों का बेशुमार प्यार मिला। यह महानता, 'तथाकथित महानों की किसी भी नकली महानता' से ज्यादा बड़ी है। पाठकों का जो आदर और प्यार रामदरश जी को मिला है, वही उन्हें महान बनाता है और उनकी यह महानता आज सभी स्वीकार कर रहे हैं!"

मैं समझता हूँ, डॉ. नित्यानंद तिवारी के ये अल्फाज रामदरश जी के लेखक के मिजाज को समझने में खासे मददगार हैं।

यहीं एक प्रसंग और याद आता है। रामदरश जी से एक बार किसी ने पूछा था—"आपकी नजर में महानता क्या है...या महान आदमी कौन है?" इसके जवाब में रामदरश जी ने सहजता से कहा था—"मेरे ख्याल से महान व्यक्ति वह है, जो अपने संपर्क में आने वाले छोटे-बड़े सभी को अपनाकर मिलता है और उन पर अपने बड़े होने का आतंक बिल्कुल नहीं डालता...!"

इस लिहाज से अगर देखें तो आज के साहित्यिक परिवेश में रामदरश जी अकेले लेखक हैं जो इतना अधिक नए लेखकों को पढ़ते और निरंतर उनकी हौसला अफजाई करते हैं। आज के समय में जबकि न पढ़ने का ही चलन है और न पढ़ना कहीं ज्यादा बड़प्पन और रोब-दाब का सूचक बन गया है, वहाँ रामदरश जी की खोज-खोजकर नयों को पढ़ने और उन्हें आगे लाने की तत्परता चकित जरूर करती है।

मुझे सुखद आश्चर्य होता है, जब किसी पत्रिका में मेरा कोई लेख या रचना देखकर वे मुझे सूचना देते हैं और साथ ही अपनी राय भी बता देते हैं। मेरे लिए ये क्षण जीवन के सर्वाधिक आनंद के क्षण होते हैं—और सार्थकता के भी। इन्हीं क्षणों में लगता है कि आज जब साहित्य में इतनी आपाधापी और टाँगखिंचाई चल रही

है, तब रामदरश जी जैसे लेखक भी हैं जो एक व्यक्ति होते हुए भी, एक परंपरा की सदेह उपस्थिति जैसे लगते हैं!...यही शायद किसी व्यक्ति का आत्मविस्तार है जो निरंतर सचेत भाव से जीते-जीते आता है।

शायद इसी सचेत भाव से जीने ने ही रामदरश जी को एक ऐसा सक्रिय, ऊर्जावान लेखक बनाया है, जो निरंतर खुद को बाँटता और देता चल रहा है लेकिन झुका हरगिज नहीं है। इधर वे दिल्ली के अपने अनुभवों पर एक उपन्यास लिखने का मन बना रहे हैं। उसके बारे में बीच-बीच में वे टुकड़ों-टुकड़ों में कुछ बताते भी हैं। रामदरश जी ने निश्चय ही दिल्ली में एक लंबा और 'समृद्ध' जीवन जिया है और गाँव के आदमी के ठाठ और स्वाभिमान के साथ दिल्ली को जिया है। लिहाजा उनके उपन्यास में दिल्ली यकीनन तमाम शहरातियों की दिल्ली से कुछ अलग चीज होगी। रामदरश जी के इस नए उपन्यास की प्रतीक्षा करते हुए हम यह विश्वास तो प्रकट कर ही सकते हैं कि वह जब भी आएगा, दिल्ली के बारे में रामदरश जी के समृद्ध और विश्वसनीय अनुभवों से लबालब होगा। संभवतः उस उपन्यास के आने पर हम रामदरश जी की 'आँखों' से दिल्ली को एक नए रूप में देख पाएँ!...और शायद वह कुछ ज्यादा प्यारी, खुरदरी और अपनेपन से छूती दिल्ली हो!

अलबत्ता रामदरश जी हैं और अपनी प्रसन्न रचनाधर्मिता के साथ हमारे बीच मौजूद हैं, यह हमारी पीढ़ी को खुद में, रचना और लेखन की ताकत पर एक बड़े भरोसे की मानिंद लगता है।

सात

और अंत में...

रामदरश जी की एक प्रसिद्ध कविता है जिसमें वे अपनी कविता की जमीन और अपने कवि की 'प्राणशक्ति' और निजीपन की चर्चा करते हुए कहते हैं कि उन्होंने अपने आँगन का एक कोना कच्चा छोड़ दिया है—इसलिए न वे बनावटी हुए और न जमीन से उनका रिश्ता ही खत्म हुआ।...रामदरश जी की कविताओं में यह कविता सबसे अलग और खास मुझे इसलिए लगती है, क्योंकि यह अकेली कविता रामदरश जी के कवि का 'सही और संपूर्ण परिचय' भी है!

और मुझे तो रामदरश जी की कविता की असली शक्ति भी यही लगती है कि दिल्ली में इतने बरस रहते हो गए, पर न वे कभी अपनी जमीन को भूले और न मिट्टी और पानी की गंध उनके साहित्य में कमतर हुई। इसीलिए आज के तमाम कवि-लेखक जब देखते ही देखते बासी और पुराने होते जा रहे हैं, रामदरश जी उन लेखकों में से हैं जो आने वाली शताब्दियों में भी मानवता के साथ रहेंगे और उसे रास्ता पहुँचाने में मदद देते रहेंगे।

हालाँकि अपनी लेखकीय उपलब्धियों को हासिल करने के लिए उन्होंने न

कभी उतावली दिखाई और न औरों की तरह बढ़-चढ़कर हाथ मारे। उनका एक शेर चंद अल्फाज में उनके संघर्ष की पूरी कहानी कह डालता है—

जहाँ आप पहुँचे छलाँगें लगाकर,
वहाँ मैं भी पहुँचा, मगर धीरे-धीरे।

जहाँ छलाँगें लगाने वालों का ही बोलबाला हो, वहाँ अब भी रास्ते पर धीरे-धीरे मगर दृढ़ता से चलता एक आदमी मिल जाए, यह चीज खुद में कम आस्था देने वाली नहीं है। क्या यही वजह नहीं है कि रामदरश जी का पूरा साहित्य आदमी पर विश्वास और आस्था का साहित्य है और उन्हें पढ़ना अपने आपसे मिलने जैसा है!!

बातचीत

जो गाँव मैंने जिया है, वह सौंदर्य और अभाव से ठसा हुआ गाँव है!

(सर्दियों का एक धूपभरा दिन रामदरश जी के साथ)

डॉ. रामदरश मिश्र उन लेखकों में से हैं जो दिल्ली में रहकर भी दिल्ली से दूर हैं। इतने बरस दिल्ली में रहने के बाद भी वह अपने कुछ-कुछ 'ग्रामीण चेहरे' के साथ दूर से पहचान में आ जाते हैं—सीधी, तनी हुई देहयष्टि, बगैर उलझाव वाला अंकुठ व्यक्तित्व और प्रफुल्ल आत्मीयता भरी मुस्कान जो बात करने लिए न्योतती है। इस लिहाज से दिल्ली ने बहुत कम उन्हें बदला है। न वह दिल्ली की चतुराईभरी छद्म विनम्रता कभी अपना सके और न अपना ठेठ और बेलाग अंदाज ही छोड़ पाए। भले ही बहुतों को इससे परेशानी हो जाती हो, लेकिन उनके अपने उन्हें जानते हैं और इसीलिए उनका सम्मान भी करते हैं।

डॉ. रामदरश मिश्र कवि, कथाकार, उपन्यासकार, आलोचक और निबंधकार हैं। साहित्य की प्रायः हर विधा में उन्होंने लिखा है और खूब लिखा है। वह कविता लिखें या गद्य, उनके व्यक्तित्व की मूल पहचान उनकी सरल सादगी की गंध उसमें जरूर होती रहती है। असल में रामदरश जी का व्यक्तित्व हो या रचनाएँ, उनकी विशेषता ही यही है कि उनमें बनावट कम से कम है और सहजता ही उसका प्राण है। उनकी हर रचना एक सीधे-सादे लेकिन संवेदना में गहरे धँसे आदमी का बयान है! इसके अलावा जो चीज उनकी सबसे ज्यादा भाती है, वह है गहरी लयबद्ध तल्लीनता। वह हड़बड़ी या उतावली में शायद ही कुछ करते हों। सामने जो प्रस्तुत क्षण हैं, उसी को पूरे मन से जीते हैं। इसीलिए मुलाकात के लिए जो दिन तय किया गया, उसमें रामदरश जी एकदम मुक्त मन से बातचीत के लिए तैयार मिले। वह 'बड़े' लेखक से ज्यादा बड़े भाई या परिवार के आत्मीय सदस्य की तरह लगते थे

और बगैर किसी गुंजलक के अपनी बात कह रहे थे।

सुबह करीब दस बजे शुरू हुई यह बातचीत चाय-भोजनादि के छोटे-बड़े अंतराल और मामूली व्यतिक्रम को छोड़ दें तो शाम पाँच बजे तक लगातार चलती रही। और रामदरश जी बगैर थके, बगैर खीजे सवालों के जवाब देते रहे। बीच में घंटे, डेढ़ घंटे के लिए पास के एक पार्क में जाकर 'धूप खाने' का प्रोग्राम बना, तब भी बातचीत का सिलसिला टूटा नहीं। अलबत्ता उसमें रंग जरूर यहाँ-वहाँ के आते-जाते रहे।...

बातचीत का विषय काफी व्यापक था—रामदरश जी के बचपन और गाँव की स्मृतियों से लेकर दशकों पहले के बनारस, दिल्ली के मौजूदा परिदृश्य, समकालीन साहित्य की मुश्किलों, मीडिया के दबाव और उत्तर-आधुनिकता तक। बीच-बीच में आलोचना की मौजूदा हालत और समकालीन लेखकों को लेकर उनकी बेलाग टिप्पणियाँ भी सुनने को मिलती रहीं। गाँव या गाँव के पुराने साथियों, माता-पिता और अध्यापकों वगैरह का जिक्र आया तो रामदरश जी के भीतर का 'एक सीझा हुआ आदमी' देखने को मिला, जो इतना भावुक है कि इस उम्र में भी उसकी आँखें छलछला आती हैं।

जनवरी-अंत के उस धूपभरे दिन में जिस समय मैं वाणी विहार स्थित उनके घर पहुँचा, वह अपने नए उपन्यास 'बीस बरस' पर काम कर रहे थे। मैंने उसकी 'जमीन' और कथावस्तु के बारे में जानना चाहा। इस पर रामदरश जी गाँव की पुरानी स्मृतियों में खो गए। फिर वे बोलना शुरू हुए तो बातचीत सहज ही चल पड़ी। प्रस्तुत है कई मोड़ों और पड़ावों से गुजरी यह अनौपचारिक (और कुछ-कुछ बेढब) बातचीत अपने अविरल रूप में—

डॉक्टर साहब, अपने जिस नए उपन्यास 'बीस बरस' पर आप काम कर रहे हैं, उसके बारे में जानने की आपके तमाम पाठकों को उत्सुकता होगी। कुछ इस बारे में बताइए।

—मनु जी, 'बीस बरस' गाँव की जमीन पर, पूर्वी उत्तर प्रदेश के एक गाँव पर लिखा गया उपन्यास हैं, जो भिन्न शैली, मोटे तौर से जिसे रिपोर्ताज शैली कह सकते हैं, में लिखा गया उपन्यास है।...जाहिर है, लिखते समय मेरा अपना गाँव मेरे सामने रहा होगा। गाँव का एक आदमी जो पत्रकार है और दिल्ली में रह रहा है, रिटायरमेंट के बाद गाँव में रहने का सपना पाले हुए है। लेकिन जब वह गाँव जाता है तो एक नए सत्य से उसका परिचय होता है—कि यह गाँव तो वह गाँव नहीं है जिसे वह कभी छोड़कर गया था और जिसकी छवि वह मन में बरसों से सँजोए हुए है—जिसके सपने वह देखता है। लोग अब भी मिलते हैं, और ऊपर से देखने पर वही सरलता

और भोलेपन का लिबास भी है, लेकिन उसके भीतर बहुत-कुछ बदल गया है...वह धीरे-धीरे 'रिवील' होता है और उसे आखिर गाँव में रहने के अपने इरादे को बदलना पड़ता है...

क्या आत्मकथात्मक किस्म का उपन्यास है?

—पूरी तरह तो नहीं, लेकिन हाँ...काफी हद तक। बहुत निकट से देखे गए लोग, चेहरे हैं इसमें...हालाँकि मैं उन्हें जस का तस कभी नहीं लिखता।

कुछ थोड़ा बताइए, कैसे रंग...कैसे पात्र हैं उसमें? गो कि जो कुछ आपने बताया, उससे घटनाक्रम की एक हल्की झलक तो मिलती ही है!

—इसमें किसी बँधे हुए सिलसिले में सारी चीजें नहीं हैं—असल में मनु जी, मेरे इस उपन्यास में कथानक प्रमुख नहीं है। इस लिहाज से कोई सुनिश्चित विन्यास, सुनिश्चित वेग या उतार-चढ़ाव वाला उपन्यास यह नहीं है। हाँ, अलबत्ता लोग हैं इसमें—उन लोगों को समझने की कोशिश है—और उन लोगों के जरिए उस परिवर्तन को समझने की कोशिश है जो पिछले बीस वर्षों में गाँवों में आया है। उन लोगों के साथ-साथ कथा चलती, आगे-पीछे होती रहती है—कभी कोई शेड सामने आ जाता है, कभी कोई शेड। इसी तरह से बदले हुए गाँव के अलग-अलग रंग खुलते हैं और कथानायक को जो वहाँ सरलता, सादगी खोजने गया है, धक्का पहुँचता है—संक्षेप में यही कथा है। और मज़े की बात यह है कि आज चालाकी करने वाले लोगों में ज्यादातर वही हैं जो बालमित्र हैं, बचपन में सहपाठी रहे हैं, मगर आज वे पूरे ढीठ हो चुके हैं। उनमें से कोई कर्ज माँगने के नाम पर चतुराई से पैसे झटक लेना चाहता है, तो कोई चाहता है कि दिल्ली में वह है और पत्रकार है तो संबंधों का इस्तेमाल करके कुछ हासिल किया जाए।...कुछ लोग पीछे खूब निंदा करते, मजाक उड़ाते हैं, मगर सामने आते ही चेहरे पर गद्‌गद भाव लाकर तारीफों के पुल बाँधना शुरू कर देते हैं और जब पता चलता है कि इनसे काम निकल सकता है तो झट पैर छू लेते हैं। कुल मिलाकर बड़ी मजेदार स्थितियाँ हैं—जिन्हें व्यंग्यात्मक ढंग से उभारा गया है। यों क्षोभ, आक्रोश, गुस्सा भी है—लेकिन मूल रूप से व्यंग्यात्मक स्थितियों को उभारने या उन पर चोट करने की कोशिश की है...

डॉक्टर साहब, समय का यही संदर्भ थोड़ा भिन्न ढंग से आपकी आत्मकथा 'सहचर है समय' में भी है।...समय के संदर्भ में एक लेखक के रूप में अपनी यात्रा को कूतते हुए आप क्या पाते हैं? उस बिंदु से जहाँ से आपने शुरुआत की थी, यहाँ तक आते हुए आपकी सबसे बड़ी उपलब्धि क्या रही? क्या पा लिया आपने जो आप पाना चाहते थे, या...?

—(इस पर रामदरश जी लगा, बरसों पीछे चले गए। थोड़ी थिराई हुई आवाज में कहते हैं...) दरअसल मनु जी, मैं तो साधारण परिवार का था। बहुत-कुछ पाने की महत्त्वाकांक्षा मन में रही हो, याद नहीं पड़ता। हाँ, कुछ करने की, कुछ बन जाने

की तड़प जरूर मन में रही!...घर की गरीबी को देखते हुए यह महसूस होता था, कुछ ऐसा बन सकूँ कि घर के लिए कुछ कर सकूँ। आगे कोई साफ राह नहीं थी। वर्तमान पर एक पाँव टिकाकर सोचना पड़ता था, दूसरा पाँव कहाँ रखना है! मिडिल स्कूल पास किया क्योंकि स्कूल गाँव के पास था। उसके बाद क्या करना है, साफ नहीं था। 'विशेष योग्यता', 'साहित्य रत्न' आदि के बाद लगा, अभी तो बात कुछ भी नहीं बनी!...दो-एक प्रसंग ऐसे घटित हुए कि लगा, केवल हिंदी पढ़ने से कुछ नहीं होगा, तो प्राइवेट अंग्रेजी की परीक्षा दी। मैट्रिक में फेल हुआ, निराश भी हुआ। आखिर बनारस के एक प्राइवेट स्कूल में नाम लिखाया। फर्स्ट क्लास मैट्रिक पास किया। बी.एच.यू. में इंटरमीडिएट के लिए नाम लिखाया। रास्ता कुछ-कुछ साफ लगने लगा कि मुझे बड़े होकर लेक्चरर या पत्रकार बनना है।

धीरे-धीरे बढ़ता गया...अब लगता है, जितना कुछ पाया, वह कुछ कम नहीं है। दरअसल इससे अधिक की कामना ही नहीं की थी मैंने। शायद जिस परिवेश में मैं पला था, उसमें महत्त्वाकांक्षा उभर ही नहीं सकती थी। जहाँ तक प्रश्न साहित्यिक लेखन का है, तो जब मैं नहीं जानता था कि साहित्य क्या होता है, तब भी यानी बचपन में कुछ लिखने की तड़प खुद में महसूस करता था। जब कोई लोकगीत सुनता था तो भीतर इच्छा होती थी—काश, मैं भी ऐसा लिख पाता!...लेखक का यह बीज भाव सहज रूप से मेरे मन में पड़ा था और मैं देहाती परिवेश में धीरे-धीरे छंद का अभ्यास करता गया...और लिखता गया।

बनारस आने से पहले यानी सन् 46 में पहले यों ही अभ्यास करता रहता था। बनारस आने के बाद समय के साहित्यिक संदर्भ से परिचित हुआ और यह जाना कि कैसे लिखना है, क्या लिखना है...और तब से मैं सचेत भाव से अपने जीवन के अनुभवों को, समस्याओं को सर्जित करने की प्रक्रिया में आगे बढ़ता रहा और मुझे अपने भीतर यह विश्वास है—रहा है कि मैं जो कुछ लिख रहा हूँ, वह मेरा है और सार्थक है—सशक्त भी है! मैं अपने को हमेशा समय के साथ या समय को अपने साथ पाने का प्रयास करता रहा।

मैं दावे से यह कह सकता हूँ कि आंदोलनों की बैसाखी के बिना भी मैं समय के साथ रहा हूँ और इसलिए मेरे लेखन में निरंतर बदलते हुए समय की आहट सुनाई पड़ सकती है। मुझे यह भी लगता है कि शायद समय के साथ निरंतर हो लेने के नाते ही मेरी रचनाएँ—मेरी अगली रचनाएँ पिछली रचनाओं से कुछ अलग हैं। मैं अपने लेखक को लेकर बहुत आश्वस्त हूँ—और मैं कुंठित तो कतई नहीं हूँ, लेकिन यह शिकायत तो कर ही सकता हूँ कि एक नेटवर्क में फँसी हुई आलोचना या साहित्य-चिंतन ने मेरे साहित्य पर यथोचित ध्यान नहीं दिया।

आपका बचपन और किशोरावस्था गाँवों में बीती। गाँव, गाँव की मिट्टी, फसलें, फसलों की गंध...यह सब आपके भीतर कुछ इस कदर धँसा हुआ है कि दिल्ली में इतने बरस रहने के बाद भी आपका चेहरा मुझे ग्रामीण चेहरा लगता है, महानगर जिसे पचा नहीं सका!...अपनी इस निजता के बारे में कुछ कहें।

सवाल आपका अच्छा है मनु जी!...जहाँ तक लेखन का सवाल है, मैंने आपको बताया, उसके जन्मजात संस्कार मुझमें रहे होंगे और मैंने यह बचपन में ही महसूस कर लिया था। जब दर्जा तीन-चार में था, तभी किसी लोकगीत को सुनकर लगता—ऐसा तो हम भी लिख सकते हैं...बल्कि मैं कोशिश भी करता था वैसी। सुना था, पेड़ के नीचे पालथी मारकर बैठने से सरस्वती जगती है मन में, तो वैसा भी करता था और कुछ-कुछ पंक्तियाँ जोड़ भी लेता था जिन्हें मित्रों की भरपूर प्रशंसा मिलती थी। वे मुझे कुछ खास समझते थे और मैं खुद को दूसरों से कुछ अलग...

यानी आपने कुछ-कुछ महसूस कर लिया था कि आप लेखक बनेंगे...या लेखक होना अच्छा है?

—हाँ...और मुझे लगता है मनु जी, यह बीज रक्त से भी मिला होगा...इसलिए कि मेरी माँ और पिता दोनों ही बड़े भावुक थे। पिता तो कुछ-कुछ सैलानी, घुमक्कड़ तबीयत के थे और भावुकता, रसिकता उनमें कूट-कूटकर भरी हुई थी। वे होली आदि त्योहारों पर मस्ती में भरकर गाया करते थे तो देखते बनता था। ऐसे ही स्त्रियों के गीतों में हमेशा माँ सबसे आगे होती थी।... तो मुझे लगता है मनु जी, इस पारिवारिक परिवेश का भी जरूर कुछ न कुछ असर हुआ होगा और यों लेखन का जो बीज भाव भीतर मौजूद था, उसका पोषण हुआ। हाँ, मेरे भाई साहब जरूर सख्त मिजाज के थे। स्वभाव मुझसे एकदम उलटा। पिता के साथ उनकी कुछ बनती नहीं थी, लेकिन ताज्जुब है, मेरी कविता पर वे पीठ ठोकते थे, खूब प्रोत्साहित करते थे!...तो इस तरह मनु जी, जो गाँव मैंने जिया है, वह ऐसा गाँव है जो सौंदर्य और अभाव से ठसा हुआ गाँव है—बाढ़ की विभीषिका से हर क्षण काँपता हुआ गाँव... लेकिन बाढ़ का पानी उतरते ही मिट्टी की महक इस कदर खींचने, लुभाने लगती है कि मस्ती में भरकर लोग गा रहे हैं, बजा रहे हैं! दरअसल तब लोगों की प्रवृत्ति मस्ती की थी—मस्ती से जीने की...व्यावसायिक बुद्धि इतनी नहीं थी। गाने-बजाने में लोग इतने मस्त रहते थे कि खेतों तक की ज्यादा चिंता नहीं रहती थी...!

आपकी किसी कहानी में भी जिक्र है—शायद 'मनोज जी'। उस कहानी में ऐसे ही अलमस्त कवि मनोज जी का जिक्र है...

—बिल्कुल...बिल्कुल...और आप यकीन नहीं करेंगे, ऐसे पात्र सचमुच थे—'मदनेश' जी, यह था उनका वास्तविक नाम। और वे सचमुच साहित्य के आनंद—काव्य के

रस में ऊभ-चूभ रहते थे और फिर एक क्यों, कितने ही मनदेश जी थे। साहित्य नहीं, तो लोक साहित्य का आनंद तो सभी ले ही सकते थे। असल में गाँव तब गरीब थे, लेकिन अभाव के भीतर सामाजिक सौहार्द्र काफी था। पर्व, त्योहार, शादी-ब्याह, जीना-मरना इसमें सभी साथ थे। सामाजिक लगाव काफी था और यह गाँव में बड़ी ताकत थी। इस लगाव ने ही बड़ी गहरी जिजीविषा भर दी थी जीने की।...यहाँ तक कि आप यकीन नहीं करेंगे—हालत यह होती थी कि बाढ़ आ गई है, लोग फिर भी कजरी गा रहे हैं!

यानी एक ओर सामाजिक सौंदर्य, दूसरी ओर प्राकृतिक सौंदर्य, दोनों का गहरा उत्स था गाँव।...गाँवों में यह चीज भरपूर थी! मुझे अब भी याद है, जब बाढ़ उतरती थी, तब मिट्टी में एक नई लुनाई आ जाती थी; पानी में एक खास गंध आती थी और उसमें एक हरीतिमा नजर आती थी। आप विश्वास करेंगे मनु जी, कि इतने बरस हो गए गाँव को छोड़े हुए, मगर हर मौसम के पानी की रंगत और गंध मेरे भीतर समाई हुई है...!

एक बात बताइए डॉक्टर साहब, जिस सामाजिक सौहार्द्र की बात आप कर रहे हैं—तो क्या तब भी आपको महसूस होता था कि देखो, यह चीज गाँवों में अब भी बची है और बड़ी दुर्लभ चीज है...!

—सवाल आपका अच्छा है मनु जी...बहुत-बहुत अच्छा। आज इस बारे में सोचता हूँ तो लगता है—काश, उस वक्त इतना सचेत रहा होता!...यह तो तय है कि तब मैं उतना सचेत नहीं था, जितना होना चाहिए था। अब तड़पता हूँ उस सबके लिए जो आज वैसा रह नहीं गया। मुझे यही लगता है मनु जी, कि सचेत भाव से चाहे मैंने इसे तब नहीं ग्रहण किया, पर ये बातें किसी न किसी रूप में, किसी न किसी शक्ल में मेरे अनुभव में रही होंगी और मेरी पूँजी बनती गईं!... इधर वह सारी पूँजी छलछलाकर उभर रही है—मेरी रचनाओं में आ रही है और अब मैं जान पा रहा हूँ कि वह सब जो जिया, वह कितना अमूल्य था।

उस समय के गाँव के कुछ मानवीय चरित्र जरूर होंगे जो आपको अब भी याद आते होंगे और वे चेहरे आपके लेखक या लेखकीय व्यक्तित्व का एक हिस्सा बन गए होंगे।...क्या यही चेहरे आपके उपन्यास, कहानी के पात्रों की शक्ल में समय-समय पर बाहर झाँक जाते हैं? कुछ इस बारे में बताइए।

—ऐसा है मनु जी, मेरे जीवन के रचाव या पल्लवन या भराव के संदर्भ में बड़ा स्थान मेरे माँ-पिता जी का है। मेरे पिता इतने भावुक थे कि गाँव में अकसर वे बेवकूफ मान लिए जाते थे—थे नहीं, मगर लोग यह मानने लगे थे कि इन्हें आसानी से ठगा जा सकता है। इसी तरह माँ भी भोली-भाली थी और इंसानियत उसमें खूब थी—दूसरे के सुख-दुख को महसूस करने की ताकत...लेकिन माँ अपने भोले-भालेपन के बावजूद घर के निर्माण में बड़ी सावधान थी। अपनी कर्मठता से हर अभाव को

भरती थी। मेरी शिक्षा-दीक्षा का बीज माँ ने ही डाला और एक तरह से मुझे साक्षर बनाने का श्रेय माँ को ही है।

(एक क्षण रुककर...मंद स्मिति के साथ) दरअसल मनु जी, मैं कोई चमत्कारी प्रतिभा का व्यक्ति नहीं हूँ। बहुत जल्दी में, आपाधापी में कोई चीज मैं समझ नहीं पाता हूँ। इसीलिए जब अक्षर-ज्ञान कराया गया तो शायद पढ़ाने वालों की आपाधापी वाली शैली का ही असर था कि मैं बार-बार पिछड़ रहा था। चीजें समझ में नहीं आती थीं...और लोगों ने करार दे दिया कि मैं अक्षर-ज्ञान के लायक नहीं हूँ। बड़े भाई साहब ने बाकायदा इस बात की घोषणा कर दी थी। मैं भी कुछ-कुछ निराश था। तब माँ ने कहा—"नहीं, यह मैं नहीं मान सकती। लाओ, मैं पढ़ाती हूँ..."

मुझे अब भी याद है मनु जी, हम लोग अलाव ताप रहे थे। माँ ने उसी अलाव में से राख निकाली। राख बिखेरकर उँगली से लिखा—'क' और फिर मेरी उँगली पकड़कर लिखाने लगी...उसके धैर्य के साथ ही मेरी प्रतिभा का प्रस्फुटन हुआ... (बताते हुए रामदरश जी का चेहरा दिपने लगता है।)

उन दिनों की माँ की बातें भी याद आती हैं आपको...?

—हाँ, बड़ी सीधी-सरल बातें। उसमें किसी के प्रति वैमनस्य नहीं होता था और कुछ न कुछ सीख होती थी, इतना मुझे याद है। माँ द्वारा सुनाई गई अनेक कहानियाँ भी मुझे याद हैं। इन कहानियों ने—आज मुझे लगता है—मेरे लेखक को—मेरे लेखक की मनुष्यता को कहीं न कहीं बचाया है। माँ की कहानियाँ अकसर करुण कहानियाँ होती थीं जिनके पात्र काल्पनिक होते थे। वे अकसर बिन माँ के बच्चों की या किसी अभागिनी रानी की कहानियाँ होती थीं। उन्हें सुनकर हम रात भर रोते थे। और शायद माँ की कहानियों का ही असर है कि दुःख-पीड़ा के वे दबे हुए आँसू आज भी मेरी कलम पर छलक आते हैं...(कहते-कहते थोड़े भावुक हो गए रामदरश जी)।

और पिता?...उनसे भी क्या इतनी ही निकटता थी?

—मनु जी, माँ ने मुझे संस्कार दिए तो पिता ने अपने अनुभव। पिता से मेरा विलक्षण रिश्ता था। मैं यह तो नहीं कहता कि ऐसा रिश्ता पिता और बेटे में होता नहीं है—हाँ, आसपास पिता और बेटों में वैसा दिखाई नहीं पड़ता था। पिता से हमारी किसी तरह की दूरी थी ही नहीं। इस मामले में वे और सब पिताओं से अलग थे। पिता भी कहानियाँ सुनाते थे, लेकिन उनके गाने-बजाने और मस्ती की धुन का ही मन पर असर खास है...

अच्छा, डाकसाब, माँ और पिता के अलावा दूसरे जो चरित्र हैं—उनमें कोई आपका सहपाठी हो सकता है, पास-पड़ोस की कोई स्त्री, किसान-मजदूर या अध्यापक...कुछ याद आता है आपको?

—मेरा एक मित्र था मनु जी—दीनानाथ। साथ पढ़ता था...बहुत बुरी हालत में था तब। उसके पिता भिखारी थे...भीख माँगकर उसे पढ़ाते थे, लेकिन वह बहुत होशियार था। बाद में उसे पढ़ाई छोड़ देनी पड़ी। कहीं नौकरी करने लगा जहाँ रोजाना पाँच कोस पैदल चलकर जाता था, आता था। बाद में क्षयरोग से वह खत्म हुआ।...उसकी बेहद याद आती है—यहाँ तक कि वह अकसर सपने में भी दिख जाता है...

इसके अलावा मदनेश जी हैं जिन पर 'मनोज जी' नाम से कहानी लिखी थी। यह मेरी शुरुआती कहानी है, जिसे खूब पसंद किया गया था। मदनेश जी का एकदम सही चित्रण है उसमें। कवि होने के नाते जीवन-व्यवहार, यहाँ तक कि खेती-वेती की कोई खास चिंता नहीं रहती थी उन्हें।...आसपास के लोग उन्हें जानते थे, सम्मान करते थे। कोई बहुत बड़े कवि वे नहीं थे लेकिन कवि का जीवन उन्होंने जिया, इसमें कोई शक नहीं। अपनी कविताएँ मैं उन्हें दिखाया करता था। इसी तरह बिशनपुरा मिडिल स्कूल के बिकाऊ पंडित को मैं कभी नहीं भूल सका। वे भी साहित्य के रसिक थे। व्यक्तित्व प्रभावशाली था उनका और बहु-आयामी। खूब तेजतर्रार थे—तब कोई पचीस-छब्बीस वर्ष के रहे होंगे। अच्छे धावक, अच्छे गायक, अच्छे वक्ता...उन दिनों मुझे याद है, महाविद्या का जाप करके उन्होंने भूत भगाया था।

'सहचर है समय' में लिखा है आपने...!

—जी, अपनी आत्मकथा में मैंने सम्मान से उनका स्मरण किया है। इसी तरह रामगोपाल शुक्ल का भी—ढरसी में जिनके स्कूल में मैंने विशेष योग्यता की परीक्षा पास की, मुझ पर बेहद असर पड़ा। देवरिया के बरहज कस्बे में विशारद और साहित्य-रत्न की परीक्षाओं की तैयारी के लिए गया था। उन दिनों की यादें, खासकर वहाँ के अध्यापकों की यादें आत्मकथा में दर्ज हैं।...यह सन बयालीस के 'भारत छोड़ो आंदोलन' का समय था और देशभक्ति का जज्बा चप्पे-चप्पे में फैला हुआ था। जब मैं मैट्रिक फेल होकर निराश हो उठा था, तब बनारस में रह रहे श्री अवधनारायण द्विवेदी ने कैंब्रिज एकेडेमी, बनारस में दाखिला लेने का सुझाव दिया था। वहीं से मैट्रिक की परीक्षा मैंने उत्तीर्ण की। उन्होंने भी मेरे जीवन को अनजाने में एक निर्णायक मोड़ दिया, नहीं तो शायद मैं बाहर निकल ही न पाता। इस तरह देखें तो अनगिनत लोग हैं जिनके अनगिनत अहसान हैं। लोग चुपके से मदद करके चले जाते हैं और वे जान भी नहीं पाते कि वे किसी का जीवन बना रहे हैं...

इसी तरह बुआ सुखदेई की याद मेरे मन से नहीं उतरती। बताया गया था कि जब मैं बहुत छोटा था—शिशु ही था, तब लाल चींटों ने मुझे घेर लिया था। तब उन्होंने दौड़कर मुझे उठा लिया और यों बुआ सुखदेई ने मुझे पहला जीवन-दान दिया। बड़ा होने पर मैंने बुआ सुखदेई को अपनी माँ के साथ अकेले घर में रहते देखा। गाँव में सब उनका मजाक उड़ाते थे...पर बड़े जीवट की महिला थीं वे। मुझे उनकी

पीड़ा व्याप गई। उन पर कहानी भी लिखी है मैंने...

जिस तरह पहली बार मुझे बुआ सुखदेई ने बचाया, उसी तरह दूसरी बार संतू हरिजन ने। मैं बाढ़ में बहा जा रहा था। किसी और का ध्यान ही नहीं था। अचानक संतू हरिजन ने जो कि रस्सी बँट रहा था, मुझे देखा और लपककर पोखरे में से मुझे उठा लिया...

डॉक्टर साहब, बनारस के उस दौर के बारे में—वहाँ के साहित्यिक वातावरण के बारे में कुछ कहिए। आज के दौर से तो बहुत जुदा होगा वह? खासकर बनारस यूनिवर्सिटी का वातावरण...

मैं उस दौर के बारे में याद करता हूँ, मनु जी, तो पहले-पहल ख्याल इस बात का आता है कि ज्ञान की एक दुनिया खुलने का रोमांच मेरे भीतर भर गया था। पहला अनुभव बनारस का यही था कि एक गाँव के आदमी के सामने एक बड़े शहर का परिदृश्य खुल पड़ा। शहर की अनेक सुंदरताएँ मन को अभिभूत कर देने के लिए काफी थीं।...एक विशेष सुख यह था कि कैंब्रिज एकेडेमी के पास ही जयशंकर प्रसाद का डर था। उसे जब पहली बार देखा तो रोमांचित हो उठा। प्रसाद जी के बेटे रत्नशंकर जी से भी मिलना हुआ...लेकिन ज्यादा घनिष्ठता हुई राजेंद्रनारायण शर्मा से। वे कवि थे और प्रसाद जी के अंतेवासी रहे थे। राजेंद्रनारायण बड़े स्नेह से मुझसे मिले। प्रसाद जी के अनेक संस्मरण वे सुनाया करते थे। उन्होंने दो काम किए। एक तो पत्र-पत्रिकाओं में मेरी कविताएँ छपवाईं। इनके नाते ही मैं वहाँ जाना गया। दूसरे, उन्होंने मेरी तब की कविताओं को परिमार्जित छायावादी भाषा का संस्कार दिया...यानी वे मेरी भाषा को सुधारकर परिमार्जित छायावादी भाषा में बदल देते थे...

आपको लगता नहीं कि यह भाषा की जड़ता है?

—(हँसकर) आज तो लगता है, लेकिन तब लगता नहीं था...तब तो यही लगता था कि यह काव्यत्व गुण है—कविता उसके बगैर खड़खड़िया लगती है!

क्या तब निराला का प्रभाव नहीं था! इन्हें ढंग से पढ़ा नहीं था आपने?

—नहीं, तब तो बस प्रसाद ही प्रसाद थे...प्रसाद छाए हुए थे जेहन में और कारण थे राजेंद्रनारायण शर्मा। निराला, पंत को बाद में पढ़ा और खासकर निराला से प्रभावित हुआ...

दूसरा मोड़ तब आया जब बी.एच.यू. में इंटरमीडिएट में एडमीशन लिया। पहले वर्ष में ही अनेक साहित्यकारों से परिचय हुआ। इनमें एक ओर बेढब बनारसी, सीताराम चतुर्वेदी, कांतानाथ पांडे 'चोंच' वगैरह थे। दूसरी ओर नए लोग थे जो अभी मेरी तरह लिख रहे थे और अपनी पहचान बना रहे थे। शंभुनाथ सिंह, मोती बी.ए., त्रिलोचन शास्त्री, ठाकुरप्रसाद सिंह, नामवर सिंह, आदि से मेरी दोस्ती शुरू हो गई थी। त्रिलोचन तब प्रगतिशील कवि के रूप में कुछ-कुछ प्रसिद्ध हो चले थे

और शंभुनाथ सिंह की गीतकार के रूप में धूम थी।

बहरहाल जब बी.एच.यू. में आया तो इनके साथ उठना-बैठना, चलना-फिरना होने लगा। एक बड़ी बात यह हुई कि त्रिलोचन जी ने अपनी फक्कड़ शैली में मेरे काव्य-संस्कार पर गहरी चोट की। उन्होंने कहा—"जिन लोगों के भाषा-संस्कार को लेकर आप लिख रहे हैं, वे लोग बीते हुए युग के लैंप-पोस्ट हैं।" बात कहीं मुझे चुभ गई। साफ तौर से उनका इशारा प्रसाद और दूसरे छायावादी कवियों की ओर था जिनका कुछ-कुछ प्रभाव मेरी कविता पर था।

आपको गुस्सा आया उनकी बात सुनकर...?

—हाँ, गुस्सा आया, इसलिए कि त्रिलोचन जब चाहे जिसको जो मर्जी कह देते थे। आज कुछ कहते थे, कल कुछ और। आज आपसे कह रहे हैं, "आपकी यह कविता तो बहुत अच्छी है।" मगर कल उसी को लेकर कहेंगे, "आप कविता लिखना छोड़ देते तो बहुत अच्छा था!" (हँसी)...लेकिन कुछ-कुछ अहसास मुझे भी भीतर से हो रहा था कि कहीं कुछ गलत है। इतनी परिमार्जित छायावादी भाषा में लिखी कविता हमारे समय की कविता नहीं हो सकती। बाद में ठाकुरप्रसाद सिंह ने भी समय-समय पर इस ओर इशारा किया। बात समझ में आ गई। मैं स्वयं सावधान हो गया और उस संस्कार को झाड़ने-पोंछने लगा। बाद में मार्क्सवाद की ओर झुका तो बहुत-कुछ बदल गया।

डॉक्टर साहब, मार्क्सवाद के बारे में कुछ कहें कि मार्क्सवाद से आपका रिश्ता कैसे सधा?...क्या आपने इसे पूरी तरह स्वीकार कर लिया या केवल साहित्य में, लेखन में सिद्धांत के तौर पर...?

—मैं मार्क्सवाद की ओर झुका इसका श्रेय तो मनु जी, उस दौर के साहित्यिक माहौल को और सतेज गोष्ठियों को जाता है जो उन दिनों होती थीं और जिनमें जमकर बहसें और खुली चर्चाएँ होती थीं। छायावाद और मार्क्सवाद के बीच एक तेज लड़ाई उन दिनों जारी थी। मार्क्सवाद कविता को जनसाधारण की भाषा में, आम आदमी की भाषा में लिखने की बात करता था। कविता को लोक से जोड़ने की बात करता था।...मैं शुरू से लोक को लेकर आया भी था। वही मेरा काव्य-संस्कार था। लोक का भाव ही सहज सिमटकर मेरे काव्य को दृष्टि प्रदान करता था। मार्क्सवाद के जरिए नए तौर से मैंने इस चीज की प्रासंगिकता को जाना। प्रगतिशील कविता से निकटता भी बढ़ी। और राह मिलती गई...

कौन-कौन लोग प्रगतिशील कवि के रूप में जाने जाते थे तब...?

—नागार्जुन, केदारनाथ अग्रवाल, शिवमंगलसिंह 'सुमन', त्रिलोचन जी, यही सब...! पंत की प्रगतिशील कविताओं की भी चर्चा होती थी।

नरेंद्र शर्मा, अंचल...ये नहीं?

—नरेंद्र शर्मा, अंचल उन कवियों में से थे जो आकर जा चुके थे। हालाँकि

इनका, खासकर नरेंद्र शर्मा का सम्मान बहुत था उन दिनों।

और शमशेर...?

—मुझे याद नहीं पड़ता मनु जी, कि शमशेर की प्रगतिशील कवि के रूप में कोई खास पहचान या चर्चा थी उन दिनों।

लेकिन मुझे याद पड़ता है, यह नई कविता का जमाना था...और आप प्रगतिशील कविता की बात कर रहे हैं?

—हाँ, भाई, प्रगतिशील कविता का वह दौर जबकि ठस और लट्ठमार प्रगतिशील कविता लिखी जाती थी—जिसमें सीधी-सीधी नारेबाजी होती थी, बीत चुका था।...और अब यह प्रगतिशील कविता का दूसरा दौर था जिसमें नई कविता और प्रगतिवाद साथ-साथ चले...यानी प्रयोगवाद और नई कविता में ऐसी कविताएँ खूब लिखी गईं जिनमें प्रगतिशील या मार्क्सवादी दृष्टि थी। रामविलास शर्मा जैसे घनघोर मार्क्सवादी 'तारसप्तक' में शामिल थे ही।

तो...आपका क्या ख्याल है, छायावाद का जो कला-तत्त्व था और मार्क्सवाद की जो प्रगतिशील या सामाजिक दृष्टि थी, दोनों ने मिलकर जन्म दिया नई कविता को...यानी प्रकारांतर से यह सिंथेसिस था 'छायावाद' और प्रगतिवाद का?

—हो सकता है, आपकी बात सही हो...यह इसलिए कह रहा हूँ कि उन दिनों नई कविता में जो कवि आए, उनमें से लगभग सभी की शुरुआत गीतकार के रूप में हुई और छंद पर उनका असाधारण अधिकार था। एक तरह से कहें तो यह गीतों का दौर था...और ये तमाम कवि ही बाद में समय की धारा मुड़ने पर नई कविता लिखने लगे...

हाँ, उस दौर के गीतों के बारे में यह जरूर कहना है कि उसमें छंद-लय की एक अपूर्व ताजगी थी, लोक-संपृक्ति थी, जो इससे पहले इस रूप में नजर नहीं आई थी। उन्हीं दिनों लिखा हुआ मेरा एक गीत 'उमड़ रही पुरवैया कुंतल-जाल-सी, लहर रहे अंबर में काले-काले बदरा...' बहुत मशहूर हुआ। इलाहाबाद से निकले वाली 'संगम' पत्रिका में जिसे इलाचंद्र जोशी निकालते थे, यह छपा था और अज्ञेय, धर्मवीर भारती समेत तमाम कवियों ने इसे खूब पसंद किया था...

क्षमा करें, बीच में टोक रहा हूँ—बनारस में जब आप थे, तो यह एक तरह से देश की आजादी मिलने का दौर था। यानी सन् 47 से पहले के भी कुछ साल आपके वहाँ बीते, बाद के भी।...तो आप क्या समझते हैं, इतनी बड़ी यह घटना हुई तो साहित्य पर भी इसका कोई प्रभाव पड़ा?

—मुझे तो नहीं लगता मनु जी, कि कोई खास प्रभाव पड़ा हो...क्योंकि आजादी मिलने की खुशी तो थी, पर देश-विभाजन और उस समय के हिंदू-मुस्लिम फसाद ने इसे मैली आजादी में बदल दिया था...और फिर जल्दी ही मोहभंग भी शुरू हो गया

था लोकतंत्र वगैरह से...

तो उसी का प्रभाव...?

—हाँ, उसका प्रभाव तो था ही। सामाजिक विसंगतियाँ थीं जिन्हें कवि सीधे-सीधे देखते थे और यह सब नई कविता में आ रहा था।

अच्छा, आपने कहा, गीत लिखते-लिखते लोग कविताएँ लिखने लगे!... तो क्या उन्हें लगा होगा कि गीत को आप चाहे कितना ही बदलें, मगर फिर भी गीत की अपनी एक सीमा, एक दायरा है—और बहुत-कुछ है जो गीत में अँट नहीं रहा?

—मनु जी, मुझे तो लगता है कि यह सब माहौल का असर था। माहौल बदल रहा था और यह तय है कि समय जो बोलता है, उसी के मुताबिक रूप या शिल्प भी वह गढ़ लेता है। तो यह एक साथ ही हुआ कि तमाम कवि जो गीत लिखा करते थे, गीत छोड़कर मुक्त छंद लिखने लगे थे।...यह बात आपकी सही है कि समय का क्रूर यथार्थ गीतों में कहा नहीं जा पा रहा। छंद से अछंद की ओर आने का मुख्य कारण यही रहा होगा कि अछंद खुरदरे यथार्थ से अधिक जुड़ता है। सामूहिक ढंग से गीतकार कवि इस ओर खिंचे।

निराला को कब पढ़ा आपने?...कभी मिलना भी हुआ क्या? उनकी कुछ छाप है क्या मन में?

—निराला को पढ़ता तो रहा था। उनकी ओर खूब आकर्षित हुआ था। देखने का मौका मिला सन् 47 में बनारस में आयोजित उनके स्वर्ण जयंती समारोह में। यह एक महत्तम समारोह था निराला जी पर। वैसा कार्यक्रम उन पर न पहले कभी हुआ, न बाद में। बड़ी-बड़ी हस्तियाँ शामिल थीं उसमें...!

लेकिन...निराला तो तब तक कुछ-कुछ असामान्य नहीं हो चले थे? कुछ खलल नहीं डाला उन्होंने?

—थोड़ा-बहुत...लेकिन उन्हें साध लिया गया। फिर लोग उनके बारे में जानते ही थे, इसलिए किसी को बुरा नहीं लगा। कुल मिलाकर ये आनंद के क्षण थे... समारोह कई दिन चला था। पहले दिन—मुझे अब भी याद है, निराला जब बोलने खड़े हुए तो भटक गए। बोले, "जब मैं लंदन में था, रानी विक्टोरिया मुझसे मिलने आया करती थी।" इसी तरह विजयलक्ष्मी पंडित को लेकर कहा। नंददुलारे वाजपेयी ने इशारे से सुभद्राकुमारी चौहान से कुछ कहा। निराला जी उन्हें बहुत मानते थे।...तो सुभद्राकुमारी चौहान ने निराला के पास जाकर कहा, "लोग चाहते हैं, आप कुछ कविताएँ सुनाइए।" और तब निराला ने कुछ कविताएँ सुनाईं।

दूसरी याद उसी समारोह की है—रुइया हॉस्टल की। वहाँ निराला जी के सम्मान में कवि-गोष्ठी रखी गई। निराला जी ने 'राम की शक्ति-पूजा' सुनाकर श्रोताओं को मंत्रमुग्ध कर दिया। तीसरी गोष्ठी बी.एच.यू. के हिंदी विभाग में हुई। वहाँ

विभागाध्यक्ष केशवप्रसाद मिश्र ने टिप्पणी की कि यदि निराला जी इतने दुरूह कवि न होते तो वे भी प्रसाद की तरह बड़े कवि होते। यह तो अच्छा था कि निराला जी का ध्यान कहीं ओर था, नहीं तो कहीं कुछ गड़बड़ हो गई होती। एक छोटी-सी गोष्ठी पं. पद्मनारायण आचार्य के घर पर हुई। वहाँ लक्ष्मीनारायण मिश्र ने प्रसाद जी के नाटकों की राष्ट्रीयता पर चोट की तो नंददुलारे वाजपेयी तमतमा उठे और दोनों में उग्र संवाद होने लगा। निराला जी ने दोनों को डाँटकर चुप किया और लोगों के आग्रह पर हारमोनियम लेकर अपने कुछ गीत गाए।

एक और याद इसी समारोह की एक विचार-गोष्ठी की हैं। कोई एक सज्जन आए और छायावाद की बात करते-करते पंत पर बोलने लगे। निराला का ध्यान शायद कहीं ओर था। वैसे भी उनकी हालत यह थी कि वे कभी चेतन, कभी अचेतन में चले जाते थे। लेकिन पंत का नाम सुना तो चौकन्ने हो गए। गरजकर बोले, "पंत इज एज ग्रेट पोएट एज एनीवन कौन बी।"...इस पर वे सज्जन जो बोल रहे थे, सकपका गए। बोले, "नहीं निराला जी, मैं तो पंत जी की तारीफ कर रहा हूँ...!"

इसके बाद सन् 52-53 में इलाहाबाद में उनसे मुलाकात हुई। मैं दारागंज में निराला जी के घर गया था। वे कमलाशंकर के घर में रहते थे। जब मैं पहुँचा, उस समय वहाँ डॉ. उदयनारायण तिवारी बैठे थे और अद्भुत दृश्य था। निराला जी बार-बार उदयनारायण तिवारी से कह रहे थे, "तुम लोग मूर्ख हो, बेवकूफ हो...!" और उदयनारायण जी हाथ जोड़कर कहते थे, "हाँ निराला जी...!" मुजफ्फरपुर के कवि राजेंद्रप्रसाद सिंह वहाँ बैठे थे और निराला उनसे पूछ रहे थे, "कसरत करते हो, कितना वेट है?" बीच-बीच में जानकीवल्लभ शास्त्री के बारे में पूछ लेते थे।

फिर अचानक मेरी ओर मुड़े, "कहाँ से आए हो?" मैंने 'पथ के गीत' की प्रति उन्हें दी। कहा, "इस पर आपका आशीर्वाद चाहता हूँ।" निराला जी ने इधर-उधर से उलटा-पुलटा, फिर कहा, "मैं पढ़ूँगा। एट ए ग्लांस देख लिया है...!" उसी समय कवयित्री चंद्रमुखी ओझा 'सुधा' कटोरी में कुछ लेकर आई। निराला जी को दिया। निराला ने खोलकर देखा। बोले, "इट्स द मोस्ट वेल्यूएबल थिंग इन द वर्ल्ड।" और थोड़ा-थोड़ा सबकी हथेली पर रख दिया। यह घी था—देसी घी...

दूसरी बार मैं वहाँ गया तो वे दो लड़कों को शेक्सपियर पढ़ा रहे थे। पढ़ाते-पढ़ाते बार-बार खो जाते थे। उन दिनों अपने अंदर-बाहर आने-जाने की प्रक्रिया उनकी चालू रहती थी। वे सुरती खा रहे थे और पढ़ा रहे थे।...ताज्जुब है, शेक्सपियर की लाइनें की लाइनें उन्हें याद थीं।

तीसरा दीदार उनका और भी अद्भुत था और मैं चाहता हूँ, आप इसे जरूर लिखिए। यह हुआ माघ महीने में इलाहाबाद में हुए कवि-सम्मेलन में। शायद सन् 54-55 की बात होगी। इस कवि-सम्मेलन में निराला आए थे—कवि-सम्मेलन शुरू होने के काफी बाद, टहलते-टहलते। कड़ाके की सर्दी पड़ रही थी और निराला नंगे

बदन। सिर्फ एक कोपीन जैसा वस्त्र था और बदन पर कंबल। निराला 'राम की शक्तिपूजा' पढ़ने के लिए खड़े हुए। पढ़ते समय कंबल बार-बार सरक जाता और साथ के सज्जन बार-बार ओढ़ा देते थे। आखिर खीजकर निराला ने कंबल दूर फेंक दिया...और अब हड्डियों को कँपाती उस रात में निराला मंच पर सिर्फ कौपीन पहने खड़े थे, 'राम की शक्तिपूजा' पढ़ रहे थे और लग रहा था, वे अपने नायक की तरह ही समुद्र के किनारे खड़े लहरों को पुकार हे हैं।...यह दृश्य आज भी जस का तस मेरे भीतर वर्तमान है और शायद कभी भूल भी नहीं पाऊँगा।

हजारीप्रसाद द्विवेदी तो आपके गुरु रहे हैं डाकसाब। क्या उनके बारे में भी कुछ ऐसी आत्मीय यादें हैं?

—हाँ, हजारीप्रसाद द्विवेदी मेरे गुरु थे। एम.ए. में उन्होंने कबीर और वीरगाथा काल पढ़ाया था।...और आपको एक बात बताऊँ! बनारस छोड़कर मैं जाने वाला था, लेकिन अपना विचार बदलकर बनारस यूनिवर्सिटी में ही मैंने आगे की पढ़ाई की, इसका श्रेय हजारीप्रसाद द्विवेदी को ही जाता है। असल में केशवप्रसाद मिश्र जब हिंदी विभाग से रिटायर हुए तो बी.एच.यू. से मेरा मन उखड़ गया। इलाहाबाद का आकर्षण मुझे खींच रहा था। वहाँ धीरेंद्र वर्मा, रामकुमार वर्मा आदि थे। मैंने वहाँ का फार्म भर दिया था, लेकिन फिर राजबली पांडेय ने बताया कि हजारीप्रसाद द्विवेदी आ रहे हैं शांतिनिकेतन से...और अचानक मैंने अपना फैसला बदल दिया।

हजारीप्रसाद द्विवेदी के नाम और मेधा से परिचित हो गए थे आप तब तक? उस समय और बाद में भी उनकी क्या चीज आपको प्रभावित करती थी सबसे ज्यादा?

—हाँ, नाम खूब सुनते थे। उनके ललित निबंध और दूसरे लेख पढ़े थे।...तो एक तरह से उनके नाम और विद्वत्ता की छाप थी हमारे मन में। उनकी विद्वत्ता और सहृदयता के अलावा जो चीज प्रभावित करती थी, वह था उनका बोलना। शुरू-शुरू में इसी से ज्यादा प्रभावित हुआ! एक गोष्ठी में उन्हें कुछ बोलने के लिए कहा गया तो बोले कि "क्या कहूँ? अंग्रेजी का एक मुहावरा है इफ यू नो, प्लीज कीप क्वाइट, इफ यू डोंट नो, प्लीज कीप क्वाइट!"...इस पर जोरदार ठहाका लगा। फिर बोलने खड़े हुए तो समाँ बँध गया...

बोलना किस तरह का होता था—क्या आविष्ट शैली में?...'अमृत के पुत्रो, जागो' वाले ढंग से? काशीनाथ सिंह ने कुछ जिक्र किया है ऐसा?

—नहीं, ऐसा तो नहीं।...हाँ, बोलते वक्त उनका पूरा शरीर, पूरा व्यक्तित्व लय हो जाता था उन शब्दों में! मंत्रमुग्ध कर देने वाला भाषण होता था। शुरू बहुत धीमे से करते थे, जैसे मुँह में बोल रहे हों और फिर थोड़ी देर बाद ही जोम में आ जाते थे और बहने लगते थे। कोई भी प्रसंग सुना रहे हों तो उसमें जाने कितना कुछ सिमटता चला आता था। कक्षा में मान लीजिए, एक दोहा पढ़ा रहे हैं, तो वह केवल

एक दोहा नहीं होता था—लगता था, एक दोहे में समग्र कबीर को पढ़ा रहे हैं—उस पूरे समय को, पूरी परंपरा को पढ़ा रहे हैं।...बीच-बीच में कभी-कभी चुटकी भी लेते थे, शिष्ट हँसी-मजाक, विनोद भी चलता रहता था, लेकिन जल्दी ही फिर वही प्रवाह शुरू हो जाता जिसमें आसपास का सब घुलने लगता था। यानी आप ऐसा समझिए कि प्रारंभ उसका ऐसा होता था, जैसे गंगोत्री है—एक पतली-सी धारा...लेकिन जैसे-जैसे आगे बढ़े, लगता था, लहर से लहर पैदा हो रही है, फिर लहर से लहर, लहर से लहर...यानी कितनी ही स्मृतियाँ हैं जो भीतर उथल-पुथल कर रही हैं। वे अकुला रहे हैं उन सबको कह डालने के लिए और एक तीव्र भावावेग की स्थिति में हैं। यह था उनका बोलना!

द्विवेदी जी से विशेष परिचय कब, कैसे हुआ? यानी आप उनके प्रिय शिष्यों की कोटि में कैसे आए?

—इसकी भी एक छोटी-सी कहानी है। असल में काशी विद्यापीठ में एक काव्य-गोष्ठी थी जिसकी अध्यक्षता हजारीप्रसाद द्विवेदी कर रहे थे। मैंने भी उसमें गीत पढ़ा, वही 'उमड़ रही पुरवैया कुंतल-जाल-सी' वाला...पढ़ते-पढ़ते चोर निगाहों से उनकी ओर देखा तो मालूम पड़ा, आँख बंद किए झूम रहे हैं, सिर हौले-हौले हिल रहा है! बहुत अच्छा लगा। गोष्ठी के बाद उन्होंने पूछा, "क्या कर रहे हो?" मैंने कहा, "आपका शिष्य हूँ।"...बस, उसी दिन से उनके प्रिय शिष्यों में मैं आ गया। मेरे गीत-संकलन 'पथ के गीत' की भूमिका भी उन्होंने लिखी थी।

बाद में जब आप बनारस छोड़कर चले आए, तब क्या उनसे ज्यादा मुलाकातें नहीं हुईं?

—नहीं, हुईं—काफी हुईं, लेकिन मेरे साथ दिक्कत यह थी कि सन् 56 से 64 तक यानी करीब आठ साल मैं गुजरात में रहा। तब करीब-करीब इधर के परिदृश्य से कट गया।...फिर सन 64 में डी.ए.वी. कॉलेज, दिल्ली में मेरी नियुक्ति हुई। इधर द्विवेदी जी भी बनारस छोड़कर चंडीगढ़ चले आए थे। बीच-बीच में दिल्ली आते थे तो उनसे मिलना होता था।

क्या बनारस छोड़ने का दर्द था उनके भीतर?...बताते थे?

—नहीं मनु जी, दर्द तो अपना कभी नहीं कहा उन्होंने मुझसे...वैसे भी वे उस कोटि के आदमी थे जो अपना दर्द लेकर बैठे नहीं रहते। ऐसा हँसी में उड़ाते थे कि...(हँसते हैं)

चंडीगढ़ में भी दो बार मुलाकातें हुई। एक बार गया तो देखा कि एक विदेशी महिला इंटरव्यू ले रही है। अंग्रेजी में बातचीत हो रही थी...द्विवेदी जी भी सादी लेकिन साफ-सुथरी अंग्रेजी में जवाब दे रहे थे।...जब बातचीत खत्म हो गई तो द्विवेदी जी ने ठहाका लगाया, "आप भी अपने देश में जाकर क्या कहेंगी कि किसी अंग्रेजीदाँ से पाला पड़ा था।" इस पर वह महिला सकपका गई, "नहीं-नहीं, आचार्य

जी, आप तो बहुत अच्छी अंग्रेजी बोलते हैं!" इस पर फिर एक ठहाका।...उसके जाने के बाद बोले, "रामदरश, पंडितानी तो घर पर हैं नहीं...पर चिंता क्या! मैं खिचड़ी बहुत अच्छी बनाता हूँ। अभी तैयार हुई जाती है।" यानी वे पंजाब यूनिवर्सिटी के प्रोफेसर-हैड थे, मगर जीवन वैसा ही सीधा-सादा...

इसके बाद द्विवेदी जी बी.एच.यू. गए तो सुना है, उनकी पहले वाली धज नहीं रही। इस बारे में काशीनाथ सिंह ने अपने संस्मरण में बड़े विस्तार से लिखा है कि प्रोक्टर का पद उनके स्वभाव के लायक नहीं था और वे एक मकड़-जाल में फँसते गए।...उनमें पहले जैसा तेज और अक्खड़ता भी रह नहीं गई। यह भी कहा कि वे वी.सी. की राजनीति के शिकार हुए...

यह तो ठीक है कि प्रोक्टर का पद उनके लायक नहीं था और हम सभी को लगता था कि प्रोक्टर बनकर उन्होंने गलती की है, लेकिन मेरा ख्याल है, काशीनाथ सिंह ने चीजों को बढ़ा-चढ़ाकर कहा है। सच तो यह है कि काशीनाथ सिंह के साथ उनकी कभी ज्यादा घनिष्ठता रही ही नहीं...और फिर चीजों को गलत संदर्भ में पेश करने से फायदा? यह ठीक है कि द्विवेदी जी बुलाए जाने पर आर.एस.एस. के कार्यक्रम में चले गए और बोल आए। मगर इससे क्या वे आर.एस.एस. के हो गए? वे तो स्टालिन की मृत्यु पर हुई शोकसभा में भी गए थे और वहाँ स्टालिन के बारे में ऐसा लाजवाब भाषण दिया कि बड़े-बड़े मार्क्सवादी मुँह बाए रह गए। द्विवेदी जी जैसा आदमी कहीं लिप्त नहीं हो सकता था, इसलिए उन पर फालतू दोष मढ़ने या चीजों को संदर्भों से काटकर खींचतान करने से कोई फायदा नहीं है।...वे तो फक्कड़ थे। सुना था कि इलाहाबाद के एक कार्यक्रम में उनके एक शिष्य ने उनकी प्रगतिशीलता पर कटाक्ष किया तो वे चुपचाप सुनते रहे, मगर अपने अध्यक्षीय भाषण में उन्होंने कबीर के पद को जरा सा उलटफेर कर दो पंक्तियाँ जड़ दीं...

कौन-सी पंक्तियाँ डॉक्टर साहब?

—वही तो बता रहा हूँ—"संतो, आया ज्ञान का रेला, एक हिलोर इधर से आई, एक हिलोर उधर से आई, पड़ा भँवर में चेला..." जोर का ठहाका पड़ा।

डॉक्टर साहब, फिर थोड़ी देर के लिए बनारस लौट चलें, क्योंकि उसने आपके लेखन को काफी हद तक प्रभावित किया है और जहाँ-जहाँ आप गए, आपके साथ उसने यात्रा की!...जरा बताइए, क्या था उस समय के माहौल में जो आज हम-आप बुरी तरह मिस कर रहे हैं?

—एक तो मैंने आपको बताया था मनु जी, उन दिनों गीतों की धूम थी...यानी छंदोबद्ध कविता हम लिखते थे तो एक खास तरह का भाषा-संस्कार था हमारा जो अब तक छूटा नहीं। दूसरा, वहाँ की गोष्ठियों में बड़ा दम था। उससे हम बहुत-कुछ सीखते थे, खुद को सँवारते थे...साहित्यिक संस्कार देने की बहुत बड़ी कार्यशाला थी यह। गोष्ठियाँ लगातार होती थीं और बहसें भी छिड़ी रहती थीं। छोटे-मोटे गुट भी

थे, लेकिन इसके बावजूद एक-दूसरे का सम्मान करते थे लोग। शंभुनाथ सिंह उन दिनों कवि-सम्मेलनों में खूब जमते थे। उनके साथ उनके परम प्रिय शिष्य नामवर सिंह, केदारनाथ सिंह आदि जाया करते थे कवि-सम्मेलनों में और मंच पर उन्हें जमाने की कोशिश किया करते थे। मैं भी जब-तब जाता था, चुपचाप एक किनारे बैठा रहता था और कविता पढ़कर चला आता था। ठाकुरप्रसाद सिंह भी कुछ-कुछ प्रसिद्ध हो चले थे। उन्होंने अपने घर पर संस्था खोल रखी थी—'साहित्यिक संघ' जिसमें तमाम वानर-भालू जमा होते थे। (हँसी) बाद में साहित्यिक संघ में हम सभी शामिल हुए और बड़ी जोरदार गोष्ठियाँ उसकी होने लगीं। कुछ शानदार साहित्यिक आयोजन भी हुए। एक तरह से 'परिमल' ग्रुप जैसे कलावादियों का मंच था, उसी तरह 'साहित्यिक संघ' में प्रगतिवादियों का मोरचा जमा था...

क्या नामवर सिंह तब आलोचक के रूप में प्रसिद्ध हो चले थे या लगता था कि वे आगे चलकर बड़े आलोचक बनेंगे...?

—नहीं, इतना तो नहीं। तब वे कवि के रूप में ही विशेष जाने जाते थे। प्रकृति और प्रेमपरक रोमानी गीत लिखते थे। 'झुपुर-झुपुर धान के समुद्र में, हलर-हलर सुनहला विहान...' उनका एक प्रसिद्ध गीत था। शंभुनाथ जब अपने दूसरे विवाह का हनीमून मनाने पहाड़ पर गए, तब नामवर जी भी साथ गए और वहाँ उन्होंने कुछ बहुत अच्छी प्रेम-कविताएँ लिखीं। हाँ, इतना अवश्य था कि वे खूब पढ़ते थे और एक समीक्षक की दृष्टि भी थी उनमें। जब मैं बी.ए. प्रथम वर्ष में था, (और वे बी. ए. फाइनल में थे) तब हम दोनों एक साथ एक कविता-प्रतियोगिता में लखनऊ जा रहे थे। रास्ते में वे 'तार सप्तक' पढ़ रहे थे और नोट्स बना रहे थे जबकि मैंने 'तार सप्तक' का नाम भी नहीं सुना था।

तब और अब की गोष्ठियों के फर्क के बारे में भी कुछ कहिए। मार्क्सवादी प्रभाव उन गोष्ठियों के जरिए आ रहा था, तो क्या आपके भीतर कोई द्वंद्व नहीं उठा...कि इसे कितना, किस रूप में स्वीकार करना है?

—तब की गोष्ठियों के बारे में एक बात यह कि हममें उत्साह बहुत होता था। खूब तैयारियाँ करते थे और अपने बड़े से बड़े अभावों के बीच भी गोष्ठियों के लिए तड़प महसूस करते थे। आज वैसा नहीं है, बल्कि गोष्ठियाँ ज्यादातर प्रायोजित-सी लगती हैं।...तब एक और अच्छी बात यह है कि असहमतियों का हम सम्मान करते थे और कोई गाँठ बाँधकर नहीं बैठ जाते थे। कोई बुरा नहीं मानता था। और जहाँ तक मार्क्सवाद की बात है, गोष्ठियों के जरिए ही हमने उसे ग्रहण किया। लेकिन इतना तय है कि मार्क्सवाद का बिल्ला लगाना हमें पसंद नहीं था...यानी असली चीज लोक है, जीवन है और मार्क्सवाद का महत्त्व इतना ही है कि वह हमें एक अंतर्दृष्टि देता है। इस तरह हमने मार्क्सवाद को लोक या लोक-चेतना के साथ जोड़कर देखा। यानी कविता, कविता पहले है, बाकी चीजें बाद में। मार्क्सवाद का प्रभाव एक सीमा

से ज्यादा छाने नहीं पाया। शायद यही वजह है कि जिन्होंने इसे नारे की तरह लिया, उनका मार्क्सवाद अब उतर गया है और जिन्होंने इसे जीवन-दृष्टि के रूप में लिया, उनका मार्क्सवाद अभी तक चला आता है।...मेरे ऐसे ही एक गीत में खेत में खड़ी लड़की बादलों से कह रही है—"बादल, घेर-घेर मत बरस कि मेरे लाज-वसन डूबे।" अब यह जो लाज-वसन डूबने की पीड़ा है, उसमें मार्क्सवाद है, मगर इससे अधिक जीवन का क्रंदन है, गरीबी का अपमान और दर्द है...मेरी रचनाओं में यह इसी तरह आया।

लेकिन डॉक्टर साहब, आपके मार्क्सवाद पर उँगलियाँ भी लगातार उठती रहीं। कहा गया कि आप मार्क्सवादी हैं नहीं, पोज करते हैं...अंदर से आप पुराने संस्कारों के आदमी हैं।...और कमलेश्वर जी ने तो एक भेंटवार्ता में आप पर और 'संचेतना' के दूसरे लेखकों पर आरोप लगाया था कि आप लोग जनसंघी हैं और चीनी आक्रमण के समय आप लोगों ने ट्रैफिक कंट्रोल का काम किया था।...उन्होंने आपको कहानीकार नहीं, 'कहानी का पड़ोसी' कहा...!

—मुझे एक बात नहीं समझ में आती मनु जी, कि अगर महीपसिंह मेरे मित्र हैं या 'संचेतना' में एक पत्रिका के बतौर मेरी कुछ चीजें छप गईं तो उन पर लगाए गए आरोप मुझ पर लागू कैसे हो गए?...'संचेतना' के पहले ही अंक में मेरी कहानियों पर लेख छपा था नित्यानंद तिवारी का। वह शायद इन लोगों को बुरा लगा। महीप सिंह ने मुझसे कहा, "ये लोग कभी आपका नाम लेंगे नहीं, तो क्या हर्ज है कि हम आपकी कहानियों पर लेख छापें?"...फिर 'संचेतना' में और चीजें भी छपीं, लेकिन मेरी समझ में यह नहीं आता मनु जी, कि इससे मैं 'सचेतन आंदोलन' का हिस्सा कैसे हो गया? मुझे जनसंघी कहकर ट्रैफिक कंट्रोल करने वाले लोगों में कैसे शामिल कर लिया गया?...यह तो एक फूहड़ झूठ है जो विशेष लोग ही बोल सकते हैं।

वैसे मुझे यह बात भी समझ में नहीं आती मनु जी, कि अगर चीन ने आक्रमण किया है तो अपने देश में लेखकों का ट्रैफिक कंट्रोल करना बुरा क्यों है? चीन मार्क्सवादी देश है तो क्या हम अपनी हार और चीन की विजय की कामना करें? क्या यही मार्क्सवाद है? क्या रूस और चीन में कोई मार्क्सवादी अपनी—यानी अपने देश की हार पसंद करेगा?...'समांतर' आंदोलन के दिनों में 'सारिका' में मेरी कहानियाँ प्रायः नहीं छपीं तो मुझे कोई मलाल नहीं। मेरे शिष्य इब्राहीम शरीफ की कहानियाँ 'समांतर' आंदोलन के दिनों में 'सारिका' में अकसर छपा करती थीं। कमलेश्वर के वे निकट थे और कमलेश्वर हमारे बारे में अकसर उनसे कहा करते थे, "ये प्राध्यापक लोग कहानीकार नहीं, कहानी के पड़ोसी हैं।"...मेरी समझ में नहीं आता, प्राध्यापक होना अपराध है क्या? कोई प्राध्यापक है तो वह कहानीकार क्यों नहीं हो सकता? और क्या किसी को यह अधिकार है कि स्वयं को तो वह स्वयं ही

बड़ा कहानीकार मान ले और दूसरों को अपनी इच्छानुसार 'कहानी का पड़ोसी' कहे?

और मार्क्सवाद की दुनिया के बारे में मेरा जो सवाल था कि क्या आप उसे मन से और पूरी तरह स्वीकार कर पाए?...या कहीं कोई हिचक भी थी आपके मन में? क्या 'कम्युनिस्ट' या 'कामरेड' कहलाना आप पसंद करते थे?

—हाँ, इसी सवाल पर आ रहा था...यह सवाल अच्छा है आपका, मनु जी। मैं आपको बताऊँ, आस्तिक-नास्तिक के चक्कर में मैं ज्यादा उलझा नहीं और न इस सवाल का हल खोजने में मेरी कोई दिलचस्पी थी कि ईश्वर है या नहीं है! यह समाज, समाज का बनाया हुआ है या ईश्वर का बनाया हुआ है, इससे भी बड़ी रुचि मेरी यह जानने में थी कि यह समाज जो हमारे सामने है और जिसमें तमाम तरह के रोग, समस्याएँ, गरीबी और शोषण है, इसे बेहतर बनाने में हम क्या कर सकते हैं...? मेरा एक भावनात्मक तर्क भी था कि अगर किसी कवि से उसकी कृति की तारीफ की जाए तो उसे अच्छा लगता है। फिर वह सर्जक जिसने इतनी बड़ी दुनिया रची है, उसकी कृति की अगर तारीफ की जाए तो क्या उसे अच्छा न लगेगा? इसलिए मेरी रुचि तो भाई, इस समाज में है कि मैं उसे स्वस्थ और रोगमुक्त बनाने के लिए क्या कर सकता हूँ—मेरी भूमिका क्या होनी चाहिए? और मैं यह बिल्कुल नहीं मानता कि जो कुछ करना है, ईश्वर को ही करना है। तब भला हमारे जीने का मतलब ही क्या रह जाता है?...वैसे एक बात बताऊँ आपको मनु जी, बचपन से कम्युनिस्टों के बारे में अकसर खराब बातें सुनता आ रहा था कि वे ऐसे होते हैं, वैसे होते हैं, गद्दार होते हैं। इन सबका शुरू-शुरू में तो इतना प्रभाव था कि 'हंस' जो प्रगतिशील साहित्य का मुख-पत्र बन गया था, उन दिनों, हमारे आसपास आता था और मैं उसे पढ़ने से कतराता था। मेरे एक शुभचिंतक बार-बार उसे पढ़ने का आग्रह करते थे और मैं कहता था, "नहीं, मुझे अच्छा नहीं लगता...!"

कब की बात है यह? कुछ याद पड़ता है...?

—मेरा ख्याल है, इंटरमीडियट की बात होगी।...फिर आगे चलकर पता चला कि नहीं, ये सब झूठी बातें हैं, गलतफहमियाँ हैं। तब से मार्क्सवादी प्रभाव में आते-जाते कोई चार-पाँच बरस लग गए।

अच्छा...थोड़ा विषय बदलें डॉक्टर साहब। बताइए, आप कविता लिखते-लिखते कहानियाँ-उपन्यास कैसे लिखने लग गए?...यह अचानक हुआ या भीतर कोई गुपचुप तैयारी इसके लिए चल रही थी?

—(थोड़ा ठहरकर, सोचते हुए...) भीतर कहीं लगता तो था कि मुझे कविता के अलावा कहानियाँ, उपन्यास लिखने चाहिए क्योंकि जितना कुछ देखा है, कहना चाहता हूँ—वह सब कविता में आना कठिन है। दिनकर जी जब भी मिलते, कहा करते, "क्या सफेद बाल लिए घूम रहे हो, काला करो इन्हें!" और दूसरी बात यह कहते, "रामदरश, अच्छा किया तुम गद्य में आ गए, यह गद्य का युग है।"

डॉक्टर साहब, थोड़ा विषयांतर हो जाएगा...पर कोई हर्ज नहीं। दिनकर का प्रसंग चला है तो जरा उनके बारे में कुछ बताएँ—उनसे अपनी मुलाकातों के बारे में कि उन्हें आपने कैसे देखा?

—ऐसा है मनु जी, दिनकर की कविताओं की सादगी मुझे बहुत पसंद है। 'कुरुक्षेत्र' मुझे बहुत भाता था। मुझे लगता है कि सीधी-सादी पंक्तियों में बहुत गहरा अर्थ भरा है वहाँ। ऐसे ही 'रश्मिरथी' है। 'उर्वशी' में प्रेम और सौंदर्य की मांसलता है और खूब है। और भोग से ऊपर उठने की ताकत भी, लेकिन खामखा उसे रहस्य और अध्यात्म का कलेवर दे दिया गया है।...तो दिनकर मुझसे भिन्न कवि थे, मगर मेरे मन में उनके लिए सम्मान था। मुझे याद पड़ता है, उनसे पहली भेंट अहमदाबाद में हुई थी। वहाँ उन्होंने 'उर्वशी' पढ़ी थी। वहीं मैंने 'निशान' शीर्षक से एक छोटी-सी कविता पढ़ी जो उन्हें देर तक याद रही। बाद में दिल्ली आने पर जो मुलाकातें होती थीं, उनमें इस कविता का जरूर जिक्र आता था...

अच्छा...! डॉक्टर साहब, तब तो सुना ही डालिए वह कविता...

—(मुस्कराते हुए) सुनिए—छोटी-सी कविता है—

हाँ, यह मकान बढ़कर
तिमंजिला, चौमंजिला हो गया
इसकी सीमेंट सूखकर कड़ी हो गई
लेकिन तुमने उस दिन मजाक-मजाक में
गीली सीमेंट पर जो मुलायम पाँव रख दिया था
उसका निशान ज्यों का त्यों हैं।

यानी दिनकर एप्रीशिएट भी खूब करते थे। इतने बरसों तक याद रखा?

—हाँ, यह गुण उनमें काफी था। भीतर-बाहर से वे कवि ही थे और खूब अनौपचारिक होकर मिला करते थे...

हाँ, तो डॉक्टर साहब, फिर से लौटें आपकी कहानियों, उपन्यासों की ओर...! बातचीत बीच में ही छूट गई थी। आप कुछ बता रहे थे...कि यह अचानक नहीं हुआ—इसकी तैयारी भीतर कहीं चल रही थी।

—ऐसा है मनु जी, कहानी का बीज तो मेरे भीतर था—शुरू से ही था। जिस इलाके से मैं आया था, उसमें जो विषम यथार्थ की भूमि मैंने देखी थी, वह अपनी पूर्ण अभिव्यक्ति के लिए कथा की माँग करती थी। वैसे भी इतना तो तय है कि कविता की तुलना में कथा-साहित्य रोजमर्रा के यथार्थ के अधिक निकट है। मैंने गाँव में जो कुछ देखा था, वह जैसे कहानी, उपन्यास की प्रतीक्षा में अटका था।...वैसे गद्य की ओर रुझान मेरा था और बचपन से था। दरजा सात में मैंने नाटक लिखा था स्वाधीनता संग्राम को लेकर और आप ताज्जुब करेंगे कि पहली कविता भी मेरी लिखी गई थी उन दिनों हुए कांग्रेस अधिवेशन को लेकर। यानी कविता-कहानी

कुछ भी लिखते हुए मैं बाहरी यथार्थ से ज्यादा जुड़ा रहा। एक खंडकाव्य 'चक्रव्यूह' भी लिखा था उन दिनों सवैया-घनाक्षरी में जिसमें कथा-तत्व बाकायदा मौजूद था।

वैसे कहानी लिखने का प्रस्थान-बिंदु वह कहानी-प्रतियोगिता है जिसके लिए मैंने कहानी दी थी, जब मैं बी.ए. में था। कविता-प्रतियोगिता के लिए कविता पहले ही दे चुका था। अब कहानी-प्रतियोगिता के लिए मित्रों के बहुत कहने पर कहानी लिखी और भिजवा दी। मुझे ताज्जुब यह देखकर हुआ कि कविता पर कोई इनाम नहीं मिला, जबकि कहानी को प्रथम पुरस्कार मिल गया। और निर्णायक थे केशवप्रसाद मिश्र।...तो भी मैं खुद को समझता कवि ही था। कथाकार के रूप में भी खुद को ढालने की सचेत इच्छा अभी तक पैदा नहीं हुई थी। यह अलग बात है कि 'प्रायश्चित', 'संध्या', 'मनोज जी' जैसी कुछ कहानियाँ इस दौर में लिखी गईं और छपीं भी।...लेकिन कुछ समय बाद रेणु का 'मैला आँचल' आया तो मनु जी, मुझे एक रास्ता दिखाई दिया।

'मैला आँचल' से क्यों?...'मैला आँचल' से ही क्यों?

—शायद इसलिए कि 'मैला आँचल' में जीवन था—वह छल-छल करता जीवन जिसका साक्षात्कार मैंने भी किया था। गाँवों में दुख-दर्द के अलावा वहाँ के चेहरे और उनकी भीतरी खूबसूरती। मुझे लगा, ऐसा तो मैं भी लिख सकता हूँ। अपने गाँव के बारे में एक ऐसा उपन्यास क्यों न लिखूँ जिसमें जो देखा-सुना हुआ है, अनुभव का हिस्सा बन चुका है—भरपूर आए। और तब 'पानी के प्राचीर' लिखा गया।

कब लिखा गया डॉक्टर साहब?

—समझिए सन् 58 से 61 के बीच। दो साल में लिखा गया। तब मैं गुजरात में था, बड़ौदा में। वहीं लिखा।

इस पर क्या कुछ ऐसी प्रतिक्रियाएँ मिलीं कि आपको लिखने का सुख महसूस हुआ हो?

—लिखने का सुख तो एक अलग बात है मनु जी और प्रतिक्रियाएँ अलग। हिंदी में वैसे भी कोई किसी के बारे में कुछ कहना पसंद नहीं करता। वैसे गुजरात के साहित्यकारों ने पसंद किया था। नामवर की तब इस पर एक लंबी चिट्ठी आई थी। इसमें दो बातें थीं। एक तो यह कि "यथार्थ इसमें कहीं कहीं ज्यादा कटु हो गया है और आपने ब्राह्मणों पर जितनी करारी चोट की है, कम-से-कम मैं ठाकुरों पर उतनी नहीं कर सकता था।" दूसरी बात जो नामवर ने लिखी, वह यह कि "इसमें मेरी अपेक्षा से ज्यादा ब्रिलिएंट स्ट्रोक्स है।"...बाद में प्रभाकर माचवे ने इसकी समीक्षा की तो लिखा कि 'बलचनमा', 'मैला आँचल' की चर्चा ज्यादा है, लेकिन 'पानी के प्राचीर' उनसे किसी तरह कम नहीं है। इसके बाद तो काफी कहानियाँ, उपन्यास लिखे गए—लगातार ही। मेरे भीतर कथाकार का बिंब बनना शुरू हुआ। बाहर भी उसकी पहचान बनी...।

वैसे...माफ कीजिए एक घिसा-पिटा सवाल पूछ रहा हूँ डॉक्टर साहब! कविता, कहानी, उपन्यास, आलोचना यह सब लिखने के बावजूद आप मूल में क्या हैं...?

—भई, मूल रूप में तो मैं कवि ही हूँ और यह जो विधाओं का संकट है, वह मैंने इसलिए ज्यादा नहीं महसूस किया क्योंकि मुझे लगता है, विधाएँ परस्पर एक-दूसरे को मजबूत भी करती हैं। कविता की व्याप्ति गद्य में भी हो सकती है—कविता उसे घनत्व देती है। प्रसाद के नाटकों का जो गद्य है, वह इतना काव्यात्मक है कि उनकी तमाम कविताएँ उसके आगे फीकी लगती हैं। वैसे सच तो यह है मनु जी कि कविताएँ आपको मेरी कहानियों में भी मिलेंगी, उपन्यासों में भी—बस, रूप उनका बदला है।...यों कई विधाओं में लिखने पर इतना तो होता ही है कि टेस्ट बदलता है। नया लिखने की ताजगी मिलती है और आप रिपीटीशन से भी बच जाते हैं। हाँ, आलोचना का जहाँ तक सवाल है, मैं उसमें सहज शुरू से ही नहीं रहा। मैंने आपद्धर्म की तरह ही उसे निभाया। यानी आलोचना मैंने बहुत मजबूरी में लिखी, भीतर से बहुत मन नहीं होता। और तो और, आलोचना-ग्रंथ पढ़ने में भी मेरी रुचि बहुत कम है—क्रिएटिव चीजें, कविता, कहानी, उपन्यास, ललित निबंध, यात्रा-वृत्त, यही पढ़ना मुझे ज्यादा पसंद है...

'पानी के प्राचीर' के बाद आपकी यह गद्य-यात्रा कैसे चली...? और उपन्यासों के बारे में भी बताइए।

—'पानी के प्राचीर' के बाद 'जल टूटता हुआ' लिखा गया और इसे साहित्य-जगत में व्यापक मान्यता मिली। इस पर एक गोष्ठी हुई थी जिसमें नित्यानंद तिवारी ने परचा पढ़ा था और इसकी काफी तारीफ की थी...

'पानी के प्राचीर' लिखते समय जो मनःस्थिति थी, उसी में यह लिखा गया था...?

—नहीं, थोड़ा फर्क है। 'पानी के प्राचीर' में आजादी से पहले का गाँव है और 'जल टूटता हुआ' में आजादी के बाद का गाँव है। आजादी की वर्षगाँठ पर मास्टर सुग्गन स्कूल जा रहे हैं। जाते हुए फिसलकर कीचड़ में गिर जाते हैं। बदलने के लिए दूसरे कपड़े भी उनके पास नहीं हैं। वहीं उनके भीतर सवाल उठता है, "आजादी ने क्या दिया हमें?" यह सवाल उनके भीतर चक्कर काटता है...और घूमते-घूमते उपन्यास बन जाता है। इसी तरह 'बीच का समय' उपन्यास गुजरात की छोटी-सी कथा पर है।...यों, मैं कह नहीं सकता कि क्या वजह रही, कि मेरे छोटे उपन्यासों को बड़े उपन्यासों की तरह ख्याति नहीं मिली।

आपके प्रिय उपन्यास कौन-कौन से हैं?...डॉक्टर साहब, समीक्षकों की राय छोड़कर यह बात कहें और न यह देखें कि किसको कितनी ख्याति मिली। मैं यह जानना चाहता हूँ कि आपको रचनात्मक संतोष किसमें ज्यादा

मिला?

—मैं तीन उपन्यासों का खास तौर से जिक्र करना चाहूँगा—'जल टूटता हुआ', 'अपने लोग' और दूसरा घर'।...'जल टूटता हुआ' सन् 69 में छपा था। 'अपने लोग' 76 में आया था और 'बिना दरवाजे का मकान' भी मुझे प्रिय है। पिछले वर्ष छपा उपन्यास 'थकी हुई सुबह' भी काफी पीड़ा झेलकर लिखा गया।

डॉक्टर साहब, आप कहानियाँ, उपन्यास लिखते कैसे हैं...यानी आपकी रचना-प्रक्रिया क्या है? कोई चरित्र आपसे लिखवा ले जाता है या कोई घटना या कोई विचार?...शुरू में क्या रहता है आपके सामने?

—(कुछ आत्मलीन होकर...धीरे-धीरे) कहानी और उपन्यास की प्रक्रियाएँ अलग-अलग हैं और कोई एक प्रक्रिया नहीं, कई बार एक साथ कई प्रक्रियाएँ काम करती हैं। उदाहरण के लिए कहानियों में कोई चरित्र या कोई चेहरा ही ज्यादातर मेरे सामने रहता है और मेरे पात्रों में से ज्यादातर वास्तविक हैं या वास्तविक जीवन से लिए गए हैं।...यह अलग बात है कि लिखते समय एक चेहरे में कई चेहरे आकर मिल जाते हैं। अधिकतर कोई न कोई चेहरा ही लिखवा ले जाता है और जो घटना उसके पीछे होती है, वह थोड़ी-बहुत बदल भी जाती है। कई बार कोई घटना, सुनी हुई घटना मन में अटक गई तो देखे हुए चेहरों में से कोई चेहरा उसमें जुड़ जाता है और कहानी बन जाती है। ऐसा बहुत कम हुआ है—नहीं के बराबर कि विचार सामने रहा हो और उसके मुताबिक घटना या चेहरा गढ़ा गया हो।

उपन्यास की प्रक्रिया इस माने में अलग है। इसमें घटना यानी कथा-वस्तु पहले से तय नहीं होती। आँख के सामने बस यह होता है कि किस जमीन की रचना है—उस जमीन की अपनी गंध, अपना परिवेश, अपनी मुश्किलें...! बस, कोई भी एक चीज लेकर लिखना शुरू कर देता हूँ। आगे की चीज अज्ञात होती है। लेकिन जिस समय चैप्टर शुरू करता हूँ, तो खुद-ब-खुद बनता जाता है। कोई करेक्टर, कोई घटना अचानक कौंध जाती है। तमाम लोग जिस तरह पहले से चैप्टर्स वगैरह का वर्गीकरण करके लिखना शुरू करते हैं और घटना का उतार-चढ़ाव तय कर लेते हैं, वैसा मुझसे नहीं हो पाता।

पांडुलिपि क्या बार-बार काटते-छाँटते, सुधारते हैं?...क्या कई प्रारूप बनते हैं?

—कहानियाँ तो कई बार लिखी जाती हैं लेकिन उपन्यास मैं दुबारा कभी नहीं लिख पाता। हाँ, उसी में काट-छाँट, आगा-पीछा कर लेता हूँ...

क्या ऐसा भी हुआ कि शुरू में जो चीज आप सोचकर चले कि यह लिखना है—कोई न कोई धुँधली शक्ल तो रहती ही होगी—रचना पूरी होते-होते वह शक्ल बदल गई। कुछ का कुछ हो गया...

—हाँ, ऐसा तो अकसर हुआ कि शुरू में कुछ धारणा लेकर चला, लेकिन

उपन्यास पूरा होते-होते यानी उस प्रक्रिया में वह धारणा बदल गई...और जो नया रूप था, वही सही लगने लगा। असल में एक धुँधली शक्ल चाहे रचना की सामने रहती हो, लिखने से पहले, लेकिन कहाँ से, कैसे, क्या लेना है, यह सब तो लिखते समय ही तय होता है—पहले से योजना बनाकर मैं नहीं लिख पाता। लिखते वक्त तमाम देखा-सुना, भोगा हुआ कागज पर उतरता जाता है।

...अभी आप रचना-प्रक्रिया की बात कर रहे थे, तो उपन्यास की मेरी रचना-प्रक्रिया तो संक्षेप में यह है मनु जी कि जिस गाँव की, अंचल की कथा-कहानी है, बस कहीं से उसमें धँस जाओ, फिर रास्ता अपने आप मिलता जाता है। रात को नहीं पता होता कि कल सुबह मैं क्या लिखूँगा—अगला अध्याय क्या होगा। मैं सब कुछ खुला छोड़ देता हूँ...हाथ में कलम आते ही अगला अध्याय बनना शुरू हो जाता है। बस, इतना जरूर ध्यान में रहता है और हर वक्त रहता है कि मैं उस जिंदगी की कथा कह रहा हूँ और यह हाथ से छूटनी नहीं चाहिए...और सचमुच मुझे कभी निराश नहीं होना पड़ा।

वास्तविक जीवन के चेहरों को पात्रों में तब्दील करते समय क्या करते हैं?...क्या ऐसा अज्ञात रूप से होता है या फिर जानते-बूझते कुछ मरम्मत करनी होती है?

—नहीं, जान-बूझकर तो ऐसा नहीं होता। शुरू-शुरू में कोई व्यक्ति मिलता है, तो कोशिश उसे जानने-समझने की ही होती है और फिर धीरे-धीरे जब आप उसे जानने लगते हैं तो अचानक कभी किसी क्षण यह घटित होता है कि लगता है, वह चेहरा एक खास अर्थ प्रकट करने लगा है।...बस, तभी उसे अभिव्यक्त करने की बेचैनी महसूस होती है। कभी-कभी किसी हलके-फुलके प्रयोजन से प्रयुक्त की गई कोई सच्ची घटना किसी अन्य और केंद्रीय प्रयोजन से जुड़ जाती है। जैसे मैंने 'सूखता हुआ तालाब' में वनमुर्गियाँ वाली घटना बहुत हल्के-फुल्के ढंग से ली थी, किंतु जब वह आई तो धीरे-धीरे स्वतः केंद्रीय प्रयोजन से जुड़ी मुख्य घटना बनती चली गई।

अच्छा डॉक्टर साहब, एक मजे की बात आपको बताऊँ! आपसे बातचीत करने के लिए चलने लगा तो पत्नी से चर्चा कर रहा था, कौन-कौन से सवाल पूछे जाएँ? इतने में मेरी बेटी जो अभी छोटी ही है और देर से यह सब सुन रही थी, बोली, "पापा, अंकल से यह जरूर पूछना कि कौन-से पात्र उनके एकदम असली जीवन के हैं?" इसमें एक सवाल अपना यह भी जोड़ रहा हूँ कि क्या उनसे आपकी फिर कभी मुलाकात हुई—या उन्होंने आपको पहचाना?...कभी कोई झंझट भी हुआ?

—यह तो मैंने बताया ही है मनु जी, कि बुनियादी रूप से मेरे ज्यादातर पात्र असली जीवन के हैं।...घर के लोग, चेहरे, ये सब भी हैं और अपने खुले रूप में हैं।

फिर भी ईश्वर की कृपा है, अभी तक सुरक्षित बचा रहा हूँ...(हँसते हैं!) एक कारण यह भी है कि गाँव के लोग पढ़ते कम हैं तो उन तक चीजें पहुँच नहीं पातीं।...कुछ घटनाएँ आपने पूछीं तो वह बताता हूँ। 'जल टूटता हुआ' के एक वकील पात्र तो मुझ पर मुकदमा करने की फिराक में थे। उन्होंने किसी से सलाह भी की थी। ये सब बातें खुसर-पुसर की शक्ल में, मुझ तक आती रहीं। हालाँकि जिससे उन्होंने सलाह की थी, उसने समझाया, "कोई फायदा नहीं। तुम्हारा नाम तो उसमें है नहीं, उलटे फँस जाओगे।"

...हाँ एक बड़ी दिलचस्प घटना घटी थी ट्रेन में। उसे आप जरूर लिखें। हुआ यह कि मैं अपने मित्रों के साथ ट्रेन में जा रहा था और उस इलाके की समस्याओं और साहित्य पर हम बात कर रहे थे कि अचानक एक नौजवान जो बड़ी देर से हमारी बातें सुन रहा था, चिल्लाकर बोला, "आप लोग इतनी देर से बक-बक किए जा रहे हैं, क्या आपने 'जल टूटता हुआ' पढ़ा है?" मेरे साथी ने कहा, "क्या तुम 'जल टूटता हुआ' के लेखक से मिलना चाहोगे?" और फिर मुझसे मिलवाया कि ये हैं रामदरश जी।...वह नौजवान हक्का-बक्का रह गया। खुशी उसके चेहरे से फूट पड़ रही थी। खुशी मुझे भी बहुत हुई कि इस धुर देहात में भी मेरा कोई पाठक मुझे मिला।

आपके समकालीन लेखकों, रघुवीरसहाय, सर्वेश्वर, धर्मवीर भारती, केदारनाथ सिंह की जितनी चर्चा हुई या वे जितना चढ़ गए, उतनी ख्याति आपको नहीं मिली? यह किस कारण हुआ होगा!...यह सवाल आपने भी तो अपने आपसे पूछा होगा कि नहीं?

—ऐसा है मनु जी, इसका जवाब किसी आलोचक से पूछा जाए, तब तो वह यही कहेगा कि इन्होंने अच्छा लिखा, इसलिए इनकी चर्चा हुई। आपने अच्छा नहीं लिखा होगा तो आपकी चर्चा क्यों होती? और इसमें कोई शक नहीं कि इन्होंने शुरू में अच्छा लिखा भी—लेकिन बाद में ये अपने सहारे नहीं, किन्हीं और वजहों से आगे बढ़े। किसी के पीछे अज्ञेय जैसा शक्तिशाली व्यक्तित्व था, किसी के पीछे 'परिमल' जैसी संस्था, किसी के पीछे नामवर जैसा आलोचक, जबकि मैंने किसी गुट या बिल्ले की छाप लगाना मंजूर नहीं किया।...तो ऐसा नहीं कि औरों ने अच्छा लिखा नहीं, लेकिन इनके पीछे कोई न कोई ताकत जरूर थी, किसी संस्था की या व्यक्ति की जो औरों से छेंककर इन्हें ऊपर उठा रही थी। केवल लिखने से ये बड़े नहीं हुए थे—क्योंकि अगर ऐसा होता तो इनकी शुरू की रचनाओं की ज्यादा चर्चा होती जो बेहतर थीं। मगर हुआ यह कि इनकी बाद की रचनाएँ जो पाठकों को कतई समझ में नहीं आती थीं, ज्यादा उछाली गईं, उन्हें लगातार पब्लिसिटी और आलोचना के आतंक से जमाया गया।...और अब भी मेरा पूरा विश्वास है मनु जी, कि लोगों को ये समझ में आती नहीं हैं, वे सिर्फ समझ रहे होने का नाटक करते हैं, क्योंकि ऐसा

न करें तो वे पिछड़े समझ लिए जाएँगे। उदाहरण के लिए रघुवीरसहाय की 'सीढ़ियों पर धूप में' की कविताएँ जितनी सहज हैं—जितनी सादगी और फ्रेशनेस से भरपूर हैं, बाद की कविताएँ नहीं। मगर फिर भी चर्चा बाद वाले रघुवीरसहाय की ही होती है। यह दरअसल आलोचना नहीं, आलोचना का छद्‌म है...!

आपको क्या लगता है डॉक्टर साहब, आपकी कविताओं की तुलना में आपके कथा-साहित्य की कहीं ज्यादा चर्चा होती है तो क्या वह इसलिए कि कविता के सीधे पाठक तो आज बहुत कम रह गए हैं और उसमें आलोचना का हस्तक्षेप बहुत चलता है, लिहाजा आलोचक जिसे बड़ा कवि मनवाना चाहता है, मनवा लेता है...मगर कथा-साहित्य के पाठक अब भी हैं और वे आलोचक को कोई खास तरजीह नहीं देते, सीधे-सीधे रचना से प्रभाव ग्रहण करते हैं... लिहाजा उन्हें धोखे में नहीं रखा जा सकता?

—हाँ, यह हो सकता है...प्रयोगधर्मी कृति के नाम पर एकाध 'हरिया हरक्यूलीज की हैरानी' टाइप चीज भले ही उछल जाए, लेकिन प्रकाशक ऐसी चीजों को छापने से गुरेज करता है। यानी पाठकों का दबाव जो कथा-साहित्य में बना हुआ है, वह प्रकाशकों को ऊलजलूल चीजें, कम-से-कम ऐसे उपन्यास तो छापने से रोकता ही है। और फिर कविता की तुलना में कथा-साहित्य बहुत कुछ एक सामाजिक चीज है। उसमें बहुत छेड़छाड़ आप नहीं कर सकते, कविता में जिसकी छूट मिल जाती है। कविता आप समाज से अलग होकर, कटकर लिख सकते हैं लेकिन कथा-साहित्य नहीं।...फिर इनमें से बहुतों के चर्चित होने का कारण अज्ञेय के 'सप्तकों' में शामिल होना, अखबार या पत्रकारिता में होना और दूसरी तरह की चालाकियाँ भी हैं। मेरा मानना है, जब इन लोगों में चालाकियाँ नहीं थीं और कविता को इन्होंने सहज धर्म मानकर लिखा था, तो बेहतर लिखा था।

...और फिर मेरी कविताओं की बिल्कुल चर्चा नहीं हुई, ऐसा नहीं। हिंदी की अच्छी से अच्छी पत्रिकाओं में मेरी कविताएँ छपती रहीं और सम्मान पाती रहीं। पाठकों के पत्र आते रहे। 1955-56 में विष्णुचंद्र शर्मा 'कवि' पत्रिका निकालते थे। उसमें एक विशिष्ट कवि के रूप में छपा और चंद्रबली सिंह की टिप्पणी भी छपी मेरी कविताओं पर। नामवर जी ने अपनी प्रारंभिक पुस्तकों में मेरे गीतों का उल्लेख किया और जब मेरा दूसरा काव्य-संग्रह 'बैरंग बेनाम चिट्ठियाँ' प्रकाशित हुआ तो उन्होंने बहुत उत्साहित होकर लिखा था कि वे इस संग्रह पर अवश्य लिखेंगे, यह उनकी आत्मा का स्फूर्णित संकल्प है। नहीं लिखा, यह और बात है। कविता की राजनीति से मुक्त लेखकों और आलोचकों ने मेरी कविताओं पर जमकर समीक्षाएँ लिखी हैं जो 'कवि रामदरश मिश्र' तथा 'रचनाकार रामदरश मिश्र' में संकलित हैं। मेरी कविताओं पर अनेक विश्वविद्यालयों में शोध-कार्य हुए हैं, हो रहे हैं। अनेक विश्वविद्यालयों में मेरी कविताएँ पढ़ाई जा रही हैं—एम.ए. में। सहज भाव से कई

भाषाओं में इनके अनुवाद हुए हैं। आखिर यह सब क्या है?

डॉक्टर साहब, कहानी को लेकर इतने जो आंदोलन चले, उन पर आपकी राय? क्या इससे कहानी का कोई भला हुआ आपके ख्याल में?

—कहानी या कहिए रचना हमेशा आंदोलन से बड़ी चीज साबित होती है। आंदोलन तो ज्यादातर भटकाते ही हैं...

और जो 'नई कहानी' का आंदोलन था, वह कुछ अलग ढंग का था या...?

—देखिए...राकेश, कमलेश्वर इनकी जो बढ़िया कहानियाँ हैं, वे तो 'नई कहानी' आंदोलन की शुरुआत से पहले की है। 'नई कहानी' आंदोलन चला तो ज्यादातर एक ही प्रकार की कहानियाँ लिख जाने लगीं। वे उतना प्रभावित नहीं करतीं, क्योंकि उनमें संवेदना गायब है।

यों मोहन राकेश, कमलेश्वर, राजेंद्र यादव—इनमें किसकी कहानियों ने आपको ज्यादा प्रभावित किया? यानी कहानीकार के रूप में आपके ख्याल से कद किसका ज्यादा बड़ा है?

—मोहन राकेश!...इन तीनों में मोहन राकेश मुझे ज्यादा सक्षम कहानीकार लगे। कमलेश्वर की भी कुछ कहानियाँ अच्छी लगती हैं। राजेंद्र यादव में तो मेरे ख्याल से कुछ खास दम नहीं है। इनकी कहानियों को मैं ज्यादा पसंद नहीं कर सका...क्योंकि वे सहज नहीं, यांत्रिक लगती है और आजकल तो वे कहानीकार कम, कहानी के 'खलीफा' ज्यादा नजर आते हैं।

यह इसलिए तो नहीं कह रहे कि मोहन राकेश अब नहीं हैं और बाकी दोनों के साथ राजनीति इतनी जुड़ गई है कि...

—(शब्दों पर जोर देते हुए) नहीं-नहीं, राकेश निश्चय ही इनमें सबसे ज्यादा प्रतिभाशाली लेखक थे।

और निर्मल वर्मा? उनके बारे में क्या कहेंगे?

—निर्मल की 'परिंदे' बहुत अच्छी लगती है। निर्मल का अपना विशेष रंग है।

कहानी में आलोचना की स्थिति के बारे में कुछ कहेंगे?...क्या कहानी आलोचक को पीछे छोड़कर आगे नहीं बढ़ गई? बल्कि आलोचक से बढ़कर सत्ता तो यहाँ पाठक की है...!

—आप बिल्कुल ठीक कह रहे हैं...यह इसलिए भी हुआ कि कहानी में कोई बड़े कद का आलोचक आया नहीं। ज्यादातर कहानीकार ही एक-दूसरे पर लिखते रहें...या फिर नामवर जी ने कुछ सार्थक कोशिश की तो एक खास एंगिल से। देवीशंकर अवस्थी ने जब कहानी पर लिखना शुरू किया था तो बड़ी उम्मीदें बँधी थीं। जीते रहते तो बहुत काम करते।

साहित्य में यह जो राजनीति इधर खतरनाक रूप से चल निकली कि लेखकों के छोटे-बड़े ग्रुप बन गए हैं और बाकायदा योजनाएँ बनाई जाती हैं कि किसको उठाना, किसको गिराना है! अचानक किसी को बहुत उछाल दिया जाता है, किसी को गड्ढे में डाल दिया जाता है और वह सालोसाल करीब-करीब नदारद है—अनुपस्थित है। इस पर आपको क्या कहना है?

—बात तो मनु जी, आप ठीक कह रहे हैं। यह फेशनेबल लेखकों का युग है जिन्हें न अपनी जमीन की समझ है और न लोगों की समस्याओं में उनकी कोई रुचि है। इसलिए कभी 'हरिया हरक्यूलीज...' को उछाल दिया जाता है, कभी 'कुरु-कुरु स्वाहा' को, कभी उत्तर-आधुनिकता को, कभी 'जादुई यथार्थ' को।...मैं तो आज तक नहीं समझ पाया कि 'कुरु-कुरु स्वाहा' में ऐसा है क्या? या जादुई यथार्थ क्या बला है? फिर भी जब तक चल रहा है, चल रहा है। कभी न कभी तो आखिर यह भ्रम टूटेगा ही। कुछ थोड़े से लोग साहित्य को अपनी मुट्ठी में कैद करके नहीं रख सकते।

...आपने 'इंडिया टुडे' का पहला साहित्य विशेषांक देखा होगा जिसमें लेखकों ने हिंदी के दस बड़े उपन्यासों की चर्चा की है। आपको ताज्जुब होगा मनु जी, उसमें किसी हिंदी लेखक ने प्रेमचंद की चर्चा नहीं की। नागर जी, यशपाल जी, भगवतीचरण वर्मा का तो सवाल ही नहीं था...लेकिन 'नौकर की कमीज' बहुतों को अच्छी लग रही थी, 'कुरु-कुरु स्वाहा' भी कइयों को अच्छा लग रहा था। तो इससे आप समझ जाइए, चीजें कैसे तय होती हैं साहित्य में?

प्रगतिवादी लेखकों में नागार्जुन, त्रिलोचन, केदार, शमशेर आदि को जैसे एक लंबे अरसे तक भुलाए रखा गया और अब एकाएक वे फिर चर्चित हो उठे हैं, इसके पीछे भी क्या कोई राजनीति ही है या...?

—भई, राजनीति ही है...और इसे मैं आलोचना की बहुत बड़ी असफलता भी मानता हूँ। यानी एक दौर तो ऐसा था कि आप किसी कवि की अच्छी से अच्छी रचना को कूड़ेदान में डाल देते हैं और फिर एक दौर ऐसा आता है कि आप उसके कूड़े पर भी पुष्पहार चढ़ाने लगते हैं।...ये दोनों ही अतियाँ गलत हैं। सवाल तो यह है कि ये लिख तो इतने समय से रहे थे, तब आप क्या कर रहे थे? और आज जब ये नख-दंत विहीन हो गए तो आपको इनकी याद आई?

आपको बताऊँ मनु जी, त्रिलोचन की 'चंपा' कविता उनके सबसे पहले संग्रह 'धरती' में शामिल है, मगर नामवर जी पिछले कुछ बरसों से उसका ऐसा ढिंढोरा पीट रहे हैं कि कुछ पूछिए मत। गुजरात से मेरे कुछ मित्रों का पत्र आया कि क्यों साहब, 'चंपा' क्या बहुत ऊँची कविता है? पिछले दिनों नामवर जी यहाँ आए तो ऐसा डंका बजा गए कि हम सब ताज्जुब में हैं!...तो आलोचना के नाम पर मनु जी, अब यही सब हो रहा है...!!

क्या तब भी आपको लगता था कि नामवर आगे चलकर ऐसे निकलेंगे जब वे विद्यार्थी थे, आपके साथ पढ़ते थे...?

—(हँसकर) हाँ, कुछ न कुछ तो तब भी इनमें था।

डॉक्टर साहब, आजकल उत्तर-आधुनिकता का काफी शोर है। एक सज्जन जो पहले तेज-तर्रार मार्क्सवादी आलोचक समझे जाते थे, आज उसी तेजी से उत्तर-आधुनिकता की ओर लपक रहे हैं और गिनती कर रहे हैं कि अब तक कौन-कौन उत्तर-आधुनिक हुआ। फ़िर अपनी पीठ ठोकते हैं कि देखिए साहब, उत्तर-आधुनिकता हमने चलाई तो चल ही निकली। तो डॉक्टर साहब, आप बताइए, आप अभी तक उत्तर-आधुनिक हुए या नहीं...या कब होने वाले हैं?

—ऐसा है मनु जी, मुझे तो इसी में शक है कि मैं ठीक से आधुनिक भी हूँ या नहीं, उत्तर-आधुनिक होना तो दूर की बात है। हम तो सिर्फ इतना जानते हैं भाई, कि अगर कोई चीज जीवन में सीधे-सीधे उतरती है तो उसे चुपचाप ले लेंगे। अगर वह समाज की किसी बड़ी पीड़ा या आकांक्षा को अभिव्यक्त करती है तो ठीक...तब तो वह लेखक की शक्ति बनेगी, नहीं तो यह सिर्फ चर्चा की बात है कि आज आप उत्तर-आधुनिक हो गए, कल जादुई यथार्थवाद से जुड़ गए, परसों कुछ और खोज लिया। इससे कुछ होने वाला नहीं है और खासकर लेखक को तो इससे कतई कुछ नहीं मिलता, अगर वह उसकी चेतना का हिस्सा नहीं बन सका।...सच तो यह है कि मैं तो आधुनिकता पर भी कभी कहानियाँ नहीं लिख सका, सिर्फ जिंदगी से ली गई कहानियाँ लिखता रहा—लेबल आप उसे चाहे जो भी दे दो। स्वयं कमलेश्वर, मोहन राकेश की वे कहानियाँ कहीं बेहतर हैं जिन पर 'नई कहानियाँ' का ठप्पा नहीं लगा था। बाद में वे कोशिश करके खास ठप्पे वाली कहानियाँ लिखते रहे और कहानी छूट गई...तो ऐसा ही होता है।

अभी पिछले दिनों दक्षिण परिसर (दिल्ली विश्वविद्यालय) में उत्तर-आधुनिकता पर एक बहस थी। वहाँ मैंने डॉ. मैनेजर पांडेय से कहा—भाई, ये हमारी नहीं, आप आलोचकों की चिंता है। उत्तर-आधुनिकता आई या नहीं आई या आई तो कितनी आई, यह आलोचकों के लिए चिंता का विषय हो सकता है...कहानीकार के लिए तो सिर्फ इतना ही कि अगर उसे रिक्शा वाले की कहानी लिखनी है या किसी गरीब गाँव वाले का वर्णन करना है तो उसमें आधुनिकता या उत्तर-आधुनिकता का किताबी दर्शन कहीं नहीं काम देगा।...लेकिन मजे की बात यह है कि जिन्हें अपने आसपास की कुछ समझ नहीं है, वे मजबूरी में 'अंतर्राष्ट्रीय' हो जाते हैं। जबकि अकसर उनके पैरों के नीचे जमीन नहीं होती। वैसे असलियत तो यह है कि मनु जी, कि आलोचकों को पिछले पंद्रह साल से कोई मुद्दा ही नहीं मिला तो वे खाएँ-कमाएँगे क्या? लिहाजा उनके लिए उत्तर-आधुनिकता जरूरी है...बल्कि मैं तो प्रतीक्षा कर रहा हूँ, कब वे उत्तर को छोड़कर 'उत्तरोत्तर' आधुनिकता की ओर बढ़ेंगे...(हँसी)

अच्छा डॉक्टर साहब, एक बात बताएँ। आप लेखक न हुए होते तो क्या होते?

—क्या बताऊँ, कहना मुश्किल है। किसी और रूप में अपनी कल्पना ही नहीं कर सकता।

अच्छा, यह बताइए, आप खुद को प्राध्यापक पहले मानते हैं या लेखक?

भई, प्राध्यापक तो अब हूँ नहीं। जब था, तब भी मतलब सिर्फ इतना था कि मेहनत से पढ़ाता था और इससे संतुष्टि मिलती थी।...तो प्राध्यापक होना तो एक पेशा है, जबकि लेखक होना मेरा पर्याय है।

क्या आप अपनी पसंद के कुछ लेखकों के नाम बताना चाहेंगे या ऐसे लेखकों का जिनका किसी न किसी रूप में आप पर असर पड़ा हो—यानी उन्हें न पढ़ते तो आप ठीक-ठीक ऐसे न होते...?

—मैंने पढ़ा तो बहुतों को है और बहुतों को खूब पसंद भी किया है लेकिन किसी से इस रूप में प्रभावित नहीं हुआ हूँ कि वैसा लिखने का प्रयत्न किया हो। शुरुआती लेखन की बात छोड़ दें। मैं तुलसीदास, सूरदास, कबीर, जायसी, रामचंद्र शुक्ल, निराला, प्रेमचंद, प्रसाद, दिनकर, हजारीप्रसाद द्विवेदी, रेणु, भवानीप्रसाद मिश्र से प्रभावित रहा हूँ। अन्य समकालीन रचनाकारों की कुछ कृतियों—'शेखर : एक जीवनी', 'अंधा युग', 'अँधेरे में', 'आवारा मसीहा' को काफी पसंद किया है। 'मैला आँचल' से मुझे बहुत मानसिक निकटता अनुभव हुई है। उसी से प्रेरित होकर मैंने 'पानी के प्राचीर' लिखा और कुछ दूर तक उसकी ध्वन्यात्मकता का प्रसाद भी ग्रहण किया। बाद में छोड़ दिया। इसके अतिरिक्त अनेक कहानियाँ और कविताओं ने मुझे अपने साथ गहरे जोड़ा है।

डॉक्टर साहब, आपने इतना कुछ लिखा और कोई पचास बरसों से लगातार लिख रहे हैं। क्या अब भी कुछ ऐसा है जिसे लिखने की तीव्र बेचैनी आप महसूस करते हों?

—उस तरह की बेचैनी तो अब महसूस नहीं होती मनु जी। उस तरह का, मैंने पहले ही कहा—महत्त्वाकांक्षी व्यक्ति मैं नहीं हूँ। कुछ चीजें अब भी हैं दिमाग में, इच्छा भी है कि लिखूँ...लेकिन उसके लिए जिस तरह की बेचैनी की बात आपने कही, वह अब महसूस नहीं होती। अब तो सर्दियाँ हैं तो गुनगुनी धूप में बैठने का सुख कहीं ज्यादा बड़ा लगता है। (हँसते हैं।)

इतने वर्ष पढ़ाने की उपलब्धि आपको क्या लगती है? क्या सच में आपको सुख-संतोष मिला?...क्या कुछ ऐसे शिष्य आपके बने जिन्हें देखकर लगता हो कि यह सब अकारण नहीं गया?

—हाँ, कुछ शिष्य तो हैं ही!...बहुत से लोग जो इधर-उधर चले गए, कभी-कभार मिल जाते हैं तो बड़ा सुख मिलता है। कुछ शिष्य तो अपने कद में बहुत

बड़े हो गए, फिर भी वे मेरे प्रति उसी तरह विनयशील बने रहे। ऐसे शिष्यों से बड़ा गर्व अनुभव होता है और सुख भी। इस संदर्भ में मैं गुजरात के अपने कुछ शिष्यों को रेखांकित करना चाहूँगा। वैसे ऐसे शिष्यों की व्याप्ति बनारस से लेकर दिल्ली तक है।

डॉक्टर साहब, क्या आप नए लेखकों को पढ़ते या उनसे संवाद रखते हैं? आते हुए लेखकों की पीढ़ी से आप कुछ कहना चाहते हैं?

—हाँ, मैं नए लेखकों को पढ़ता हूँ और जो लेखक चाहते हैं, उनसे संवाद भी रखता हूँ। उनकी कृतियों पर अपनी प्रतिक्रिया और सुझाव भी देता हूँ। साहित्य के संबंध में उनसे बहसें भी होती हैं। मुझे लगता है कि नए लेखक सब कुछ पा जाने की बहुत जल्दी में होते हैं और कुछ आलोचकों तथा संपादकों की साहित्यिक राजनीति के तहत कुछ को बहुत जल्दी काफी-कुछ मिल भी जाता है, किंतु यह टिकाऊ नहीं होता। 'आते हुए लोग' यदि सुनें तो कह सकता हूँ कि साहित्य एक लंबी दौड़ है, आहिस्ता चलना चाहिए। दूसरे यह कि अपनी विरासत के प्रति सम्मान का भाव रखें। उसके परिप्रेक्ष्य में अपने कुछ होने की पहचान करें, उसे खारिज करके नहीं।

आपकी खाने-पीने, पहनने-ओढ़ने की रुचियाँ...कुछ इस बारे में बताइए।

खाने-पीने, पहनने-ओढ़ने में मैं काफी देहाती और अप्रयोगवादी हूँ। बचपन में खाने-पीने की जो रुचियाँ बनीं, वे अब तक सुरक्षित हैं। वही अरहर की दाल, भात, रोटी-सब्जी, चटनी आदि। जब कभी किसी पाँच सितारा होटल में खाना पड़ा, भूखा ही रह गया। वहाँ से छूटकर किसी ढाबे पर गया हूँ और भूख शांत की है। मुझे मिठाइयों में अनाज की मिठाइयाँ ही अधिक प्रिय हैं—यानी चावल का लड्डू मुझे रसगुल्ले से ज्यादा अच्छा लगता है। पीने में पानी पीता हूँ और दूध भी। चाय भी पीता हूँ, किंतु बहुत नहीं। गन्ने का रस, दही का शर्बत भी बहुत प्रिय है। नया गुड़ अच्छा लगता है।...किसी भी नशे की लत मुझे नहीं है। बनारस में दस साल रहकर भी पान खाने की आदत नहीं डाल सका। पहनावा भी मेरा पारंपरिक ही है। यों तो मैं कोट-पैंट भी पहनता हूँ, किंतु धोती-कुर्ता ही मेरा प्रिय पहनावा है। उसी में मुझे अपनापन मिलता है।

आज के वक्त या मौजूदा दौर के बारे में आपकी टिप्पणी?

—यह दौर बहुत बदसूरत और अवांछनीय है, किंतु जिस दौर में जीना होता है, उसे यथार्थवादी दृष्टि से स्वीकार कर लेना ही चाहिए। मैं भी स्वीकार कर रहा हूँ, लेकिन अतीत में जो मूल्यवादी दौर भोग चुका हूँ, वह बार-बार याद आता है और इस मूल्यहीन और अराजक, क्रूर दौर में मन को हैरान करता है। दूसरी ओर अच्छे मानव-समाज का सपना देखने वाला मेरा मन मौजूदा दौर की बदसूरती से बेचैन है और चाहता है कुछ ऐसा परिवर्तन आए, जिससे आदमी को राहत मिले। इसलिए

यह मूल्यहीनता के विस्तार में खोए मूल्यों को खोजता है, सँजोता है और फिर रचता है।

आपके ख्याल से वह क्या है आपमें जो आपको औरों से अलग, रामदरश बनाता है?

—मैं जो बना हूँ सहज भाव से, सहज गति से बना हूँ—कुछ चीजों को जोड़-बटोरकर नहीं। इसलिए मैं यह नहीं कह सकता कि वे क्या चीजें हैं जो दूसरों की चीजों से अलग हैं। मैं अपने बारे में सोचता हूँ और आकलन करता हूँ तो पता चलता है कि जो मैंने बचपन में जिया, वह मेरे भीतर से कभी नहीं गया। बचपन के घोर अभाव में भी जो हँसी मिली थी, वह भी लगातार साथ रही। गरीब परिवार का एक संकोच भी साथ लगा रहा है। महत्त्वाकांक्षा कभी नहीं पाली, इसलिए गलत ढंग से और शीघ्रता से बहुत-कुछ पा लेने के साधनों से मेरा संवाद नहीं बना। सहज भाव से जो पाता गया, उसी में संतुष्ट होता रहा। प्रचार-प्रसार के कौशल से विरक्त होकर अपने परिवेश में सिमटा रहा। जो मेरे अनुभव में उतरता रहा, जो मुझे ठीक लगता रहा, जो मेरी दृष्टि में समाता रहा, उसे भी अपने जीवन और साहित्य में स्वीकार करता रहा। फैशन के तहत मुझे कुछ भी प्रभावित नहीं करता। रहन-सहन, खाने-पीने, आचार-विचार की जो सादगी बचपन की अभावजन्य विवशता ने दी थी, वह मेरे जीवन का अंग बन गई। खुलकर आदमी से मिलने का भी जो संस्कार बचपन के अभावों ने दिया था, वह मेरी स्थायी निधि बन गया। मुझे खुले, सहज स्वाभिमानी और ईमानदार लोग अच्छे लगते हैं। अब मैं नहीं कह सकता कि मैं अपने इस रूप में कितनों से अलग हूँ और कितनों से जुड़ा हुआ हूँ।

डॉक्टर साहब, आपको नए सिरे से जीवन जीने को मिले तो?...कौन-सी चीजें आप बदलना चाहेंगे और क्या चाहेंगे कि ऐसा ही मिले?

—(मुस्कराते हुए) मैं अपने इस जीवन से काफी संतुष्ट हूँ। चाहूँगा कि बहुत-कुछ चीजें ऐसी ही रहें, लेकिन यह अवश्य चाहूँगा कि मेरा घरघुसरापन टूटे और देश-विदेश के विभिन्न परिवेशों में मुक्त भाव से विचरण कर सकूँ और मेरी सामाजिक और मानवीय संवेदना की मूल्यवत्ता सक्रिय संघर्ष में उतरे। और यदि साहित्यकार बनूँ तो उसके प्रचार-प्रसार का भी कुछ कौशल सीखूँ और अपना प्राप्य पाने का कुछ दावँ-पेंच भी।...और भाई, अगले जन्म की बहुत-कुछ चीजें इस बात पर निर्भर करेंगी कि समय कैसा है!

अच्छा...अब आखिरी सवाल। आपको गुस्सा किस बात पर आता है और आप खुश कब होते हैं?

—गुस्सा मुझे आता है मनु जी, चरित्र और आचरण की फूहड़ता पर—वह मुझ से बर्दाश्त नहीं होता। और लेखक की सबसे बड़ी खुशी तो उसकी रचना का पूरा हो जाना है। इससे बढ़कर खुशी मुझे किसी और चीज से नहीं मिलती।

शाम हो चुकी थी। दिन भर की बातचीत के बाद भी रामदरश जी के चेहरे पर ताजगी थी और दूर-दूर की धूलभरी यात्राओं से लौट आने का सुख। उसमें से कुछ कण मेरी झोली में भी आ गिरे थे। उठते समय कागज-पत्थर समेट रहा था तो सामने भाभी जी नजर आईं। मैंने चलते-चलते पूछ लिया, "सुना है, आपके तमाम अनुभवों पर रामदरश जी ने लिख दीं कहानियाँ!...तो असली लेखिका तो आप ही हुईं न?" वे मुस्करा दीं, "हम लोग आपस में चर्चा करते हैं। हो सकता है, कोई मेरा सुनाया हुआ प्रसंग भी रचना में ढल गया हो। पर लेखक तो यही हैं...लिखने के लिए जीवन भर की साधना जरूरी है।"

और मेरे सामने रामदरश जी की आत्मकथा 'सहचर है समय' के वे टुकड़े तैर गए जिनमें गाँव की एक मामूली पढ़ी-लिखी स्त्री न सिर्फ अपने पति के सृजन-कर्म में रुचि लेती है, बल्कि खुद पढ़-लिखकर हर कदम पर साथ देने लगती है। रामदरश जी की साधना के पार्श्व में अगर यह इतना बड़ा तप न होता तो क्या वे सचमुच इतने बड़े हो सकते थे!

मैं आदर से हाथ जोड़कर विदा लेता हूँ।...एक भरे-पूरे दिन को भरपूर जीने के बाद बाहर सड़क पर आया तो लगा वह सुख जिसका अभी-अभी साक्षात्कार करके लौटा हूँ, अब भी साथ चल रहा है।

उपन्यास-चर्चा

मनुष्य के होने की तरह सहज हैं रामदरश मिश्र के उपन्यास

एक

रामदरश मिश्र के उपन्यास पढ़कर—या चलिए, रामदरश जी का कोई भी उपन्यास पढ़कर सबसे पहली बात मन पर क्या नक्श होती है।

साहित्य के एक मामूली पाठक के तौर पर मैं इस सवाल के नजदीक आता हूँ तो मुझे लगता है, इसके जवाब को लेकर मेरे मन में कहीं कोई दुविधा नहीं है।

रामदरश जी का हर उपन्यास पढ़ने के बाद मुझे लगता है कि मैं उपन्यास नहीं पढ़ रहा, जिंदगी को देख रहा हूँ। जिंदगी के बीच पूरी तरह धँसकर जिंदगी को देख रहा हूँ। जिंदगी जो बहुत सीधी-सादी है, प्रेममयी है, मोह और सम्मोहन जगाने वाली है और अपने खुरदरेपन के बावजूद एक कमाल की दिलकश और खूबसूरत शै है। उसके सीधे-सादेपन और खूबसूरती में ऐसी-ऐसी भयंकर शक्लें, ऐसे-ऐसे करुण सत्य और ऐसे-ऐसे नग्न यथार्थ की स्याह परछाइयाँ छिपी पड़ी हैं कि उनका सामना होते ही हम थरथरा उठते हैं कि अच्छा, यह सब भी है, यह सब क्यों है...यह सब तो नहीं होना चाहिए!! पर वह होता है और इतने नंगे, करुण और हृदयविदारक रूप में सामने आता है कि थोड़ी देर के लिए हमारी साँस रुक जाती है...और लगता है, अगर जिंदगी इसी का नाम है तो फिर यह क्यों है और इसे हम क्यों जीते हैं?

मगर फिर...? इन दुखों का चक्का कोई आगे बढ़कर थाम लेता है और उसे दूसरी दिशा में चला देता है! कभी नैतिक मूल्यों को लेकर चलने वाला कोई शख्स, कभी प्रकृति और कभी-कभी तो विशुद्ध संयोग! और फिर एकाएक पट-परिवर्तन!...

अचानक कहीं से बाँसुरी की धुन उठती है और दग्ध मन को सरसाने लगती है, कहीं होली की फगुनाहट बिखर जाती है, कहीं चैती, कहीं विदेसिया। प्रकृति का रस और अनंत छवियाँ, अनंत माधुर्य...प्रेम की अद्‌भुत लीलाएँ! मनुष्य के छोटे-बड़े दुखों के बीच पिरोए हुए छोटे-छोटे सुख!! और अभी हम इसमें बहते-बहते कुछ आगे निकले ही थे कि अशुभ, अमंगल की काली स्याह, उत्पाती छायाएँ! कुछ समर्थ, शक्तिशालियों और धन-पशुओं का कपट, अनीति, कुचालें!...पिसती हुई जनता, हबसते हुए लोग!!

और फिर हमारे देखते-देखते यह चमत्कार होता है कि ये सभी एक-दूसरे में गुँथ जाते हैं—जैसे जिंदगी में! ओर हम देखते हैं कि रामदरश जी के उपन्यासों में जो लोग हैं, जो जिंदगी है, वह लगभग उसी रूप में है—या वैसी ही है, जैसी जिंदगी खुद है, जैसे लोग खुद हैं...!

और यहाँ रामदरश जी के उपन्यास, उपन्यास न रहकर 'एक अनंत प्रवाह-युक्त नदी-गाथा' हो जाते हैं—जनगाथा हो जाते हैं और न जाने कब उसकी लहरों में समरस होकर, बहते-बहते, जब उपन्यास खत्म होने पर हम किनारे आ लगते हैं, तो हमें याद ही नहीं रहता कि अभी-अभी जिस किताब को हम पढ़ रहे थे, वह किताब थी या जिंदगी?...अभी हम 'पानी के प्राचीर', 'जल टूटता हुआ', और 'अपने लोग' पढ़ रहे थे या रामदरश जी के साथ गोरखपुर अंचल की ओर घूमने निकल गए थे और इतिहास के गलियारों के बीच धँसते चले गए थे? 'दूसरा घर' पढ़ रहे थे या रामदरश जी के साथ गुजरात जा पहुँचे थे जहाँ डॉ. गौतम अपनी कच्ची और हिलती हुई नौकरी के सहारे एक ओर अपनी छोटी-सी गृहस्थी, दूसरी ओर साहित्य-कर्म और सामाजिक आदर्शों को थामे हुए थे।...इसी के साथ-साथ न जाने कब उन विस्थापितों का दर्द जुड़ जाता है जो नौकरियों और काम-धंधे की तलाश में अपने घर से सैकड़ों मील दूर यहाँ आ गए और लगातार अपमान झेलते हुए मर्माहत होते हैं। घर को याद करते हुए 'परदेस' में मैली जिंदगी जीते हैं, पर घर लौट नहीं पाते।

यही बात रामदरश जी के अपेक्षाकृत छोटे उपन्यासों 'रात का सफर', 'थकी हुई सुबह', 'बिना दरवाजे का मकान', 'आकाश की छत', 'सूखता हुआ तालाब', 'बीच का समय', और 'बीस बरस' के बारे में भी कही जा सकती है कि ये उपन्यास कम, जिंदगी के भीतर धँसकर की गई जिंदगी की यात्राएँ ज्यादा हैं। इनमें शायद ही कोई उपन्यास हो, जिसके भीतर निजी एकांत का भँवर या अंतर्गुहाओं के गुंजलक होंगे! ऐसा नहीं कि मन की गुत्थियाँ या निजी परेशानियाँ इनमें नहीं हैं। वे हैं, मगर वे जिंदगी की धारा का हिस्सा बनकर आई हैं या उनके साथ बहती नजर आती हैं, इसलिए वे ऐसी नहीं है कि उनके कारण आसपास का कुछ भी दिखना बंद हो जाए! ...यह अपने सुख-दुख के साथ ही एक-दूसरे के सुख-दुख को महसूस करते हुए

आगे बढ़ना है।

और मजे की बात यह है कि अपने बड़े उपन्यासों की तरह अपने छोटे उपन्यासों में भी रामदरश जी कहीं न कहीं उपस्थित जरूर नजर आ जाते हैं। 'रात का सफर' जो रामदरश जी के छोटे उपन्यासों में मुझे खासकर प्रिय है—को पढ़ना तो सच में ही उनके साथ रेलगाड़ी के डिब्बे में बैठकर यात्रा करना है।...रेल के सफर में रात कैसे उतरती है, आसपास से उझक-उझककर आती प्रकृति कैसे मोहती है, यहाँ तक कि बीच-बीच में चाय पीने, टुकड़ा-टुकड़ा बातचीत और ऊँघने के दृश्य—यह सब बड़ा ही स्वाभाविक है।

दो

'रात का सफर' पिता और पुत्री की साथ-साथ रेलयात्रा है। अपने पति को हमेशा के लिए छोड़कर आ रही ऋतु के पिता राकेश जी हालाँकि मजिस्ट्रेट हैं, पर उनमें रामदरश जी के पितापन को देख पाना कोई मुश्किल नहीं है। इसी तरह 'बीस बरस' के कथानायक दामोदर जी एक प्रतिष्ठित पत्र के संपादक हैं, पर गौर से देखें तो यहाँ भी रामदरश जी मौजूद हैं।...इसका इससे बढ़कर सबूत और क्या हो सकता है कि कथानायक संपादक है, पर अपने उपन्यासों का ही ज्यादा जिक्र करता है। असल में रामदरश जी से रामदरश जी की छवि छूटती ही नहीं। वह 'परकाया-प्रवेश' करते हैं तो फौरन पकड़ में आ जाते हैं।

और रामदरश जी अपने उपन्यासों में हैं या नहीं हैं—और उनमें किस हद तक 'आत्मकथा' है कि नहीं है, यह बात छोड़ भी दें तो इतना तो तय है कि यह जिंदगी जिसमें रामदरश जी एक एक बहुत-बहुत संवेदनशील मगर अदृश्य गाइड की तरह रास्ता दिखाते हुए चल रहे हैं, उनके उपन्यासों को पढ़ते समय हमारे इर्द-गिर्द इस कदर घिर आती है कि कब हम खुद इसी का एक हिस्सा हो जाते हैं, हमें खुद पता ही नहीं चलता।

लिहाजा उपन्यास पढ़ते हुए कभी हम पात्रों के सुख से भीगते हैं और कभी अचानक आँखें भर आती है। रामदरश मिश्र के उपन्यासों को पढ़ने का तरीका भी यही हो सकता है। तटस्थ रहकर आप उन्हें नहीं पढ़ सकते। या कहें कि पढ़ते हुए तटस्थ रह ही नहीं सकते। जीवन के साथ एक गहरी साझेदारी के साथ वे लिखे गए हैं, शायद इसीलिए हमें तुरंत साझीदार भी बना लेते हैं। इन उपन्यासों से निकलकर कोई हाथ, गहरी सहानुभूति और उष्णता से भरा हुआ हाथ हमारे कंधे पर आ पड़ता है, जो समझा देता है, रामदरश जी जो कह रहे हैं, उस पर यकीन करो, उनके शब्दों पर यकीन किए बगैर हम रह ही नहीं सकते।...उपन्यास पढ़ते हुए उनके सुख से सुखी, उनके दुख से दुखी हुए बगैर रह ही नहीं सकते।

इसका एक उदाहरण आपको देता हूँ। यों तो रामदरश जी के उपन्यासों में जिंदगी बहुत है, इसलिए जिंदगी का राग बहुत है। उनके यहाँ जिंदगी खुरदरी और संघर्षशील चाहे जितनी हो, लेकिन राग-मोह और उत्सव-विलास से अँटी पड़ी है। रामदरश जी सीधे बहुत हैं, लेकिन उन्हें महज सीधा लेखक कोई न माने इसलिए बता देना चाहता हूँ कि प्रेम और राग का जितना सूक्ष्म और महीन चित्रण रामदरश जी ने किया है, उतना बहुत कम देखने को मिलेगा। और आज की पीढ़ी तो उससे लगभग कोरी ही समझिए। मैं जानता हूँ कि मैं एक विवादास्पद बात कह रहा हूँ, पर मैं पूरी जिम्मेदारी और तसल्ली के साथ कह रहा हूँ और इस आग्रह के साथ कह रहा हूँ कि अगर आपने रामदरश जी के उपन्यास इस लिहाज से नहीं पढ़े, तो एक बार फिर पढ़ देखिए। अगर मैं ऐसे स्थलों को उद्धृत करने लगूँ तो पन्ने के पन्ने भर जाएँगे और यह पूरा लेख उसी लपेट में आ जाएगा। इसलिए मैं उसे उद्धृत करने से जबरन बच रहा हूँ।

लेकिन हाँ, एक प्रसंग का उल्लेख जरूर करूँगा, 'जल टूटता हुआ' में बदमी और कुंजू का प्रेम। यह प्रेम क्या शै है, यह कहाँ से उठकर कहाँ चला गया है और उसकी जड़ें कहाँ तक फैली हुई हैं, जितना-जितना मैं इस बारे में सोचता हूँ, हैरान होता जाता हूँ। बदमी और कुंजू के ये रागात्मक प्रसंग पढ़कर मन ही मन रामदरश जी को प्रणाम करने की इच्छा होती है। मन ही मन उनकी उस शिखरस्थ कला को प्रणाम करने की इच्छा होती है, जिसे ठीक से कभी समझा ही नहीं गया—ऊपर-ऊपर से स्थूल ढंग से उसकी तारीफ भले ही कर ली गई हो। गद्य में लिखी गई कविता क्या हो सकती है, यह आप बदमी और कुंजू के संवाद पढ़कर जानेंगे। और अन्यथा न लें, तो मुझे कहने दीजिए यह हमारी जिंदगी का सर्वश्रेष्ठ गद्य-गीत है।

मैंने अपने जीवन में सबसे अच्छी जो प्रेम-कविताएँ पढ़ीं, वे भी इसके आगे पोच लगती हैं। लगता है, हम चुप्पे से इस प्रेम-कहानी में घुसकर चुपके-चुपके इसका सारा रस बटोर लें! और आश्चर्य तो यह है कि जिनका प्रेम इस ऊँचे शिखर तक चला गया है, वे बदमी और कुंजू हैं कौन? गाँव के सबसे उपेक्षित लोग। बदमी एक ऐसी स्त्री है जो तमाम पुरुषों के वासना के पंजों में जकड़ी गई है, अभागिन है और कुंजू जो अपनी बाँसुरी के साथ विरहा गाता हुआ, गाँव में सबसे अलग, उपेक्षित और तिरस्कृत है। और रामदरश जी ने उन्हें कहाँ से उठाकर कहाँ तक पहुँचा दिया!

तीन

तो रामदरश जी के साथ यह जो मिथ जुड़ गया है कि वे एक सीधे-सादे लेखक हैं, और इस मिथ के साथ कहीं न कहीं एक व्यंग्य या उपेक्षा की ध्वनि भी रहती है कि

सीधे-सादे हैं मतलब यूँ ही हैं—तो मैं पूरी विनम्रता और पूरी दृढ़ता के साथ यह आग्रह करना चाहता हूँ कि रामदरश जी कम से कम उतने सीधे-सादे लेखक नहीं हैं, जितना उन्हें समझ लिया गया है। उनकी सहजता का यह एक गलत और अति-सरलीकृत अर्थ होगा, अगर कोई उन्हें 'सीधा-सादा लेखक' कहकर उड़ाना चाहे। रामदरश जी अगर सीधे-सादे लेखक हैं भी, तो उसी अर्थ में जैसे प्रेमचंद। और जैसे प्रेमचंद जिंदगी की बारीक से बारीक, सूक्ष्म से सूक्ष्म भंगिमाएँ अपने उपन्यासों में ले आते हैं, ठीक वैसे ही रामदरश जी अपने उपन्यासों में जीवन को लगभग संपूर्णता में दिखा देते हैं और कहीं-कहीं तो इतने महीन-महीन हो जाते हैं कि उनके उस्तादाना फन की दाद दिए बगैर नहीं रहा जा सकता। अपनी हृदय बेधती बाँसुरी की धुन और विरहा गीतों के संग छा जाने वाले कुंजू तिवारी और बदमी का मैंने ऊपर जिक्र किया। 'जल टूटता हुआ' ही में देखें तो ऐसे प्रसंग तमाम हैं, जिनमें जीवन का रस-आनंद, भीतरी आकुलता और उल्लास झर-झर कर बह रहा है। शारदा जैसी अति संवेदनशील लेकिन कुछ-कुछ खिलंदड़ी लड़की और उसको पढ़ाने वाले मास्टर उमाकांत पाठक के प्रेम-प्रसंग में यही अनछुई राग-माधुरी है।

ऐसे ही 'अपने लोग' को देखें तो पगले उमेश की जो डायरी है, वह एक बेशकीमती और नायाब चीज है। उमेश जैसे बहुत-बहुत संवेदनशील और प्रतिभावान युवक के साथ हुआ हादसा हमें बुरी तरह स्तब्ध कर देता है। और उसकी डायरी के वे पन्ने, जिनमें उसका दर्द बहा चलता है, जिनमें उसके असफल प्रेम की गहरी कचोट है और उसके पागल होने के कुछ प्रकट, कुछ अप्रकट कारण भी, उसके आँसुओं से रुँधी हुई सतरों के बीच मौजूद हैं। पगले उमेश की डायरी के ये भीगे हुए करुण पन्ने ही शायद 'अपने लोग' उपन्यास के सबसे कीमती पन्ने हैं, जो बता देते हैं कि उमेश पागल नहीं था। उमेश जैसा आदमी पागल नहीं हो सकता। पागल तो वह दुनिया है जो उसे पागल कहती है और एक मुर्दे की तरह चीजों को देखती है, जबकि उमेश एक जिंदा और चोट खाया हुआ आदमी है। वह एक जिंदा आदमी की तरह चीजों को देखता है, जीता है, टूटता है, हारता है और पागल हो जाता है...!

एक दफा रामदरश जी से एक लंबे इंटरव्यू में मैंने उनसे उनके उपन्यासों की रचना-प्रक्रिया के बारे में पूछा था। अब आप जानते ही हैं, रचना-प्रक्रिया...! यह शब्द अपने आप में ही ऐसा जड़, ऊबाऊ और माफ की कीजिए, 'ठूँठ' किस्म का है कि इसका जवाब भी कोई निहायत ठूँठ किस्म का ही हो सकता था। और रामदरश जी अगर निरे प्राध्यापक ही होते, तो मेरा ख्याल है वो उसी ढंग का जवाब देते भी। मगर रामदरश जी कोरे प्रोफेसर नहीं, एक जिंदा और भरे-पूरे शख्स हैं जिनके भीतर दिल्ली में इतने बरसों से रहते हुए भी गाँव अब भी साँस ले रहा है, तो उनका जवाब एक प्रोफेसर का नहीं, एक गँवई आदमी का जवाब था, लिहाजा उसमें एक उस्तादाना

आब थी। बोले—"मनु जी, मैं पहले से सारी चीजें तय करके कभी नहीं लिखता। सिर्फ जिस चीज के बारे में लिखना है, उसका एक हल्का-सा खाका या तस्वीर मन में रहती है। और फिर होता यह है कि जब लिखने बैठता हूँ तो कहीं से भी जिंदगी में धँस जाता हूँ और फिर जो लोग और स्थितियाँ सामने आती चलती हैं, उनमें रम जाता हूँ और रास्ते खुद-ब-खुद बनते चले जाते हैं।"

'एक साहित्यिक की डायरी' में मुक्तिबोध ने भी इसी रचना-प्रक्रिया जैसी 'पेंचदार' चीज को आम आदमी से जुड़े हुए एक मामूली बिंब के जरिए समझाया था। उन्होंने किसी भी रचना को एक खोज कहा और उनके अनुसार यह ऐसा ही है जैसे कोई शख्स अँधेरे में एक लालटेन लेकर जा रहा हो। लालटेन से जितना वृत्त प्रकाशित हो रहा है, बस, उतना आप जानते हैं। आगे चलने पर कुछ आगे की चीजें भी प्रकाशित होती जाएँगी, और यों आप चलते चलेंगे।

अब आप एक चीज पर गौर कीजिए। मुक्तिबोध रचना-प्रक्रिया जैसी जटिल चीज को अपने तईं अपने देशज बिंब के जरिए जैसा सहज बना लेते हैं, रामदरश जी भी ठीक वही काम कर रहे हैं। और अपने प्रोफेसर को अलग रखकर अपने पूरे गँवई ठाठ के साथ कर रहे हैं। अब आप समझे रामदरश जी के अपन्यासों की शक्ति? वे किसी बुद्धिजीवी की तरह लंबूतरा चेहरा बनाकर दूर-दूर तक अपने एकांत का पसारा करते हुए और उसी में लोट-पोट होते हुए उपन्यास नहीं लिखते। वे एक ऐसे सहज आदमी की तरह उपन्यास लिखते हैं, जो पढ़ाकू कम, एक पारिवारिक आदमी या सामाजिक आदमी ज्यादा है और इतना संवेदनशील है कि समय या उसमें आए हुए बदलावों से हर क्षण आंदोलित होता, रीझता और खीजता रहता है।

चार

ऊपर जो चर्चा हुई, उसमें दो बातें साफ हो जाती हैं। एक तो यह कि रामदरश जी कोई साहित्यिक वादों और फैशनों के लेखक नहीं...कि आज कोई वाद खत्म हुआ और कल कोई और फैशन चल पड़ा, तो आज उसके झंडे लहरा रहे हैं और कल उस वाद के खत्म होते ही उसी झंडे में बाँधकर वे पोथियाँ अलमारी के एक कोने में रख दी गईं—फिर कभी न पढ़ने के लिए। जी नहीं, रामदरश जी ऐसे लेखक नहीं हैं। अगर वे कल थोड़े ढीले-ढाले से लेखक थे तो आज भी हैं और उनके ढीले-ढालेपन में कल अगर उस्तादी की बाँकी छटाएँ नजर आती थीं, तो वैसी ही आज भी नजर आती हैं और जैसे-जैसे समय बीतेगा, उनकी चमक फीकी पड़ने की बजाए और अधिक हमें लुभाएगी।...और जैसे जिंदगी कभी पुरानी नहीं होती, मनुष्य कभी पुराना और बासी नहीं होता, उसका हँसना-रोना-गाना, उसका प्रेम, राग-विराग, उसके भावों

का आलोड़न, यहाँ तक कि गुस्सा और नफरत भी जैसे कभी बासी नहीं होता, वैसे ही रामदरश जी के उपन्यास हैं और वे उसी तरह खुले-खुले और निर्बंध और सहज बहते हुए उपन्यास हैं जैसे खुद जिंदगी। आप उन्हें कैसे बाँधेंगे? किन शब्दों में, किस विशेषण में?

जी नहीं, रामदरश जी को आप इस तरह नही बाँध सकते। और इस तरह नहीं, किसी भी तरह उन्हें नहीं बाँध सकते। किसी खाँचे में, किसी वाद में, किसी छोटे-बड़े विशेषण और फार्म में। यही दीगर बात है कि उन्हें कभी 'आंचलिक' कह दिया गया, कभी 'ग्रामीण संवेदना का लेखक' कहा गया, कभी 'सचेतन' के खाते में डालने की आधी-अधूरी और वाहियात कोशिशें हुईं। मगर नहीं, ये सारी कसरतें फिजूल साबित हुईं। इसलिए कि वे इस सबसे बड़े हैं और तमाम सीमाओं को बार-बार तोड़कर बाहर निकल आते हैं—जैसे जिंदगी, जैसे मनुष्य।

दूसरी बात जो रामदरश जी का कोई भी उपन्यास—यहाँ तक कि उनके किसी भी उपन्यास के कुछ ही पन्ने-पढ़कर समझ में आ जाती है, वह यह कि ये एकांतिक उपन्यास नहीं है। ये कृष्ण बलदेव वैद का 'काला कोलाज' और निर्मल वर्मा का 'एक चिथड़ा सुख' आदि-आदि नहीं हैं, जिनमें या तो कमरे के भीतर कुछ चीजें होती हैं या फिर मन में होती हैं। कुछ गिने-चुने अति सेलेक्टिव लोग होते हैं और दूर-दूर तक इक्का-दुक्का मानवीय उपस्थिति के अलावा एक लंबा, बहुत लंबा उबासियाँ लेता और ऊबता उजाड़। ये विनोदकुमार शुक्ल के उपन्यासों की तरह भी नहीं है, जिनमें जादुई यथार्थवाद के नाम पर या तो यथास्थिति है, या फिर जीवन के 'स्टिल चित्र' जिन्हें गौर से देखो तो वे थोड़े हिलते-डुलते भी नजर आ जाते हैं। मनोहरश्याम जोशी जैसे उत्तर-आधुनिकता के नाम पर 'गू' और 'गूमालिंगवादी' उपन्यास लिखने वालों से भी ये अलग हैं। और ईश्वर का लाख-लाख शुक्र है कि वे अलग हैं और उनमें हमें अपनी जिंदगी और अपने समय की छोटी-बड़ी तकलीफें, छोटे-बड़े सुख-दुख और गरीब और निरुपाय जनता की करुणा नजर आ जाती है।

और शायद यही कारण है कि इस जाती हुई सदी को—उसके अजस्र प्रवाह और उसमें आए आश्चर्यजनक मोड़ और बदलावों को—उसकी तमाम-तमाम शक्लों को जिन बड़े कद के लेखकों के उपन्यासों से समझा जा सकता है, उनमें प्रेमचंद, अमृतलाल नागर, यशपाल, जैनेंद्र, अज्ञेय, इलाचंद्र जोशी, हजारीप्रसाद द्विवेदी, रेणु, देवेंद्र सत्यार्थी, भगवतीचरण वर्मा जैसे बड़े लेखकों के साथ-साथ बेशक रामदरश मिश्र का नाम भी आप ले सकते हैं—बल्कि आपको लेना ही होगा। और यहाँ यह भी दर्ज करना जरूरी है कि समय के साथ-साथ रामदरश मिश्र के उपन्यासों का महत्त्व दिनोदिन बढ़ता गया है और बढ़ता जाएगा।

जाहिर है, ऐसा कहते हुए मैं रामदरश मिश्र के उपन्यासों की सीमाएँ नही भूल रहा हूँ। मसलन रामदरश मिश्र के ही ऐसे कई उपन्यास हैं जो 'पानी के प्राचीर',

'जल टूटता हुआ' और 'अपने लोग' जैसे उनके कालजयी उपन्यासों के आगे बड़े हल्के और फीके लगते हैं। विकास-क्रम के लिहाज से उन्हें ऊपर होना चाहिए था, पर हकीकत यह है कि गाँव की पृष्ठभूमि पर लिखे गए उनके 'बीस बरस' जैसे उपन्यास रामदरश जी के 'जल टूटता हुआ' और 'पानी के प्राचीर' जैसे बड़े—सचमुच बड़े उपन्यासों के आगे कहीं नहीं ठहरते। 'बीस बरस' को पढ़ना ऐसा ही है जैसे बीस साल बाद 'जल टूटता हुआ' का एक और—बदले हुए वक्त के हिसाब से लिखा हुआ 'उपसंहारनुमा' कोई चैप्टर पढ़ रहे हों! या उनके यथार्थवादी उपन्यासों की धारा देखें, 'अपने लोग' जिसका शिखर है—तो इसी धारा में लिखा गया उनका उपन्यास 'बिना दरवाजे का मकान'...'अपने लोग' के साथ-साथ शायद चर्चा के लायक भी न समझा जाए! कहीं-कहीं रामदरश जी के उपन्यासों में भाषा और विन्यास के ढीले-ढालेपन और एक तरह की सुस्ती जैसी दिक्कतें हैं। कभी-कभी लगता है, जैसे थोड़ी मेहनत और की जाती, थोड़ा तराशा जाता या हल्का सा 'टच' किया जाता, तो भाषा में कुछ और चमक और खिलावट आ जाती।...पर रामदरश जी के उपन्यास इतने बड़े और खुले जीवन को भीतर समेटकर चलने वाले और इतने बड़े केनवस पर लिखे उपन्यास हैं कि तमाम-तमाम सीमाओं के बावजूद उनका महत्त्व, बल्कि कहना चाहिए उनका ऐतिहासिक महत्त्व कहीं कम नहीं होता और उनका खुरदरापन और थोड़ी-बहुत चूकें भी उनके कथा-प्रवाह में ढलकर उनकी अपनी खास तरह की शैली—और एक खास तरह की 'अदा' का आभास देने लगती हैं।

सच तो यह है कि अपनी थोड़ी-बहुत न्यूनताओं के बावजूद रामदरश मिश्र के उपन्यास हिंदी उपन्यास का इतिहास रचने वाले उपन्यास हैं—और उनके उपन्यासों के जिक्र के बगैर हिंदी उपन्यासों पर की गई कोई भी चर्चा अधूरी और बेमानी ही कहलाएगी।

और सबसे बढ़कर है रामदरश मिश्र के उपन्यासों की प्रामाणिकता और विश्वसनीयता। आप उनके हर शब्द पर विश्वास कर सकते हैं। उनके अनुभव एकदम सच्चे और खरे हैं। उनमें कोई मिलावट नहीं है। वे 'फेक' अनुभव नहीं हैं और वे किसी किताबी लेखक के अनुभव नहीं हैं जो सिर्फ अपने कमरे में ही चीजों का साक्षात्कार करता है। सच तो यह है कि रामदरश मिश्र के अनुभव जिंदगी की गहरी जद्दोजहद के बीच से निकले हैं और उनका हर शब्द यह भरोसा देता लगता है कि आप उन पर बेहिचक पूरा-पूरा भरोसा कर सकते हैं।

हो सकता है कि इनमें से कुछ उपन्यासों को—या उपन्यास के कुछ स्थलों को रामदरश जी पूरी तरह गहरा न पाए हों! हो सकता है कि कहीं-कहीं पूरी मेहनत न की गई हो और भाषा कहीं-कहीं असमर्थ होकर उनके भावों और विचारों और चिंताओं का बोझ पूरी तरह सँभाल न पा रही हो...पर एक बड़े मानवीय धरातल पर चिंता और चिंतन की एक ऐसी उदात्तता और उच्चाशयता उनमें है कि रामदरश जी के

उपन्यासों को, फिर चाहे उनके छोटे उपन्यास ही क्यों न हों—आप हमेशा जीवन की संपूर्णता को थाहने की कोशिश करते देख पाएँगे। यह एक ऐसा पहलू है जो रामदरश जी के उपन्यासकार को हमारी सदी का एक बड़ा उपन्यासकार साबित करता है।

पाँच

रामदरश जी के पहले उपन्यास 'पानी के प्राचीर' का समर्पण वाक्य है—'युगों से राप्ती नदी के प्रकोप और अपने अभावों के असूझ अंधकार से जीवट के साथ जूझती हुई जनता को!' और राप्ती नदी अपने कोमल और कठोर दोनों रूपों में 'पानी के प्राचीर' के इस छोर से उस छोर तक फैली हुई है। ठीक वैसे ही जैसे वह 'जल टूटता हुआ' के इस छोर से उस छोर तक फैली है—और उपन्यासकार के मन के साथ-साथ पूरे उपन्यास में इस कदर सदेह और साकार होकर बह रही है कि लगता है कि यह कोई नदी नहीं, एक अनंत जल-प्रवाह है जिसकी एक-एक लहर में लोगों, चेहरों और चरित्रों की अनंत हलचलें, दुःख-दर्द, आँसू और सपने समाए हुए हैं। और यह राप्ती नदी रामदरश जी के एक और महत्वाकांक्षी उपन्यास 'अपने लोग' में भी है, जिसकी शुरुआत में ही हमें सूचना मिलती है कि प्रमोद जिस गाड़ी में है वह राप्ती नदी के पुल को धड़ाधड़ पार करती जा रही है...यानी कि गोरखपुर! राप्ती नदी यहाँ भी एक विशाल जल-प्रवाह के रूप में सदेह और मूर्त होती देखी जा सकती है। हालाँकि 'पानी के प्राचीर' और 'जल टूटता हुआ' की तुलना में 'अपने लोग' में उसका आत्मीय परस थोड़ा हल्का है...या नैकट्य की ऊष्मा थोड़ी कम है।

इसकी एक वजह शायद यह हो सकती है कि 'पानी के प्राचीर' और 'जल टूटता हुआ' में हम ग्रामीण जीवन की अधिक सहज और उद्दाम नदी-धारा के बीच बह रहे होते हैं और 'अपने लोग' में इसके बरक्स शहरी जीवन है, शहरी जीवन का नरक है! यह ठीक है कि इस शहरी जीवन पर भी एक कस्बाई अनौपचारिकता और उन्मुक्तता हावी है जो इसे पूरी तरह सड़ने नहीं देती या क्रूर और अत्याचारी नहीं होने देती...पर 'पानी के प्राचीर' और 'जल टूटता हुआ' में जिंदगी के जो सहज छंद हैं, वे यहाँ तक आते-आते कुछ-कुछ भग्न और बाधित जरूर हो जाते हैं। इसी कारण रामदरश जी के शुरुआती दो बड़े उपन्यासों 'पानी के प्राचीर' और 'जल टूटता हुआ' को जिस तरह जन-गंगा के 'नदी-पुराण' या 'आख्यान' कहा जा सकता है, उसी तरह 'अपने लोग' को कहने में कदाचित हल्का संकोच होता है। वहाँ जन हैं, और ठट्ठ के ठट्ठ जन हैं, पर वे 'जन-गंगा' शायद नहीं हो पाते...या होते भी हैं तो वे एक ऐसी गंगा बनते हैं जो काफी मैली और प्रदूषित हो चुकी है। 'आकाश की छत' में दिल्ली की बाढ़ के संदर्भ में गाँव की राप्ती नदी को बार-बार याद किया गया है, पर यहाँ भी 'पानी के प्राचीर' या 'जल टूटता हुआ' जैसी समरसता नहीं है।

आप कहेंगे, तो गाँव ही अब कौन से आदर्श गाँव रह गए हैं! वहाँ क्या झूठ, कपट, अन्याय और अनीति की जाल नहीं हैं?...वहाँ क्या राजनीति की कुचालें नहीं हैं? हैं, लेकिन वहाँ मनुष्य का प्रकृति के साथ साहचर्य ज्यादा मुक्त और खुला है। और यह प्रकृति बहुत कुछ मनुष्य के पापों को प्रक्षालित करती चलती है। 'अपने लोग' जाहिर है, 'पानी के प्राचीर' और 'जल टूटता हुआ' की तुलना में प्रकृति से थोड़ा दूर पड़ जाता है। नदी में यहाँ तक आते-आते काफी गंदगी घुल जाती है। लिहाजा 'अपने लोग' में गोरखपुर के बेतियाहाता मुहल्ले का—और याद रखिए, यह गोरखपुर के सबसे ज्यादा पोश या अतिकुलीन इलाकों में से है—जैसा वर्णन है, या बेतियाहाता की गंदगी जिस तरह बजबजाती हुई सामने आती है, वैसा न 'पानी के प्राचीर' में है और न 'जल टूटता हुआ' में।

छह

'अपने लोग' असल में रामदरश जी के उपन्यासों में यथार्थवादी धारा का प्रतिनिधित्व करता हुआ उपन्यास है और उनके यथार्थवादी उपन्यासों में यह निर्विवाद रूप से सिरमौर है। पर फिर भी अगर हमें यह 'पानी के प्राचीर' और 'जल टूटता हुआ' की ही एक अगली और अधिक यथार्थपरक कड़ी जैसा लगता है, तो इसीलिए कि यहाँ भी राप्ती नदी मौजूद है।...और जहाँ राप्ती नदी मौजूद है, वहाँ रामदरश अपनी सबसे ज्यादा उमंगों और जिंदादिली के साथ मौजूद हैं और उनका उपन्यासकार राप्ती नदी के साथ-साथ उछालें भर रहा होता है। 'अपने लोग' में हालाँकि घृणा और जुगुप्सा पैदा करने वाली स्थितियाँ तमाम हैं, पर वह घृणा ऐसी ही है जैसी अपने लोगों से की जाती है—जिन्हें आप बेहद-बेहद प्यार करते हैं। रघुवीरसहाय की पंक्ति है—उनकी एक बड़ी ही खूबसूरत पंक्ति—"एक मेरी मुश्किल है जनता जिस पर मेरा क्रोध बार-बार निछावर होता है!..." आप अगर इस पंक्ति की एक बहुत ही विस्तृत और सजीव व्याख्या देखना चाहते हैं कि अपने ही क्रोध का अपने ही लोगों पर बार-बार निछावर होना क्या होता है, तो मेरी सलाह यह है कि आप 'अपने लोग' पढ़िए। नफरत और प्यार का ऐसा अजब समीकरण उससे बेहतर शायद कहीं और नहीं मिलेगा—यहाँ तक कि रामदरश जी के शुरुआती उपन्यासों 'पानी के प्राचीर' और 'जल टूटता हुआ' में भी नहीं मिलेगा। वहाँ प्यार का पलड़ा ही कुछ भारी है। नफरत और प्यार का जो कठिन और कुछ-कुछ खतरनाक द्वंद्व 'अपने लोग' में है, वह तो सिर्फ 'अपने लोग' में ही आपको मिल सकता है।

और सच तो यह है कि 'अपने लोग' रामदरश जी का एक ऐसा जबरदस्त उपन्यास है, जिससे आज के उपन्यास के तमाम रास्ते फूटते हैं। रेणु का 'मैला आँचल' एक अच्छा उपन्यास है और हो सकता है कि वह किसी मानी में 'अपने

लोग' से कहीं बेहतर उपन्यास भी हो। पर मैं जोर देकर कहना चाहता हूँ कि 'अपने लोग' जितना समकालीन यथार्थ के निकट है, उतना 'मैला आँचल' नहीं। आज के उपन्यास के तमाम-तमाम रास्ते 'अपने लोग' से फूटते हैं, 'मैला आँचल' से नहीं। ...मेरा यह वाक्य अगर कुछ दुर्विनीत किस्म का लगे तो क्षमा करें। पर जो मैं कह रहा हूँ, पूरी जिम्मेदारी के साथ कह रहा हूँ।

अगर आप मुझसे पूछें कि रामदरश जी के सर्वश्रेष्ठ तीन उपन्यास कौन से हैं? तो मुझे जवाब देने में एक क्षण का भी समय नहीं लगेगा—'पानी के प्राचीर', 'जल टूटता हुआ' और 'अपने लोग'। और अगर फिर इन तीन में से किसी एक का नाम लेने के लिए कहें तो?...यानी रामदरश मिश्र का सर्वश्रेष्ठ उपन्यास कौन-सा है? अब थोड़ा सोचना होगा। 'जल टूटता हुआ' या 'अपने लोग?'...'अपने लोग' या 'जल टूटता हुआ?' थोड़ी के लिए यह सवाल शायद आँख के आगे काँपेगा। अनिश्चय का एक हल्का-सा क्षण। इसलिए कि मैं जानता हूँ दोनों के अपने-अपने तर्क सामने आएँगे....और मैं कभी इधर, कभी उधर चला जाऊँगा। और 'जल टूटता हुआ' की राप्ती नदी ओर जन-गंगा के उद्दाम वेग और महाकाव्यात्मकता के कारण मैं शायद उसे एक अंक अतिरिक्त दे दूँ!...पर थोड़ी देर के लिए पेंडुलम इधर-उधर हिलता ही रहेगा। हर बार जब-जब आप पूछेंगे, वह हिलेगा और फिर मुझे नए सिरे से सोचकर फैसला करना होगा।

लेकिन रामदरश जी के तीन सर्वश्रेष्ठ उपन्यास कौन-से हैं...? अब मुझे एक क्षण के लिए भी नहीं सोचना। 'पानी के प्राचीर', 'जल टूटता हुआ' और 'अपने लोग।'...उत्तर तभी से मेरे होंठों पर है, जब मैंने कुछ समय पहले रामदरश जी के सारे उपन्यास एक साथ पढ़े थे। और कहना न होगा कि ये रामदरश जी के ही नहीं, हिंदी के तीन बड़े और खरे उपन्यास हैं, जिनसे हिंदी उपन्यास का 'संसार' समृद्ध होता है और उसमें बहुत कुछ नया और 'मूल्यवान' जुड़ता है!

सात

रामदरश जी के बाकी उपन्यासों की चर्चा चलने पर, जाहिर है, मैं 'दूसरा घर' को अलगाना चाहूँगा। यह भी रामदरश जी के बड़े और महत्वाकांक्षी उपन्यासों में से है और पढ़ने पर यह मुझे कभी भी बुरा उपन्यास नहीं लगा। रामदरश जी के लंबे गुजरात-प्रवास के अनुभव इसमें बड़े सच्चे और प्रमाणिक तौर पर आए हैं। डॉ. गौतम के रूप में रामदरश जी की एक अत्यंत सौम्य छवि इस उपन्यास में है, जो देर तक याद रह जाने वाली है। उनकी नौकरी की अस्थिरता, कच्ची गृहस्थी और इसके साथ-साथ उनकी साहित्यिक महत्वाकांक्षाएँ, सामाजिक और प्राध्यापकीय आदर्श—और इसके बीच में कहीं पिरोई हुई विस्थापितों की एक अकथनीय पीड़ा, जिससे

डॉ. गौतम के व्यक्तित्व का एक कोना निरंतर भीगा ही रहता है।...

'दूसरा घर' में एक आदर्शवादी प्राध्यापक के रूप में डॉ. गौतम के व्यक्तित्व की उथल-पुथल है, शिक्षा क्षेत्र की गंदगी और घृणित राजनीति है...मगर यह सब होते हुए भी 'दूसरा घर' के केंद्र में है विस्थापितों का दर्द। पूरब से सैकड़ों मील दूर चलकर काम-धंधे और नौकरियों की तलाश में आए हुए लोग! वे आँखों में कुछ चमकते हुए सपने लेकर अहमदाबाद आए हैं, पर जिस गंदगी में उन्हें रहना पड़ता है, जो दर्द और अपमान झेलना पड़ता है...जैसी टूटी-बिखरी जिंदगी उन्हें जीनी पड़ती है, उससे उनके सपने टूक-टूक हो जाते हैं। डॉ. गौतम इस जिंदगी को जीते तो हैं, पर वह इसके सच्चे प्रतिनिधि नहीं हो सकते। इसका सच्चा प्रतिनिधि तो कोई शंकर जैसा सख्तजान, हड़ीला और हिम्मत वाला शख्स ही हो सकता है जो जहाँ भी अन्याय देखता है, वहाँ भिड़ जाता है। सो रामदरश जी ने यह अच्छा किया कि डॉ. गौतम को 'दूसरा घर' का कथानायक नहीं बनाया। डॉ. गौतम 'दूसरा घर' में छाए हुए जरूर हैं, और उनकी सौम्य उपस्थिति एक भले-भले नैतिक दबाव की तरह महसूस होती है। पर उपन्यास के केंद्र में तो शंकर ही है और उसका कुछ-कुछ खुरदरा, लड़ाका व्यक्तित्व ही, जो रोटी-रोटी की तलाश में पूरब से अहमदाबाद पहुँचे विस्थापितों की अंतहीन तकलीफों, संघर्ष और अपमान भरी 'दुर-दुर' की याद दिलाता है। या फिर कमलेश और फेंकू जैसे दर-दर की ठोकरें खाने वाले लोग हैं जो अपने आँसू भीतर ही भीतर पी जाते हैं और अपनी इच्छाओं और सपनों का गला घोंटकर एक बेगानी जिंदगी जी रहे हैं। यह बेगानी जिंदगी की कचोट, यह कदम-कदम पर मिली फब्तियाँ और अपमान ही 'दूसरा घर' के प्रतीकार्थ को खोलते हैं। और बहुत चुपके से तथा बेमालूम ढंग से बता जाते हैं कि हमारा 'घर' में होना या न होना, क्या होता है। और दूसरी जगह आकर जब 'घर' छूट जाता है, तो उसके कैसे-कैसे अर्थ निकलते हैं!

निश्चित रूप से हिंदी में विस्थापितों के दर्द पर लिखे गए कुछ गिन-चुने उपन्यासों में 'दूसरा घर' की चर्चा होगी। पर मैं 'पानी के प्राचीर', 'जल टूटता हुआ' और 'अपने लोग' के बाद ही 'दूसरा घर' पर विचार कर सकता हूँ। मुझे लगता है कि रामदरश जी को जो जुड़ाव राप्ती नदी देती है, वह जुड़ाव अहमदाबाद से उनको हो ही नहीं सकता। इसीलिए 'दूसरा घर' उन्होंने लिखा जरूर है—और अच्छे और सुथरे ढंग से लिखा है, पर उसमें वे उस तरह बसे हुए नहीं हैं जैसे 'जल टूटता हुआ' में। हालाँकि इस उपन्यास में भी उनके अनुभव प्रामाणिक और सच्चे हैं, पर निश्चित रूप से 'दूसरा घर' रामदरश जी का अपना घर नहीं हो पाया। उनके उपन्यासकार का अपना घर तो 'पानी के प्राचीर', 'जल टूटता हुआ' और 'अपने लोग' ही हैं।

कोई यह न समझे कि मैं 'दूसरा घर' की संवेदना और कलात्मक गठाव को कम करके आँक रहा हूँ। इसलिए बता दूँ कि 'दूसरा घर' में तमाम ऐसे विरल और

चकित कर देने वाले अनुभव भरे पड़े हैं, जैसे उनके दूसरे उपन्यासों में शायद दिखाई न पड़ें। मसलन 'दूसरा घर' में कमलेश के कसाई की चाल में जाने और वहाँ के कोने-कुचोने, वहाँ की सड़नभरी बजबजाती गंदगी और वहाँ महमूद चाचा जैसे बड़े दिल वाले, निष्कलुष और भरे-भरे इनसान से मिलने का जो दृश्य है, वह पढ़कर बहुत देर तक मैं आगे बढ़ ही नहीं पाया। ये पन्ने शायद 'दूसरा घर' के सबसे कीमती पन्ने हैं। 'अपने लोग' में भी हालाँकि रामदरश जी ने शहरी यथार्थ तथा काफी पास से देखी हुई गंदगी और कुरूपता का वर्णन किया है। पर कसाई की चाल की गंदगी और गलाजत में धँसकर जैसा वर्णन वे करते हैं और उसमें भी मनुष्य की धवलता और सच्चाई को जैसे उजागर करते चलते हैं, वह रामदरश जी जैसा कोई बड़ा उपन्यासकार ही कर सकता था। इसी तरह की एक गंदी चाल में चंदा और असरफी ज़ैसी गंदी गालियाँ बकने वाली झगड़ालू औरतें भी रहती हैं, मगर आपने 'दूसरा घर' में चंदा और असरफी के झगड़े का पूरा वृत्तांत पढ़ा है? उफ, कैसी-कैसी भाषा वे इस्तेमाल करती हैं एक-दूसरे के खिलाफ। मैं इसे पढ़ते हुए कभी-कभी विकल होता और कभी हँसता रहा हूँ कि अरे, रामदरश जी ने औरतों की यह भाषा कहाँ से सीख ली? और जिस समय सारी दुनिया में तमाशा बनने के बाद, ऐसा लग रहा था कि राजू पहलवान असरफी को मोहल्ले से निकाल देगा, तब देखिए, एक-दूसरे के खिलाफ पोच भाषा इस्तेमाल करने वाली ये झगड़ालू औरतें कैसे एक-दूसरे के गले लग जाती हैं और सारी भीड़ को हिकारत भरी नजर से देखते हुए कहती हैं, "जाओ...जाओ, अपना काम करो!"

और सच्ची कहूँ, चंदा और असरफी का यह मिलन देखकर मुझे राम-भरत मिलन याद आ गया और मेरी आँखें भीग गईं। इसे मेरी भावुकता कह लीजिए, पर नहीं, बगैर बड़ी कलम और बगैर बड़ी कला के यह प्रभाव आ ही नहीं सकता। इसे रामदरश जैसा कोई सच्चा और खरा आदमी ही लिख सकता है। ऐसे ही 'दूसरा घर' में शास्त्री का जो चरित्र है, उसके जरिए शिक्षा की दुकानें खोलने और फैलते चले जाने की महामारी बहुत अच्छी तरह समझ में आ जाती है।

आठ

रामदरश जी के छोटे उपन्यासों में 'रात का सफर', 'बिना दरवाजे का मकान' और 'थकी हुई सुबह' तीन अलग-अलग कोणों से खींचे गए, स्त्री की वेदना के तीन चित्र हैं। इनमें 'रात का सफर' शायद सबसे तीखा उपन्यास है। और सच में यह अँधेरे—घुप-अँधेरे में एक स्त्री का सफर है। एक ऐसी स्त्री का सफर जिसका पति डॉक्टर है, अच्छा कमाता है, सामाजिक तौर से उसमें कोई ऐब भी नजर नहीं आता। इसलिए कि समाज को दिखाने के लिए उसके पास एक सभ्य, चिकना चेहरा है।

लेकिन यही सभ्य, चिकना चेहरा अपनी पत्नी ऋतु के साथ छल कर रहा है—और जो प्यार उसकी पत्नी को मिलना चाहिए, वह उसके नर्सिंग होम की एक नर्स के हिस्से चला जाता है। ऋतु की पति को सुधारने की तमाम कोशिशें डॉक्टर और नर्स को और उद्धत बनाती हैं—और अंत में उसके सामने एक गलीज प्रस्ताव यह आता है कि वह नर्स को भी सहन करे और दोनों डॉक्टर की पत्नी बनकर रहें।

इस 'मर्दवादी' दृष्टिकोण के जवाब में ऋतु का एक चाँटा चटाक से पति के गाल पर पड़ता है, तो वह उसके पति और नर्स को ही नहीं, थोड़ी देर के लिए तो पाठक को भी झनझनाकर रख देता है। इसलिए कि यह सिर्फ एक चाँटा नहीं है, यह एक स्त्री का पुरुष-प्रधान समाज के अत्याचार के खिलाफ पहला विद्रोह है। उपन्यास के शुरू में ही इस चाँटे का जिक्र है और पूरी कहानी 'फ्लैश बैक' में चलती है, पर रामदरश जी की कला का यह जादू ही समझिए, कि यह चाँटा 'चटाक... चटाक...' की शक्ल में पूरे उपन्यास में गूँजता रहता है।

'रात का सफर' की ही तरह 'थकी हुई सुबह' भी एक दुस्साहसी उपन्यास है। पर इसके दुस्साहसी होने का कारण थोड़ा अलग है। भाषा और विन्यास के तौर पर यह एक सीधा सादा उपन्यास है, पर दुस्साहस कहीं है तो इसके पीछे की दृष्टि या 'विजन' में। 'थकी हुई सुबह' की शुरुआत इस सूचना के साथ होती है कि उमा जी गुजर गईं। फिर उमा जी कौन थीं? इस सवाल से होते हुए कथा-नायिका लक्ष्मी की अपनी जिंदगी के पन्ने खुलने लगते हैं। उमा जी रामधन मिश्र की पत्नी थीं। वही रामधन जिन्होंने कथानायिका को उस समय अवलंब और सहारा दिया, जब पति के भाग जाने पर लक्ष्मी पितृगृह में किसी तरह दिन काट रही है। उसके सारे रास्ते बंद हो चुके हैं। फिर आगे की पढ़ाई से लेकर अध्यापिका हो जाने तक का रास्ता खुलता है रामधन मिश्र के सहारे, जो धीरे-धीरे एक शक्तिशाली राजनीतिक शख्सियत में बदलते जा रहे हैं। और इसी बदलाव के क्रम में, समय की एक तेज बाढ़ में उमा जी पीछे छूट गईं और उनकी जगह आ गई लक्ष्मी। उमा जी तड़पती रहती हैं और लक्ष्मी को भी ऐसा तो बिल्कुल नहीं कि अपराध-बोध बिल्कुल न हो, पर यह एक नया यथार्थ है और हाथ में आए सुख को वह छोड़ना नहीं चाहती।

पूरे उपन्यास में लक्ष्मी की दुख-दाह भरी जीवन-यात्रा और तकलीफों के पन्ने फड़फड़ाते रहते हैं। बीच-बीचे में उमा जी की तकलीफ भी आती है और इस तरह 'थकी हुई सुबह' एक साथ दो स्त्रियों के शोषण और तकलीफों की गाथा है। आप कह सकते हैं, यह एक शोषित और असहाय स्त्री द्वारा एक और असहाय स्त्री का शोषण है। एक शोषित द्वारा दूसरे शोषित का शोषण...! इसे किस भाषा में कहा जाए, कहना मुश्किल है। 'थकी हुई सुबह' में रामदरश जी ने एक उपन्यास ही नहीं लिखा, एक बड़ी कठिन 'पहेली' रच दी है—या आप कहिए कि 'चक्रव्यूह' रच दिया है और आलोचना यहाँ असमर्थ और गूँगी है। इसका पाठ लक्ष्मी की तकलीफों के

संदर्भ में किया जाए या मर चुकीं उमा जी के जीवन में आए एक विराट उजाड़ के संदर्भ में? मैं समझता हूँ कि इस उपन्यास के सामान्य और प्रचलित ढंग के पाठ में कुछ न कुछ मुश्किल जरूर आती है। लक्ष्मी के एक मर्मांतक अपराध-बोध के सहारे ही इसे साधा जा सकता था। लक्ष्मी में द्वंद्व है, अपराध-बोध भी, लेकिन वह कुछ-कुछ इसी आख्यान का समर्थन करता-सा लगता है कि उमा जी के साथ जो हुआ, वह अपरिहार्य था। और अपनी मुट्ठी में आए सुख के मामले में न्याय-अन्याय के सवाल बेमानी हो जाते हैं। अगर इस उपन्यास का यह पाठ है, तो भयप्रद है। बहरहाल इसकी चर्चा अब यहीं समाप्त की जाए।

रामदरश जी के एक और छोटे उपन्यास 'बिना दरवाजे का मकान' में घरों में काम करने वाली स्त्री दीपा के माध्यम से आज की महानगरीय जिंदगी के यथार्थ को देखने की कोशिश है। आम तौर से मध्यवर्गीय आँख से निम्न वर्ग के पात्रों को, उनकी करुण और असहाय जिंदगी के उतार-चढ़ाव और हाहाकार को देखा जाता रहा है। पर 'बिना दरवाजे का मकान' में फ्रेम ऑफ रेफरेंस एकाएक बदल गया है। और दीपा जो यह सब देखती और कहती है, एक बहुत मजबूर और असहाय स्त्री है। अपने संपूर्ण स्त्री होने की इच्छाओं के बावजूद, वह असहाय है। इसलिए कि उसका पति बहादुर जो रिक्शा चलाता था, एक सड़क-दुर्घटना में घायल और लाचार होकर घर पर पड़ा है। उसकी रीढ़ की हड्डी अब बेकार हो चुकी है। उसके घाव सड़ने लगे हैं, और उसके लिए जिंदगी में अब कुछ बाकी नहीं बचा है। और अपने पति से बहुत-बहुत प्यार करने वाली दीपा...उसकी जिंदगी? वहाँ भी अब क्या बचा है! एक बिना दरवाजे का मकान ही अब उसकी जिंदगी है, जिस में कभी भी कोई आकर उसे फटकार जाता है। यहाँ तक कि कुत्ते भी टहलते हुए चले आते हैं, जैसे सड़क और 'बिना दरवाजे के मकान' में कोई फर्क ही न हो। पर रामदरश जी का उद्देश्य महज दीपा ओर उसके पति की लाचारी को दर्शाना ही नहीं है। वे कुछ बड़े कारणों तक जाते हैं।...बताते हैं कि वे तमाम-तमाम लोग जो संभ्रांत हैं, वे जो पैसे वाले सभ्य और सुचिक्कण लोग हैं, वे जरा-जरा सी बातों पर दूसरों को लांछित करते हैं, मगर खुद जिनकी मनुष्यता मर गई है, जो इस कदर धन-पशु हैं कि दहेज के लिए अपनी बहुओं को जलाते हैं, उनकी सभ्यता के चोले को उघाड़ने की जरूरत है। और सचमुच दीपा इनके आगे झुकती नहीं, बल्कि मुँहतोड़ जवाब देती है।

'बिना दरवाजे का मकान' में रामदरश जी बगैर किसी नारेबाजी के बहुत हल्के संकेत में यह कह जाते हैं कि समाज में एक हिस्सा जब सड़ रहा होता है, तो दूसरा हिस्सा भी खुशहाल नहीं रह सकता। एक साधनों की कमी से सड़ता है, तो दूसरा अपनी साधन-संपन्नता से दूसरी तरह से सड़ने लगता है। दीपा लाचार है, मगर वह तमाम धन-पशुओं से कहीं बेहतर भी है, क्योंकि वह अपने से बाहर निकलकर देखना, सोचना और जीना भी चाहती है। हाँ, यह ठीक है कि सामाजिक क्रूरता के

इस दौर में दीपा का साहस लगातार छीजता जाता है। ठीक वैसे ही, जैसे एक निराशा और नपुंसक क्रोध बहादुर पर हावी है, और क्रोध से उन्मत्त होकर वह बुदबुदाता नजर आता है कि ये कुत्ते बिना दरवाजे के मकान में जब चाहे घुस चले आते हैं! जाहिर है, कुत्ते सिर्फ कुत्ते ही नहीं हैं। उपन्यास में कुत्ते का जो प्रतीकार्थ है, वह कहीं ज्यादा बड़ा है और एक खौफ की सृष्टि करता है।

नौ

अब रामदरश जी के एक और छोटे उपन्यास—'बीस बरस' की चर्चा करना चाहूँगा। कुछ ही अरसा पहले छपा 'बीस बरस' रामदरश जी के महत्वाकांक्षी उपन्यासों 'पानी के प्राचीर' और 'जल टूटता हुआ' की परंपरा की ही एक कड़ी है। जैसे वह गाँव जो 'जल टूटता हुआ' में छूट गया था, 'बीस बरस' बाद उसका फिर से जायजा लिया जा रहा है। खास बात यह है कि इन बीस बरसों में जो कुछ बदला, उसके प्रति रामदरश जी की दृष्टि बड़ी खुली और स्वस्थ है। यह ठीक है कि गाँव में अब पहले जैसी सरलता, आत्मीयता, राग-रंग और उत्साह नहीं बचा, पहले जैसी परदुखकातरता नहीं बची। त्योहार और शादी-ब्याह के मौके पर पूरे गाँव के एक परिवार होने का बोध नहीं बचा। पर एक अच्छी बात यह है कि पहले की बहुत-सी अशोभन चीजें और जो अंधविश्वास थे, वे अब चले गए। होली में कबीरा गाकर दूसरों की माँ-बहनों को जबानी नंगा करना बंद हो गया। अब गाँव में वंदना जैसी स्त्रियाँ हैं जो विधवा होने पर विवाह करती हैं और खुद को स्त्रियों के उत्पीड़न के खिलाफ लड़ाई में झोंक देती हैं। हरिजन टोले के लोग और स्त्रियाँ अब ज्यादा हिम्मत के साथ खुद पर हो रहे अन्यायों का प्रतिकार करते हैं। लेकिन सबसे बड़ा विकार जो गाँव में आया है और रामदरश जी को सबसे अधिक विचलित करता है, वह है गाँव के नवयुवकों द्वारा शहर की अँधी और भौंडी नकल, आधुनिकता के नाम पर घिनौनी विकृतियाँ। क्या रूप ले रहा है गाँव...? और फिर आत्मीयता के भीतर छिपा छल, मित्रता की आड़ में चापलूसी...और यह सब देखते हुए 'बीस बरस' के कथानायक दामोदर जी छुट्टियाँ बीच में ही खत्म करके दुखी होकर वापस दिल्ली चले जाते हैं।

जाहिर है, बहुत भारी मन से लिखा है रामदरश जी ने यह उपन्यास। उसके कुछ प्रसंग, खासकर होली-प्रसंग या बचपन के मित्रों की स्मृतियाँ भीतर तक भिगो जाती हैं। वहाँ अंगद भाई जैसे दमदार लोग भी हैं, जिससे आज भी गाँव जीने लायक लगता है। पर शायद 'बीस बरस' के विन्यास में ही कुछ कमी है कि रामदरश जी इसमें बहुत अधिक रम नहीं पाए। बहुत-से स्थल जहाँ स्मृतियों में कुछ गहरे जाने का उन्हें मौका मिल सकता था, सपाट कथनों के बीच खत्म हो जाते हैं। इसी तरह दामोदर जी यों तो एक बड़े पत्र के संपादक है, पर उनका संपादक वाला रूप ज्यादा

जँचा नहीं। रामदरश जी उसे बहुत विश्वसनीय नहीं बना पाए। तो भी 'बीस बरस' में ऐसा बहुत-कुछ है जो रामदरश जी का इतने निकट से देखा और भोगा हुआ है कि हम उससे अनछुए रह ही नहीं सकते।

दस

और अंत में...

रामदरश जी जीवन के...जीवन की संपूर्णता के कवि, कथाकार और उपन्यासकार हैं। वे एक ऐसे लेखक हैं जो जीवन से कम किसी भी चीज के लिए राजी हो ही नहीं सकते। इस मामले में कोई भी वाद, कोई एक विचार, या कोई सामाजिक, राजनीतिक बाड़ा उनके लिए छोटा, बहुत छोटा साबित होगा। और ऐसे ही मनुष्य...! यह मनुष्य ही उनके लिए साहित्य, कला आदि-आदि सारी चीजों के लिए कसौटी है। वे चाहे प्रकृति की सुरम्य लीला-भूमि में हों, गाँव में हों या उससे मीलों दूर दिल्ली में, उनकी तलाश मनुष्य की होती है। वे मनुष्य को देख लेना चाहते हैं, मनुष्य को छूना चाहते हैं। और गाँव उन्हें कुछ खास इसलिए प्रिय है, या दिल्ली के होते हुए भी आज भी वे गाँव में इसलिए हैं कि तमाम मैल और बिगाड़ों के बावजूद मनुष्यता के सबसे सच्चे और धवल रूप अब भी गाँवों में ही हैं। कोई कह सकता है 'बीस बरस' तो गाँव से उनके मोहभंग का उपन्यास है, फिर भी आप ऐसा कह रहे हैं? तो इसका जवाब यह होगा कि 'बीस बरस' में दामोदर जी के गाँव से शहर चले आने का यह मतलब नहीं है कि 'गाँव अब कोई संभावना नहीं है।' यह शहरों की कुछ-कुछ अंधी नकल में पड़ चुके गाँवों के प्रति अपनी तीखी चिंता को दर्शाने का उनका एक ढंग भी है। वरना न गाँव रामदरश जी से छूटा था और न रामदरश जी उससे छूट पाएँगे।

रामदरश जी के कवि और उपन्यासकार रूप, दोनों ही मुझे प्रिय हैं। और कई बार तो मुझे यह लगता है कि रामदरश जी बड़े उपन्यासकार इसलिए हैं क्योंकि वे बड़े कवि हैं। अगर वे बड़े कवि न होते तो वे बड़े उपन्यासकार भी न होते। मैंने उन्हें पहले कवि रूप में ही जाना, पढ़ा और अभिभूत हुआ। उनके उपन्यासकार रूप से परिचय बाद में हुआ। खुद भी यह पूछने पर कि वे मूलतः कवि हैं या उपन्यासकार, उनका जवाब अकसर मुझे मिला है—"मनु जी, मूलतः तो मैं कवि ही हूँ।"...पर अगर रामदरश जी के कवि और रामदरश जी के उपन्यासकार में से एक को चुनने के लिए कहा जाए तो मेरा जवाब क्या होगा?...मुझे उपन्यासकार रामदरश जितने बड़े लगते हैं, उतने बड़े कवि नहीं—यह जवाब देने में भी मुझे पलांश का भी समय नहीं लगेगा। और अगर आप मुझसे यह पूछें कि रामदरश जी इतने बड़े उपन्यासकार आपकी नजर में क्यों है, तो इसका जवाब, जानते हैं, क्या होगा? मेरा

जवाब होगा रामदरश जी बड़े कवि हैं, इसलिए इतने बड़े उपन्यासकार हैं...!!

अब आप देखिए, यह क्या चक्करघानी है—यह कैसी पहेली है! मैं जब-जब इसे हल करने की कोशिश करता हूँ, थोड़ा और उलझ जाता हूँ। शायद यह भी रामदरश जी का बड़प्पन या उनके लेखक का बड़ा होना हो। शायद हर बड़ा लेखक ऐसा ही सीधा और ऐसा ही जटिल होता है, जैसे रामदरश मिश्र! मगर इसी कारण उनका साहित्य हर क्षण, मूल्यांकन के लिए ललकारता भी है।

ग्राम-विमर्श

गाँव के बदले हुए यथार्थ और जमीनी सच्चाइयों का बयान

एक

रामदरश मिश्र हिंदी के उन शीर्ष उपन्यासकारों में से हैं, जिनके उपन्यासों से हिंदी के उपन्यास-साहित्य को न सिर्फ शक्ति, बल्कि एक अलग किस्म की दृढ़ पहचान भी मिली है। ऐसे वक्त में जबकि उपन्यास में विदेशी मलबा या कुछ 'उधार का माल' हड़पकर जस-तस इमारत खड़ी कर लेने की हड़बड़ी चतुर्दिक दिखाई देती है, रामदरश जी के उपन्यासों का महत्त्व इसलिए और भी बढ़ जाता है कि वे पूरी तरह से भारतीय उपन्यास—भारतीय समय के अपने अंतर्द्वंद्वों और आत्मसंघषों के उपन्यास हैं और उनमें एक तेजी से टूटते और बनते हुए समाज की आहटें और नक्शें साफ देखे जा सकते हैं। यह आकस्मिक नहीं कि ऐसे तमाम लेखकों की फौज जो अपने उपन्यासों में महज कुछ चौंकाने वाले करतबों या सेक्स के गलीज, गर्हित प्रसंगों और चटकारेदार बयानों के कारण चर्चा में रहने और पाठकों के ध्यानाकर्षण में जुटी है, हमारे देखते ही देखते पाठकीय स्मृतियों से खारिज भी होती जा रही है। जबकि रामदरश जी के सीधे-सादे लेकिन जीवन के रस और अनुभवों से ऊभ-चूभ उपन्यासों का महत्त्व बढ़ा है। वे बार-बार पढ़े जाने के लिए मानो पुकारते भी हैं। और उनमें इतना जीवन और जीवंतता है कि उस पुकार को अनसुनी करना हमारे बस की बात नहीं रह जाती।

रामदरश जी के अब तक प्रकाशित ग्यारह उपन्यासों में 'पानी के प्राचीर', 'जल टूटता हुआ' और 'अपने लोग' निस्संदेह 'बड़े' उपन्यास हैं—और वे सिर्फ काया से ही बड़े उपन्यास नहीं हैं, उनमें मौजूद जीवन और जीवनानुभावों की विराट उथल-पुथल के लिहाज से भी वे बड़े उपन्यास हैं। इसलिए यह कोई हैरानी की बात

नहीं कि रामदरश जी के इन तीन उपन्यासों ने बहुत ख्याति अर्जित की है, बल्कि सच तो यह है कि इनकी चर्चा के बगैर हिंदी उपन्यास की चर्चा पूरी नहीं होती।

लेकिन इन बड़े उपन्यासों की अति ख्याति का एक खमियाजा भी रामदरश जी को भुगतना पड़ा—और वह यह कि उनके बाकी उपन्यास कुछ पीछे छूट गए और जिस चर्चा, व्याख्या और आलोचना के वे हकदार थे, वह उनको नहीं मिली। इनमें रामदरश जी के लंबे गुजरात-प्रवास के अनुभवों पर लिखा गया 'दूसरा घर' तो यूँ भी एक बड़ा और समृद्ध उपन्यास ही है। उनके साथ छोटे उपन्यासों में 'आदिम राग', 'सूखता हुआ तालाब', 'रात का सफर', 'आकाश की छत', 'बिना दरवाजे का मकान', 'थकी हुई सुबह' और 'बीस बरस' को शामिल किया जा सकता है। हालाँकि इन सभी उपन्यासों के अपने अलग-अलग रंग हैं और इनकी गंभीर चर्चा के बगैर रामदरश जी की उपन्यास-यात्रा की समालोचना पूरी नहीं होती। पर ज्यादातर आलोचकों ने संभवतः उनके बड़े उपन्यासों से आक्रांत होकर इन छोटे उपन्यासों को नजरअंदाज करना ही सुविधाजनक समझाा। मजे की बात यह है कि जो अपराध आलोचकों ने किया, उसकी काफी हद तक प्रतिपूर्ति पाठकों ने कर दी—और रामदरश जी की बाकी रचनाओं की तरह इन छोटे उपन्यासों पर भी उन्हें पाठकों की ढेरों प्रतिक्रियाएँ मिली। इन उपन्यासों की अंतर्हित शक्ति, रागात्मकता, प्रकृति की रस-रंग-झाँकी तथा उन विशेषताओं और रचनात्मक दबावों को, जिनके तहत ये लिखे गए, आलोचकों से बेहतर पाठकों ने समझा। यह हमारी अपढ़ और लगभग अप्रासंगिक हो चुकी आलोचना पर एक मुकम्मल टिप्पणी भी है।

यहाँ रामदरश जी के सभी छोटे उपन्यासों और उनकी उन विशेषताओं, जिनके कारण उनकी मार्मिकता कहीं-कहीं तो उनके ज्यादा लोकप्रिय और बड़े उपन्यासों को भी मात कर जाती है—की चर्चा का अवकाश नहीं है। हाँ, उनके ताजा उपन्यास 'बीस बरस' की चर्चा के जरिए यह दिखाया जा सकता है कि रामदरश जी अपने छोटे उपन्यासों में क्या काम कर रहे हैं। और वे किस लिहाज से इतने महत्वपूर्ण हैं।

दो

'बीस बरस' की एक खासियत यह है कि यह पूरी तरह गाँव की जमीन पर लिखा गया उपन्यास है। और यह गाँव पूरी तरह वह गाँव नहीं है, जो 'पानी के प्राचीर' और 'जल टूटता हुआ' के बाद उनसे छूट गया था। यह काफी हद तक एक बदला हुआ गाँव है। और कहीं-कहीं तो यह इस कदर बदल गया है कि उस बदले हुए गाँव के यथार्थ का सामना करने में उपन्यास के कथानायक दामोदर जी को, जो बीस बरस बाद अपने गाँव लौटे हैं, बेहद मुश्किलों तथा कशमकश से गुजरना पड़ता है। आखिरकार इन अनपेक्षित अनुभवों की एक लंबी शृंखला से गुजरकर वे खुद को इस

कदर असहज और आहत—किसी कदर अपमानित भी—पाते हैं कि अपनी छुट्टियाँ बीच में ही काटकर वापस दिल्ली लौटने का फैसला कर लेते हैं। जाहिर है, दामोदर जी जो दिल्ली के एक बड़े पत्र 'नवज्योति' के प्रधान संपादक हैं, वे दिल्ली को कोई बड़ा आदर्श नगर नहीं मानते। दिल्ली की बदसूरती और रूखेपन, हृदयहीन कंक्रीटी सच्चाइयों, स्वार्थ और हिंसा से वे बेगाने नहीं हैं। शायद इसी कारण बरसों तक दिल्ली में रहकर भी वे कभी दिल्ली के नहीं हुए और लगातार मन से गाँव में ही रहते हुए, गाँव में साँस लेते रहे। पर बरसों बाद अपने ही गाँव में आने के बाद उन्हें लगा कि यह तो वह गाँव नहीं है, जिसके लिए वे इतना बरसते और तड़पते थे। और दिल्ली में रहते हुए भी सच मानी में तो वे अपने गाँव में ही रहते थे। गाँव के इस बदले हुए यथार्थ का साक्षात्कार गाँव की उस 'इमेज' को लगभग ध्वस्त कर देता है, जिसे वे अब तक अपने साथ-साथ लिए फिरते थे। यहाँ तक कि विदेशों में थे तो भी उनका गाँव ही उनके साथ-साथ चलता था। अब अपने गाँव में आए तो वही गाँव छूट गया, बेगाना हो गया-सा लगता है।

यह अंदाजा लगा पाना मुश्किल नहीं है कि यह आघात दामोदर जी जैसे व्यक्ति के लिए कितना मुश्किल रहा होगा जो गाँव की मिट्टी में ही पैदा हुए और उसी में खेल-खेलकर आज यहाँ तक पहुँचे हैं। उम्र के आखिरी चरण तक गाँव एक क्षण के लिए भी उनसे अलग नहीं हुआ था। दामोदर जी एक-एक क्षण गाँव की पुरानी स्मृतियों, मित्रों, परिँवेश, वहाँ के रीति-रिवाजों, लोकगीतों, लोकनृत्यों और हुमचती फसलों की गंध से सीझी हवाओं को मन में पालते-पलोसते रहे थे। वहाँ की सरलता और सहजता उन्हें लुभाती थी, मगर अपने गाँव में आकर पहला अहसास उन्हें यह हुआ कि वे अपने गाँव में नहीं, कहीं और आ गए हैं। 'बीस बरस' में सबसे ज्यादा इसी आघात क़ी गुम चोट नजर आती है, जो कहीं-कहीं तो करुण आर्तनाद का भी रूप ले लेती है।

ऐसा नहीं कि 'पानी के प्राचीर' और 'जल टूटता हुआ' के बाद गाँव रामदरश जी से एकदम छूट गया हो। उनके शहराती जीवन पर लिखे गए उपन्यासों में भी गाँव है और वह उनकी स्मृति और अनुभव-खंडों के रूप में लगातार आता रहता है और शहर की एकरसता के बीच बार-बार एक आनंदपूर्ण और सार्थक हस्तक्षेप करता है। 'दूसरा घर' में पूरब से गुजरात में आए 'भैयाओं' के चरित्र और विपदाओं के वृत्तांत में गाँव है, 'अपने लोग' में गोरखपुर के कस्बाई जीवन के बीच भी गाँव की अपनी एक अलग धज है। 'आकाश की छत' में शहर की अंधी और बेरहम बाढ़ के बीच भी गाँव की बाढ़ की तमाम स्मृतियों क़े रूप में गाँव मौजूद है। और अपने बाकी उपन्यासों में भी दिल्ली शहर में जो दूसरी तमाम छोटी-छोटी, कच्ची, अधपकी और कहीं ज्यादा मानवीय दिल्लियाँ हैं—रामदरश जी चुपके से उनके साथ हो लेते हैं और अपना गाँव वहाँ उन्हें किसी न किसी रूप में मिल जाता है। लेकिन 'बीस

बरस' में सच ही वे एक लंबे अंतराल के बाद गाँव लौटे हैं और पूरी तरह एकात्मवाची होकर गाँव को जीते हैं।

जाहिर है, 'बीस बरस' की मुख्य थीम बीस बरस बाद अपने गाँव से मिलना है और उसके बदले हुए यथार्थ से रू-ब-रू होना है। अपनी इस ग्राम-यात्रा में कस्बे से अपने भतीजे मंजुल की मोटरसाइकिल पर बैठकर गाँव की ओर जाते हुए सबसे पहले रामदरश जी का सामना इस यथार्थ से होता है कि गाँव जाने वाली कच्ची सड़क अब कच्ची नहीं रह गई, उस पर खड़ंजा बिछ गया है। वह खड़ंजा इतना अधिक असुविधाजनक है और उस पर साइकिल, मोटरसाइकिल और बैलगाड़ियों को इतने धचके खाते हुए गुजरना पड़ता है कि कभी-कभी तो लगता है, इससे तो कच्चा रास्ता ही ज्यादा अच्छा था। हालाँकि गाँव के लोग आजादी के पचास साल बाद भी इंतजार कर रहे हैं कि इस खड़ंजे पर कभी न कभी तो पक्की सड़क बन ही जाएगी और उनके कष्टों का अंत होगा।

यों गाँव के बाहरी हालात चाहे जो भी हों, पर जहाँ तक व्यक्तिगत समृद्धि की बात है, वह गाँव में आ रही है और खूब आ रही है। अधिकांश घर पक्के हैं। फसलें अच्छी होती हैं, पहले जैसी भयानक बाढ़ें अब कम आती हैं। और उस नाले को जिसमें से बाढ़ का पानी आकर गाँव भर में तबाही मचा देता था, काफी कुछ नियंत्रित कर लिया गया है। गाँव में कमजोर वर्गों, खासकर चर्मकार लोगों और हरिजनों की हालत समृद्ध लोगों की तुलना में काफी बुरी ही कही जाएगी। लेकिन इतना भी तय है कि तथाकथित नीची जातियों के लोग अब पहले की तरह दयनीय नहीं रहे। वे सिर उठाकर जीना चाहते हैं। अपने साथ सम्मानजनक व्यवहार की अपेक्षा करते हैं और सम्मानजनक मजदूरी मिलने पर ही दूसरों के खेतों में काम करने को तैयार होते हैं। और इसमें भी कोई शक नहीं कि गुजरे बरसों की तुलना में कमजोर वर्गों की माली हालत में काफी सुधार आया है। सबसे बड़ी बात तो यह है कि उनके बच्चे अब स्कूलों में पढ़ते और पढ़-लिखकर नौकरी करने लगे हैं। इस चीज से, जाहिर है, उनमें आत्मसम्मान का भाव भी आया है। लेकिन यह एक विडंबना ही है कि समृद्ध वर्ग के लोग कमजोर वर्गों के उठान को अभी अच्छी नजर से नहीं देख पाए। वे उन्हें अपमानित करने और उनकी हैसियत बताने के तरीके खोजते ही रहते हैं। और यूँ गाँव में समृद्धि से जो खुशी आनी चाहिए थी, उसके बजाए तनातनी ही कहीं ज्यादा दिखाई पड़ती है।

तीन

'बीस बरस' में सुखदेव मास्टर के चरित्र के जरिए रामदरश जी हरिजनों की हालत और सामाजिक स्थिति के बारे में काफी कुछ खोलकर सामने रख देते हैं। मजे की

बात यह है कि खुद कथानायक दामोदर जी का भतीजा मंजुल इन सीधे-सादे, खरे और स्वाभिमानी सुखदेव मास्टर को पसंद नहीं करता और उनके बारे में कुछ बुरी टिप्पणियाँ ही करता है। दूसरी ओर दामोदर जी अनुभूति के एक हल्के स्पर्श से ही इस ईमानदार और मेहनती आदमी के बड़प्पन को सामने ले आते हैं। फिर सुखदेव मास्टर की भानजी पवित्रा जो पढ़-लिखकर मास्टरनी बन गई है और अपनी आगे की पढ़ाई भी करना चाहती है, आगे आने वाले समय और नई खुलती दिशाओं के बारे में काफी कुछ संकेत कर जाती है।

जो भी हो, यह अच्छा ही है कि रामदरश जी गाँव की समृद्धि के ऊपरी चाकचिक्य में ज्यादा नहीं उलझते। और उसके भीतर जो जीवन की कठोर सच्चाइयाँ हैं, उन पर निरंतर आँख गड़ाए रखते हैं। वे सुख-सुविधाओं के घटाटोप, बड़बोलेपन और झूठे अहंकार के भीतर नजर आती मानवीय गरिमा की कमी या अहसास की जो दरिद्रता है, उसे टोहकर लाते है। वे स्कूल के उन पैंट-कोटधारी मास्टरों की ओर देखते हैं, जिनका ध्यान बच्चों की पढ़ाई से ज्यादा गपशप और आपसी राजनीति में है। वे उन पुराने मित्रों को देखते हैं, जो स्वार्थवश ही उनसे मिलते हैं और बेगानेपन से तने-तने से रहते हैं। वे युवा पीढ़ी और पुरानी पीढ़ी के बीच बढ़ रही दूरी और विसंवाद पर नजर रखते हैं जिसके कारण बूढ़ा हो जाना या रिटायर्ड हो जाना अब एक हिकारत की चीज बन गया है। वे युवा वर्ग के उस खोखले चरित्र पर भी नजर डालते हैं, जो अब किसी का सम्मान नहीं करता, लेकिन स्वार्थ पड़ने पर किसी के भी पैरों पर गिर सकता है। वे मीठी-मीठी बातें करने वाले उन चालाक-चतुर लोगों पर भी नजर डालते हैं, जो आते ही भरपूर आत्मीयता प्रकट करते हैं। पर अगली ही साँस में गाँव में चार दिन रहने के लिए आए व्यक्ति से कर्जा माँगने में भी उन्हें शर्म नहीं आती। यानी रामदरश जी की लेखनी यहाँ पूरी तरह सतर्क और चौकस है। इस मामले में वे किसी 'सुनहले भ्रम' में पड़ने वाले लेखक नहीं है और जिन्हें यह लगता है कि वे किसी नॉस्टेल्जिया के प्रभाव में हैं या कि वे गाँव को सिर्फ भावुक आँख से ही देख पाते हैं, उन्हें अपनी गलती सुधार लेनी चाहिए।

चार

फागुन रामदरश जी की सर्वाधिक प्रिय ऋतु है, जिस पर उन्होंने कई बढ़िया कविताएँ लिखी हैं। उनके ललित निबंधों में भी बार-बार फागुन आता है और उनका मन फागुन की गाँव की स्मृतियों में भीग जाता है या फिर गाँव जाने के लिए मचल उठता है। यह आकस्मिक नहीं कि इस उपन्यास की शुरुआत भी फागुन से ही होती हैं। दामोदर जी पंद्रह दिन की छुट्टियाँ गाँव में गुजारने और फिर से गाँव को जीने के इरादे से गाँव में आए हैं। साथ ही एक उद्देश्य और भी है। चूँकि कथानायक दामोदर

जी दिल्ली के एक बड़े पत्र 'नवज्योति' के संपादक भी हैं, इसलिए गाँव जाने का एक छोटा-सा बहाना वे अपने तईं और ढूँढ़ लेते है कि अपने गाँव जाकर वे यह हकीकत भी जान लेना चाहते हैं कि जिस सरकारी 'जवाहर योजना' का बहुत ढिंढोरा पीटा जा रहा है, भला वह गरीबों तक पहुँची भी है या नहीं? और अगर पहुँची है, तो उसका गाँव वालों की जिंदगी, उनकी हालत और दैनंदिन जीवन-चर्चा पर क्या असर पड़ा है? लेकिन यह उद्देश्य, लगता है, गौण ही है ओर उपन्यास में इसका कहीं एकाध जगह भूले-भटके ही जिक्र आया है। तो दामोदर जी का मुख्य उद्देश्य तो गाँव में जाना—छूटे हुए गाँव और छूटे हुए दिनों को फिर से महसूस करना और गाँव के रस-आनंद में ऊभ-चूभ होकर जीना है।

अपने गाँव में लौटकर दामोदर जी को पहला अनुभव तो यही होता है कि गाँव में जो प्रेम और आत्मीयता का सोता निरंतर बहता था, वह अब सूख गया है। लोग एक-दूसरे से कट गए हैं और कोई किसी के सुख-दुख में काम नहीं आता। इसकी बजाए शहर की विकृतियों, पैसे की दौड़ और राजनीति के अपने खेल चल रहे हैं जो अब गाँव में हर जगह देखे जा सकते हैं। यही वजह है कि होली जैसा रसवंत त्योहार फीका-फीका बीत जाता है। न पहले जैसा गाना बजाना है, न रस-रंग-उल्लास और साथ-साथ भीगने और छेड़छाड़ का आनंद। यहाँ तक कि जिसके घर के आगे सम्मत गाड़ी जाती है, वह उसे इसलिए उखाड़कर फेंक देता है कि होली जलने पर उसके खेत-खलिहान को नुकसान हो सकता है। पहले गाँव में अगर बाहर का कोई आदमी या किसी का मेहमान-रिश्तेदार आता था, तो सारे गाँव को खबर लग जाती थी और सब दौड़-दौड़कर उससे मिल लेना चाहते थे। अब तो हालत यह है कि दामोदर जी जैसा प्रतिष्ठित पत्रकार आता है, तो भी गाँव में कोई खास उत्साह नहीं है। अंगद भाई को छोड़ दें तो कोई पहले की तरह ललककर मिलने नहीं आता। यहाँ तक कि दामोदर जी के बालमित्र काशीनाथ भी फागुन के पर्व पर अपने मित्र से मिलने नहीं आते। तो भी मंगली जैसी कोई एकाध लड़की है, जो चुपके से घेर-घारकर रंग डाल जाती है। और यूँ होली की छेड़छाड़ की किलक से फागुन को नीरस होने से बचा लेती है।

दामोदर जी को लगता है कि गाँव के इस बदले हुए फागुन में कुछ अच्छी चीजें भी हैं। मसलन अश्लील कबीरा गाने की प्रथा अब खत्म हो गई है। एक-दूसरे की बहन-बेटियों को मौखिक रूप से नंगा करके मजा लेने की परिपाटी के खत्म होने से दामोदर जी काफी संतोष महसूस करते हैं। इसलिए कि वे बचपन से कभी भी इस अश्लीलता के पक्षधर नहीं रहे। लेकिन वे सोचते हैं कि फागुन में गाना-बजाना और एक-दूसरे से मिलने-मिलाने का उत्साह और रंग-उल्लास ही खत्म हो जाए, तो इसे क्या दुर्घटना नहीं कहेंगे? बाहरी दुनिया के हादसों से भीतरी हादसे कुछ कम तो नहीं होते। 'बीस बरस' में दामोदर जी के ब्याज से रामदरश जी न सिर्फ इन

हादसों से गुजरते हैं, बल्कि अपने पाठकों को भी उनके रूबरू खड़ा कर देते हैं।

अलबत्ता 'बीस बरस' के कथानायक दामोदर जी अभी फागुन की इस नीरस हो चुकी लीला के बारे में सोच ही रहे थे कि एक-एक कर बदले हुए गाँव के और चित्र उनकी आँख के आगे आने लगे। उन्हें मालूम पड़ता है कि गाँव में शराब का एक ठेका खुल गया है और माधो-साधो जैसे तमाम बिगड़े युवक नशे में धुत्त होकर गाँव की किसी भी लड़की को छेड़ने या पकड़कर बलात्कार करने का साहस करने लगे है। बलदेव की पत्नी अपने पति और सास के अत्याचारों को सहते-सहते जब आखिर प्रतिरोध करने लगती है, तो उसे मिट्टी का तेल छिड़ककर जला दिया जाता है। और फिर गाँव वालों और थानेदार के आगे इसे एक दुर्घटना का रूप दे दिया जाता है। सुमेर बाबा की पतोहू और उसकी संतान की प्रसव-काल में इसलिए मृत्यु हो जाती है कि नर्स वहाँ आने में लापरवाही करती है और दवाएँ जो कि गरीब लोगों के काम आनी चाहिए, चोरी-छिपे दुकानों पर बेच दी जाती हैं।

लेकिन अच्छी बात यह है कि इस तरह की घटनाओं और हादसों को सिर झुकाकर सह लेने की बजाए, सामना करने की प्रतिरोधक शक्ति भी गाँव में अब नजर आ रही है और इस नई चेतना की सबसे सशक्त प्रतीक वंदना जी हैं। हालाँकि जब वे इस गाँव में शिवरामा की पत्नी बनकर आई थीं, तो इस पढ़ी-लिखी और आधुनिका पत्नी को गाँव भर की ओर से दुत्कार सहना पड़ा था। सबसे ज्यादा नाक-भौं तो गाँव की औरतों ने ही चढ़ाई थी, जिन्हें लगा था कि यह स्त्री कोई बुरे चरित्र वाली है। फिर शिवरामा की मृत्यु के बाद जब उसने लोकनिंदा और प्रवाद से तंग आकर अपने भोले-भाले और अति सरल देवर भजुरामा के चोटिल शरीर से बहते रक्त में उँगली डुबोकर अपनी माँग भर ली, तब तो उसके खिलाफ पूरे गाँव में ही न जाने क्या-क्या बातें कही जाने लगीं। मगर यह वंदना ही है जो झुकी नहीं और अपने रास्ते पर बढ़ती रही और अब उसके सहारे गाँव की औरतें भी खड़े होना सीख रही हैं। वही अकेली भाग-दौड़ करके बलदेव और उसकी माँ के खिलाफ बहू को मार देने का मुकदमा लड़ रही है, ताकि इनसानियत के दुश्मनों को सबक सिखाया जा सके। वही सुमेर बाबा की पतोहू के प्रसव के समय दामोदर जी को साथ लेकर जाती है और नर्स से झगड़कर उसे गाँव आने के लिए मजबूर करती है। हालाँकि नर्स की लापरवाही के कारण न प्रसूता को बचाया जा सका, और न उसके बच्चे को।

जाहिर है, वंदना जी जैसी गाँव में नई चेतना लाने वाली प्रतिरोधक शक्तियों को अभी ज्यादा सफलता नहीं मिल पाई। पर उनकी अकेली आवाज गाँव भर में सुनी जाती है और गाँव की औरतें उन्हें सम्मान के साथ और अपनी त्राणकर्ता के रूप में देखने लगी हैं। यह कोई छोटा परिवर्तन नहीं है।

पाँच

'बीस बरस' को स्वयं रामदरश जी ने 'रिपोर्ताजात्मक उपन्यास' कहा है और इसमें किसी सुविन्यस्त कथा-सूत्र और पात्रों के मुकम्मल चरित्र ढूँढ़ना ज्यादती है। पर फिर भी इसमें पात्र बीच-बीच में आते हैं, जाते हैं और अपनी अच्छी-बुरी छाप छोड़कर जाते हैं। देखा जाए तो गाँव का मौजूदा चेहरा इन्हीं पात्रों का मिला-जुला चेहरा—या चेहरों और स्थितियों का कोलाज है।

इन पात्रों में सबसे ज्यादा प्रभावित करते हैं अंगद भाई और जियावन बाबा। और लगता है कि 'बीस बरस' में ये न होते तो इस उपन्यास का रस और जीवंतता काफी कम हो गई होती। जियावन बाबा कभी नामी पहलवान रहे थे और अब काफी जर्जर और बूढ़े हो चुके हैं। पर अब भी उनमें इतनी मस्ती और जिंदादिली बची है कि पूरे गाँव में आनंद की फुहारें छोड़ सकें। उनका दिल बड़ा है और कथानायक दामोदर जी को लगता है कि शायद गाँव में सबसे ज्यादा शिद्दत से उन्हें याद करने और उनकी प्रतीक्षा करने वाले शख्स जियावन बाबा ही हैं। यह शिद्दत से चाहना ही गाँव को गाँव बनाता है। और इसी से गाँव से बाहर गए आदमी में बार-बार गाँव लौटने की बेसब्री भरती जाती है।

ऐसे ही अंगद भाई बड़े जुझारू और जिंदादिली से लबालब इनसान हैं, जिनके जीवन में तमाम उतार-चढ़ाव आए। कभी वे चोरी-चकारी, मार-पीट और अपनी शक्ति के असाधारण प्रदर्शन से सामने वाले को स्तंभित कर देने वाले व्यक्ति के रूप में जाने जाते थे। पर अब काफी 'सुधर' गए हैं और अपनी तरफ से तो अच्छे ढंग से ही रहते हैं। लेकिन उनके मुँहफट स्वभाव को क्या कहा जाए, जिसके कारण लोग थोड़ा-थोड़ा उन्हें छेड़ते हैं और थोड़ा-थोड़ा उनसे डरते भी हैं। दामोदर जी गाँव लौटे, तो उन्हें अपने सबसे निकट अंगद भाई ही दिखाई पड़े। इसलिए कि वे तमाम चिकने-चुपड़े लोगों के छल-छंद और दिखावे से परे थे। लेकिन अंगद भाई कहीं जाते हैं तो उनका अतीत भी उनके साथ ही चलता है। लिहाजा जब दामोदर जी उनके साथ घूमने निकलते हैं, तो गाँव भर की व्यंग्यात्मक नजरें उनकी ओर खिंच जाती हैं। इसके बावजूद न सिर्फ दामोदर जी, बल्कि पूरा गाँव यह महसूस करता है कि जिस दिन अंगद भाई न रहेंगे, यह गाँव ऐसा न रहेगा। उपन्यास में अंगद भाई के उन तमाम करतबों और कारनामों का मजेदार वर्णन है, लोग जिन्हें याद करते हैं और दाँतो तले उँगली दबा लेते हैं। वह घटना तो खासकर दिलचस्प है, जब वे लोगों के बीच गर्व के सीना तानकर कहते हैं कि वे कोई ऐरे-गैरे आदमी नहीं, उनके पास एक लाख रुपया है। लोगों के संदेह प्रकट करने पर वे दौड़े-दौड़े घर जाते हैं, रुपयों की थैली उठा लाते हैं और सबके बीच नोट गिनते हुए अपनी बात प्रमाणित कर दिखाते हैं। वे अक्खड़ इतने हैं कि तमाम चिकने-चुपड़ों के मुखौटे उतारने में उन्हें

सुख मिलता है। गाँव के स्कूल के हैडमास्टर साहब जब दामोदर जी के प्रति दिखावटी 'धन्य-धन्य' जैसा सम्मान प्रकट कर रहे होते हैं, तो अपने एक वाक्य से ही वे उनके चरित्र की ऐसी कलई खोलते हैं कि उनके लिए आँख बचाना मुश्किल हो जाता है। इसी तरह वंदना और पवित्रा ऐसी स्त्रियाँ है, जिनके जरिए गाँव में नई रोशनी आने की उम्मीद की जा सकती है।

उपन्यास के बाकी चरित्रों में सीधे-सरल लेकिन साहसी भजुरामा का चरित्र खासकर अच्छा लगता है। ऐसे ही दूसरों की मदद के लिए हर वक्त तैयार सीधे-साधे और भले नंदलाल का चरित्र भी एकदम अलग-सा है, जिन्हें अपनी ईमानदारी की यह सजा मिली कि बाहर वालों से ही नहीं, घर के लोगों से भी उन्हें तिरस्कार ही मिलता है। फिर एक केदार भाई भी हैं, जो नौकरी से रिटायर्ड होने के बाद घर वालों की उपेक्षा से कुछ परेशान होकर सारा दिन एक चाय के खोखे पर बिताना पसंद करते हैं, ताकि चाय और बतरस का आनंद उन्हें एक साथ मिलता रहे और अपनी स्वतंत्रता भी। अब इस उम्र में दूसरे रिटायर्ड लोगों की तरह हाथ में लाठी लेकर भैंस के पीछे 'कर्रही-कर्रही' करते घूमना उन्हें नापसंद है। और वे उन तमाम अर्थ-पिशाचों से भी घृणा करते हैं, जो सिर्फ पैसे के लिए जीते हैं और पैसे के लिए मरते हैं। आखिर जिंदगी कोई सजा तो नहीं है! जिंदगी मिली है तो उसे जिंदादिली से गुजारना चाहिए। हरिजन मास्टर सुखदेव का स्वाभिमान से तमतमाया चेहरा भी नहीं भूलता। और फिर उपन्यास के कथानायक दामोदर जी तो हैं ही, जिनमें रामदरश जी की आत्मीय छवि साफ देखी जा सकती है।

छह

लेकिन 'बीस बरस' की कुछ कमजोरियाँ और सीमाएँ भी हैं। एक तो रामदरश जी के बाकी उपन्यासों की तुलना में इस उपन्यास में कथा-रस बहुत कम है तथा पात्रों के चरित्र का ढंग से विकास नहीं हो पाता। इसी तरह घटनाएँ भी ज्यादा गुंफित नहीं हैं और गाँव का जीवन उतने सजीव रूप में सामने नहीं आता, जैसा रामदरश जी के 'पानी के प्राचीर' और 'जल टूटता हुआ' उपन्यासों में देखा गया था। यह इस उपन्यास की रिपोर्ताज शैली की एक मजबूरी हो सकती है। लेकिन इस शैली के भीतर भी लगता है, अभी कुछ और गुंजाइशें थी और रामदरश जी को उन्हें साधना चाहिए था।

फिर एक दिक्कत यह है कि उपन्यास के कथानायक दामोदर जी जिन्हें 'नवज्योति' का संपादक कहा गया है, अपनी बातचीत और व्यवहार में उतने पत्रकार नहीं लगते, जितने एक सीधे-सरल लेखक। यों भी उन्हें प्रसंगवश गाँव के जीवन पर लिखे गए अपने उपन्यासों की ही बार-बार याद आती है, अपने अखबार के किसी

संपादकीय, मुख्य लेख या किसी उत्तेजक बहस या रिपोर्ट की नहीं। लगता है, दामोदर जी के चरित्र में एक बड़े संपादक और पत्रकार की छाप छोड़ने में रामदरश जी को ज्यादा सफलता नहीं मिली।

बल्कि दामोदर जी एक विशाल हृदय और कालचेता लेखक के रूप में रामदरश जी की ही प्रतिच्छवि लगते हैं। फिर कथानायक के रूप में दामोदर जी के अपने अंतर्विरोध भी कम नहीं हैं। वे गाँव के बदले हुए यथार्थ से आक्रांत होकर जब छुट्टियाँ बीच में ही छोड़कर कुछ आहत मन से वापस दिल्ली लौटने का फैसला करते हैं, तो वे भूल जाते हैं कि इसी गाँव में वंदना, पवित्रा और मास्टर सुखदेव जैसे जुझारू पात्र भी हैं, जिन्हें अपनी लड़ाई में उनके सक्रिय समर्थन की जरूरत है। गाँव के यथार्थ से घबराकर वापस चले आने वाले दामोदर जी की तुलना में तो वंदना, पवित्रा और मास्टर सुखदेव जैसे पात्र कहीं बड़े कहे जाएँगे, जो इन तमाम मुश्किलों का सामना करते हुए भी मानवीय गरिमा को बचाए रखने की लड़ाई लड़ रहे हैं। फिर दामोदर जी हरिजनों के लिए मौखिक सहानुभूति चाहे जितना ही दिखाएँ, लेकिन उनके यहाँ पानी भी डरते-डरते पीते हैं और चाय बिन पिए ही उठ आते हैं। उन्हें लगता है कि इस बदबू और सड़ाँध भरे माहौल में चाय कैसे पी जा सकती है? लेकिन आजादी के पचास साल बाद भी हरिजन अगर आज भी उसी बदबू और सड़ाँध में रह रहे हैं, तो उसके लिए जितना उत्कट अपराध-बोध दामोदर जी जैसे व्यक्ति में होना चाहिए था, वह मुझे उनमें नजर नहीं आया।

तो भी, इस उपन्यास की सबसे बड़ी खासियत यह है कि वह गाँव और गाँव के बदले हुए यथार्थ के विश्वसनीय वृत्तांत और अक्स हमारे सामने रखता है। उपन्यास में कथा-रस और संश्लिष्टता की कमी बहुत-कुछ इस बात से पूरी हो जाती है कि 'बीस बरस' आज के गाँव, आज के गाँव के हालात और लोगों के जो भी टुकड़ा-टुकड़ा चित्र और चेहरे हमारे सामने रखता है, वे बेहद विश्वसनीय हैं। और उससे मौजूदा गाँव के यथार्थ का एकदम सही-सही खाका सामने आता है। फिर उपन्यास में तमाम ऐसे वृत्तांत, पात्र और दृश्य हैं, जो मुग्ध करते हैं और यह अपेक्षा बनी रहती है कि काश, वे कुछ और खुलकर हमारे सामने आ पाते!

लेकिन इस उपन्यास की इससे भी बड़ी उपलब्धि यह है कि आज गाँव जिन चुनौतियों के आगे खड़ा है और शहर गाँव में आकर उसे जिस तरह की विकृतियों में लपेटता जा रहा है, उन मुश्किलों सवालों और स्थितियों को यह पुरअसर ढंग से सामने रखता है। आखिर इन कठिन सवालों और अपना निजत्व छोड़कर तेजी से शहराती रंग में रँगे जा रहे गाँवों की मौजूदा समस्याओं का हल क्या है? उपन्यास में इनके समाधान की कुछ हल्की महीन रेखाएँ ही हैं। लेकिन 'बीस बरस' मौजूदा गाँवों से जुड़े इन जरूरी सवालों को इतने प्रामाणिक और सधे हुए ढंग से उठा सका, यह उपलब्धि भी, मैं समझता हूँ, 'बीस बरस' को अपने ढंग से एक 'स्मरणीय' उपन्यास तो बनाती ही है!

काव्य-चर्चा

सादगी के शिल्प में धरती की सुंदरता और संवेदनाएँ

एक

बहुत अरसा पहले जब साहित्य की जमीन पर डरते-डरते अपने कौतुक भरे पाँव रख रहा था और उसकी शुरुआत हुई थी अपने कस्बाई शहर की लाइब्रेरी में जो भी किताबें मिल सकीं, उन्हें पढ़ने और उनमें अपनी पसंद की चीजों को स्मृति में सँजोने और बार-बार दोहराने के आनंद में...तब मेरे हाथ लगी थी भारतीय ज्ञानपीठ से छपी नवगीतों की एक किताब—'पाँच जोड़ बाँसुरी'—जिसका संपादन अगर मैं भूल नहीं रहा तो चंद्रदेव सिंह ने किया था। उसमें बहुत अच्छे और अलग तरह के गीत थे—निराला से लेकर बहुत बाद तक के कवियों के। मेरा खुद का मिजाज गीत का नहीं था। पर जाने क्यों इस संग्रह के बहुत-से गीत मन पर छा गए थे। उनमें केदारनाथ अग्रवाल, ठाकुरप्रसाद सिंह, नरेश सक्सेना और शलभ श्रीरामसिंह के गीतों के साथ-साथ रामदरश जी के भी कुछ गीत पढ़े थे, जिनमें एक गीत कुछ इस तरह मन में नक्श हुआ कि इतने बरसों बाद, आज भी उसकी स्मृति मन में धुँधली नहीं पड़ी। उस गीत के शुरुआती बोल थे—"उमड़ रही पुरवैया कुंतल-जाल-सी, लहर रहे अंबर में काले-काले बदरा!" इतना सुंदर, सघन और दृश्यात्मक गीत था यह कि लगता था, इसमें जीवन की प्राकृतिक सुंदरता अबाध बही चली आ रही है। एक साथ सुंदर, सुकुमार और उदात्त भी, और इसका भाषिक सौंदर्य और लय-विधान तो सचमुच आज भी मुझे 'जादुई' लगता है। इसे आज भी मन में दोहरा लेना अच्छा लगता है—

> हरी-हरी छाया वन में लहरा रही
> धरती नभ में उड़ी-उड़ी-सी जा रही,

झुके हुए घन बहे जा रहे व्योम में
झम-झम रस-बुँदिया में धरा नहा रही।
धूप लजीली उड़ी जा रही पाल-सी
गरज रहे सागर से छाया वाले बदरा,
उमड़ रही पुरवैया कुंतल-जाल-सी
लहर रहे अंबर में काले-काले बदरा!

इस गीत को पढ़कर लगा था, किसी गीत में लोक-शैलियों का हल्का-सा स्पर्श उसे कितना पुष्ट, मांसल और रसपूर्ण बना सकता है कि मेरे जैसा अगीत-मर्मी भी उसमें भीग जाए और साथ-साथ उड़ने लगे...!!

मुझ, एक नए-नए कस्बाई कवि का रामदरश जी से यह पहला परिचय था, जिसने उन्हें जानने, और-और जानने की खासी उत्कंठा मन में भर दी थी।

फिर मैं आधुनिक कविता के सौंदर्यशास्त्र पर रिसर्च वगैरह के चक्करों में उलझ गया। और बहुत सारे कवि जिनका शोर था, पास आते गए और मैं उनसे परचता गया। रामदरश मिश्र कुछ पीछे छूट गए। शायद इसलिए कि न उनका शोर कभी था और न उन्होंने कभी वैसा चाहा ही।

फिर एक लंबे अरसे बाद मैंने खुद को प्राध्यापक के रूप में एक कॉलेज में विद्यार्थियों का एक कविता पढ़ाते हुए पाया। एक लंबी कविता, जिसका शीर्षक था 'साक्षात्कार'। कई दिनों तक वह कविता मेरे और विद्यार्थियों के बीच घूमती रही। कई दिनों तक मुझे लगता रहा कि इस कविता को पढ़ाते वक्त मेरे और विद्यार्थियों के बीच कुछ ऐसा निर्मित होता है, जिसमें जीवन की बड़ी से बड़ी सच्चाइयाँ और एक विराट हाहाकार धकधकाता हुआ चला आता है। और ये जो एकेडेमिक पढ़ाई की बड़ी टुच्ची-सी औपचारिकताएँ हैं, खुद-ब-खुद छूट जाती हैं! कविता के शब्द खुद-ब-खुद मेरे समय का एक आईना बनते जाते हैं, जिसमें कुछ भी छिपा नहीं रहता—चंदन वनों से लिपटे हुए साँपों का बिंब उसमें बार-बार आता है। धरती अनगिनत ऐंठे हुए कंठों, उलटी हुई नदियों, तालाबों और कुछ सपनों भरी ठंडी आँखों से पटी दिखाई देती है। मुझे हैरानी हुई कि इतनी सख्त कविता जो इतने ज्यादा असुविधाजनक सवालों पर सवाल पूछती थी और हर किसी को भीतर से खँगालती थी, उसी कवि की लिखी हुई थी जिसने बरसों पहले अपने गीत से मुझे अजब ढंग से छुआ था।

तब अचानक फिर वही भूला हुआ गीत याद आया, "उमड़ रही पुरवैया कुंतल जाल-सी/लहर रहे अंबर में काले-काले बदरा..." और मैं उस गीत से इस लंबी और बेहद खुरदरी कविता को जोड़कर देखने लगा। मुझे लगा, ये दोनों दो भिन्न मिजाज की चीजें हैं, पर यह जो बड़ी सख्त और यथार्थ की लंबी मार करने वाली कविता

है, वह कहीं न कहीं उस गीत से ही निकलकर आ रही है। इसीलिए इसके शब्दों में एक बेधक सच्चाई है, जिससे आप आँख नहीं चुरा सकते। यह नई कविता दौर की उन तमाम कविताओं से अलग थी, जिनमें 'पोस्चर' ज्यादा और अंतर्भावना कम थी। यह अपने दुख को फुला-फुलाकर कहने वाली कलाबाजी से भी एकदम अलग कविता थी। और उसे गाँव का वही सादा आदमी लिख सकता था जो मुलम्मों और नकली चमक-दमक के प्रलोभन में नहीं आता और चीजों को हर हाल में असली सूरत में देखना चाहता है—यानी हिंदुस्तानी जमीन का कवि, जनता का अपना कवि।

और फिर तो रामदरश जी की एक खोज-यात्रा मेरे भीतर शुरू हुई। उनके कई संग्रह खोजकर पढ़े और लगा कि उनकी कविता-यात्रा मेरे भीतर तमाम-तमाम कवियों से परे एक अलग और विश्वसनीय पहचान बना रही है। यह एक सादा लेकिन आत्मविश्वासपूर्ण बड़े कवि की यात्रा थी, जो खुली आँखों से जिंदगी को देखता है और जिसे आसानी से धोखा नहीं दिया जा सकता और भरमाया भी नहीं जा सकता। वहाँ भाषा की फालतू चमक-दमक, चतुराइयाँ कम है, लेकिन भीतर का अहसास कहीं ज्यादा बड़ा, कहीं अधिक गहरा है और उससे मुँह चुराना मुश्किल है। उन्हें पढ़ते हुए पहला अहसास मन में यही आता था कि यह कवि जो कह रहा है, वह सच कह रहा है—एक खरा सच कह रहा है—उस पर यकीन करो! और कोई कवि अगर यह विश्वास अर्जित कर लेता है, तो मैं समझता हूँ, उसने कवि होने की सिद्धता हासिल कर ली है!...अलबत्ता उनमें से कुछ कविताएँ तनिक फीकी भी लग रही थीं, पर वे निःसंदेह वाग्वैदग्ध्य वाली उन तमाम-तमाम कविताओं से अलग थीं, जो नई कविता के दौर में फैशन के तौर पर लिखी जाती थीं और जिनमें यह ढूँढ़ना पड़ता था कि यह अटरम-पटरम, ये लटके-झटके और आपकी यह विचित्र फूँ-फाँ ...यह तो ठीक है, मगर यह तो बताइए जनाब, कि आप कहना क्या चाहते हैं! यह राहत की बात है कि जैसे रामदरश जी के यहाँ न लिखने का कारण' जैसे नकली लेखकीय संकट नहीं हैं, वैसे ही अर्थ-न्यूनता की बेचारगी वाला यह कवियों का खुद का बनाया हुआ संकट नहीं है—हरगिज नहीं है।

इधर चौदह खंडों में रामदरश जी की रचनावली निकली—बगैर किसी बाजे-गाजे, इश्तहार और शोर-शराबे के निकली तो बाकियों का तो नहीं पता, पर मेरे जैसे पाठक को फिर से उन्हें पढ़ने और दोहराने का सुख मिला। खासकर उनकी कविताओं के दोनों खंड तो मैं पूरे-पूरे पढ़ गया हूँ। और अब के पहले से कहीं ज्यादा विस्मित हूँ कि मैं इतना जानने के बाद भी, अपने समय के एक बड़े कवि को सचमुच कितना कम जानता हूँ।

दो

रामदरश जी की सीधी-सादी लगने वाली कविता-यात्रा असल में इतनी सीधी-सहज भी नहीं है कि उसकी सिधाई के लिए आप उसकी उपेक्षा कर दें। गौर करें तो उसमें शक्ति और ऊर्जा के कुछ ऐसे उल्का-पिंड आपको तैरते नजर आ सकते हैं, जो बहुत चुपके से यह समझा जाते हैं कि रामदरश मिश्र का सीधा होना एक बड़ी काव्य-मेधा या कवि शख्सियत का, एक बड़ी सामर्थ्य से कमाया हुआ धीरज और संयम है, जिसके भीतर आपको काफी उथल-पुथल मिलेगी। रामदरश जी की इस कविता-यात्रा की शुरुआत खुद में खासी बुलंद रही होगी, यह उनके शुरुआती संग्रह 'पथ के गीत' के गीतों पर एक नजर डालते ही पता चल जाता है। ये गीत उनकी आगे की कविता-यात्रा की बड़ी तैयारी का पता देते हैं और उनमें ऐसे गीत हैं, जिनका मिजाज और रंगत गीतों के प्रचलित ढाँचे से एकदम अलग है।

संग्रह का पहला ही गीत "चल रहा हूँ, क्योंकि गति से पंथ का निर्माण होगा" कई मायनों में एक दमदार गीत है और उसे लिखते समय शायद रामदरश जी को भी यह आभास न होगा कि एक दिन उनका यह गीत चौदह खंडों में छपी उनकी पूरी रचनावली का खुद-ब-खुद एक सटीक बिंब...या कहिए कि एक 'सिगनेचर ट्यून' बन जाएगा। चलते-चलते और अपने आत्मविश्वासपूर्ण कदमों से राह बनाते हुए भी रामदरश जी आज वहाँ आ गए हैं, जहाँ होना किसी रचनाकार की सबसे बड़ी महत्त्वाकांक्षा और अभिलाषा हो सकती है।...इसी से मिलता-जुलता एक और सुंदर गीत है, "क्षितिज की धूसर डगर पर एक जीवन चल रहा है"—और इसे एक प्रतीक के रूप में देखें, तो कल की धूसर डगर आज साफ हो चुकी है और तमाम निराशाओं, हताशाओं और संघर्ष-यात्राओं को अपने उत्कट धीरज से पार कर आए रामदरश जी को हम अपने बीच उपस्थित पा रहे हैं, यह कहीं न कहीं हम सभी के लिए आस्था और गर्व की चीज है। अलबत्ता 'पथ के गीत' में शामिल कुछ गीतों—"संध्या में बादल डूबे हैं, मन डूबा सन्नाटे में..." या "खेतों की सिकुड़ी साड़ी में तिजहरिया अलसाई है...", "मैं अषाढ़ का पहला बादल, मेरी राह न बाँधो", "यह फागुन की रात रे, मन उड़-उड़ जाए" और एक और सुंदर गीत "डूब गया दिन धीरे-धीरे..." इन गीतों को याद कर लें, तो पता चलेगा कि रामदरश जी के कवि का निर्माण किस तरह के ईंट-पत्थर और गारे से हुआ है। और क्यों अपनी उम्र के एक लंबे कालखंड को शहरों में बिताने के बावजूद वे आज तक भूल नहीं पाए कि वे गाँव के हैं। गाँव उनमें और उनकी रचनाओं में किसी अक्षय-स्रोत ही नहीं, बल्कि प्राण-शक्ति की तरह बहता है। रामदरश जी के ये गीत न तो छायावादी गीत हैं और न उत्तर-छायावादियों के-से कवि-सम्मेलनी गीत हैं। ये वे गीत हैं जिनमें गाँव अपनी पूरी लोक-संस्कृति, लोकगीतों, आख्यानों और सुख-दुख-अभाव के विविध रंगों के साथ मौजूद है।

तीन

रामदरश जी के अगले संग्रह 'बैरंग बेनाम चिट्ठियाँ' की खासियत यह है कि वह उनकी कविता-यात्रा का एक महत्त्वपूर्ण संधि-स्थल है और गीत और कविता के अनोखे मेल के कारण इसका अध्ययन साहित्य के किसी पाठक को खासा दिलचस्प लग सकता है। इसलिए कि इसे पढ़ना एक इतिहास को टटोलना है कि कैसे एक गीतकार खुद को कवि या कविताकार में बदल रहा है।...नहीं शायद मैंने गलत कहा—एक गीतकार कैसे खुद-ब-खुद अपने समय के भीतरी और बाहरी थपेड़े खा-खाकर कविताकार हुआ जा रहा है—'बैरंग बेनाम चिट्ठियाँ' को पढ़ना इसका गवाह होना है। लिहाजा कहाँ-कहाँ गीत में कविता और कविता में गीत घुला-मिला है और कहाँ चलकर वे अलग होते हैं, मुझे कुछ-कुछ वैसा ही रहस्यमय और रोमांचक लगा, जैसे शायद इतिहास की कुछ अंतर्गुहाओं के भित्ति-शिल्प का अध्ययन करते हुए किसी इतिहास-प्रेमी या खोजी को लगेगा। इस संग्रह में निःसंदेह 'बैरंग बेनाम चिट्ठियाँ', 'नींव के पत्थर', 'देहाती टीसन', 'आत्मशोध', 'कालयात्री', 'निशान' जैसी कुछ बढ़िया कविताएँ हैं। ये कविताएँ मिलकर वह नींव बनाती हैं जिस पर आगे चलकर रामदरश जी की कविता की पूरी इमारत खड़ी नजर आती है। लेकिन इस संग्रह में तमाम ऐसी कविताएँ हैं, जो बहुत 'कच्ची और दुग्ध-मुँह' कविताएँ हैं और उनमें से कुछ को तो बिल्कुल 'किशोर प्रयास' कहा जा सकता है, ऐसे किशोर जिनकी मसें अभी भीग रही हैं। लेकिन दूसरी ओर इस संग्रह के गीत देखिए, तो उनमें कुछ ऐसी पूर्णता है कि उनकी सफाई और सुघराई आपको मोहे बगैर नहीं रहती! वहाँ सादगी ऐसी है कि उसका जादू सिर चढ़कर बोलता है, कुछ-कुछ मीर की गजलों की तरह। इनमें से एक गीत है—

तुम बिन कुछ खोया-खोया सा
कुछ सूना-सूना लगता है,
रीते घर का हर रीतापन
कुछ दूना-दूना लगता है।

एक और गीत। इसमें बगैर बादलों की चर्चा किए बादलों की बात उठाई गई है बहुत खूबसूरती से—

आते घिर-घिर
जाते फिर-फिर,
धरती के आँगन में इनका
क्या जाने क्या छूट गया है!

एक और गीत—बहुत कम कहकर बहुत कुछ कह देने का लाघव। बात फूलों की है मगर फूल यहाँ जलते हैं—

जलते हैं फूल
घाटी में जलते हैं सेमल के फूल।

क्या 'जलने' की जगह कोई और शब्द आप सुझा सकते हैं? नहीं, यहाँ जलने की सुंदरता है, जिसे किसी सिद्ध गीतकार की आँख ही देख सकती है। और फिर एक और गीत जिसका उस्तादाना एक्सप्रेशन उसे एक बड़ी दार्शनिक ऊँचाई दे देता है—

यह भी दिन बीत गया,
पता नहीं जीवन का यह घड़ा,
एक बूँद भरा या कि एक बूँद रीत गया।

यानी अस्तित्व की निष्फलता और उदासी का गीत। मगर यही अस्तित्व की निष्फलता या उदासी जब किसी गाँव की स्त्री के दुख और आँसुओं से जुड़ती है, तो उसकी रंगत ही बदल जाती है। और गीत एक टेर की शक्ल ले लेता है—"बादल घेर-घेर मत बरस कि मेरे लाज-वसन डूबे।"

ये गीत देखने में सरल लग सकते हैं, लेकिन मुझे कहने दीजिए कि इनकी सरलता कुछ-कुछ धोखेभरी सरलता है। इसलिए कि ये बहुत-कुछ सहकर, पचाकर और एक बड़ी काव्य-सामर्थ्य को हासिल करने के बाद लिखे गए गीत हैं। ये देखने में सरल इसीलिए लगते हैं क्योंकि एक सिद्ध कवि ने इन गीतों के दर्द को अपना, बिल्कुल अपना बनाकर लिखा है। 'बैरंग बेनाम चिट्ठियाँ' की कविताएँ मैं नहीं कहता कि हल्की हैं, लेकिन उसके गीतों का कद उसमें शामिल कविताओं की तुलना में बड़ा, निस्संदेह बड़ा है।

हाँ, ये कविताएँ एक देहाती मन की झिझक के साथ-साथ बड़ी पुख्तगी से यह कहती लग सकती हैं कि रामदरश जी की कविताओं की यह गाड़ी जो आज 'देहाती टीसन' पर खड़ी है, कल हो सकता है राजधानी पहुँचे—मगर राजधानी पहुँचकर भी वह शहराती उतरन पहनने से इनकार करेगी और अपना 'देसीपन का ठाठ' हर हाल में बचाए और बनाए रखेगी। और हम देखते हैं, यह चीज अक्षरशः सही साबित हुई।

चार

'पक गई है धूप' में निस्संदेह रामदरश जी की काव्य-यात्रा के शुरुआती कच्चेपन की जगह अब एक तरह की पुष्टता और गांभीर्य नजर आने लगा है। इस लिहाज से 'पक गई है धूप' का मुहावरा रामदरश जी और उनकी काव्य-यात्रा पर इतना खरा उतरता है कि मैं चकित हूँ। इसमें ऐसी ढेरों कविताएँ हैं जिन्हें हिंदी की अच्छी और याद रह जाने वाली कविताओं में शामिल किया जा सकता है। इनमें भी कोई दस-बारह कविताएँ तो बेहतरीन और अद्वितीय हैं—अपने आप में एकदम मुकम्मल!

यह उनके रचना-काल का भरा-पूरा यौवन है। संग्रह की पहली कविता 'होने न होने के बीच' ही नजर को पकड़ लेती हैं और बार-बार इसे पढ़े बगैर आप आगे नहीं जा सकते। लेकिन गौर करने की चीज यह है कि यह होना न होना किसी अस्तित्ववादी चिंतन की चिर-पहेली का-सा नहीं है—'टू बी आर नॉट टु बी...?' न, नहीं! यह वो चीज नहीं है। यह उससे अलग चीज है। यह एक सही आदमी के गलत जगह आ जाने की छटपटाहट है, अपने गलत ढंग से होने और इससे भी साफ शब्दों में कहूँ, तो गलत ढंग से समझे जाने की पीड़ा है। और कहीं न कहीं जैसा होना चाहिए, वैसा न हो पाने की मर्मांतक पीड़ा है। दूसरे शब्दों में कहें, तो यह गाँव और शहर के बीच का तनाव है। गाँव शहर में आकर कुछ ठिठक गया है, मगर गाँव अपने ठेठपने को भी हरगिज-हरगिज छोड़ने को तैयार नहीं है। और इस तरह अगर इसमें अस्तित्ववादी सोच की एकाध भूली-भटकी सोच है भी, तो वह भारतीय जमीन पर आकर, भारतीय सोच और बेचैनी के महासमुद्र में जा मिली है। 'महासागर', 'आकाश में फसल लहलहा रही है', 'बाहर-भीतर', 'तलाश', 'एक और पृष्ठ', 'रचना', 'अजनबी', 'ठंडी हवाएँ', 'सुखी लोग'—'पक गई है धूप' संग्रह में ऐसी एक से एक बेहतरीन कविताएँ हैं, जिनमें रामदरश जी का कविता गढ़ने का अपना मौलिक तरीका और औजार नजर आते हैं। हालाँकि "छाँह गलियों में भटकती है", "एक बहकी हवा फागुन की" जैसी गीतात्मकता अभी बरकरार है जो मिश्र जी के अपने मुक्त स्वभाव की तरंग की तरह हमें अपने संग बहाए लिए जाती है।

यों इस संग्रह में 'आकाश में फसल लहलहा रही है' समेत कुछ और कविताएँ इसलिए भी याद की जा सकती हैं कि उनमें भारत-पाकिस्तान युद्ध और तबाही की बहुत उग्र छायाएँ मौजूद हैं और ये सचमुच एक दस्तावेज की तरह हैं। 'मेरा आकाश', 'गाड़ी जा रही है', 'फिर वही लोग' मिश्र जी की लंबी महत्त्वाकांक्षी कविताएँ हैं जिनमें उनके युवा मन की पूरी ऊर्जा और बेचैनी हमें नजर आती है। मगर एक खास तरह के धीरज, संयम और खुली दृष्टि के साथ।

इसके बाद के संग्रह—'कंधे पर सूरज' और 'दिन एक नदी बन गया' रामदरश जी की कविताओं के सबसे अच्छे संग्रह हैं, जिनकी सबसे ज्यादा चर्चा हुई है। उनकी रचना-यात्रा का यह शिखर-काल है। इन संग्रहों की दर्जनों ऐसी कविताएँ हैं, जिन्हें बार-बार उद्‌धृत किया गया है और जिनकी चर्चा के बगैर नई कविता या समकालीन कविता की व्याख्या पूरी नहीं हो सकती। 'कंधे पर सूरज' खुद में एक लाजवाब कविता है और उसे हिंदी की शीर्ष उपलब्धियों में गिना जाना चाहिए। इसी संग्रह में 'साक्षात्कार' शीर्षक वह लंबी कविता है जिसका जिक्र इस लेख की शुरुआत में मैं कर चुका हूँ और जिसे पढ़कर एकबारगी रामदरश जी की समूची काव्य-यात्रा का चित्र मेरी आँखों में कौंध गया था। 'गठरी', 'लौट आया हूँ मेरे देश', 'एक जंगल',

'वह इसी मौसम में आता है', 'छुट्टियों के दिन', 'बोध' शीर्षक से लिखी गई छह कविताएँ, 'अपने से अपने तक', 'रावण का पुतला', 'यही होना है', 'एक दिन' इस संग्रह की बार-बार पढ़ी जाने लायक लाजवाब कविताएँ हैं। इसी तरह 'दिन एक नदी बन गया' संग्रह की 'सड़क', 'हम कहाँ हैं', 'एक दिन में दो दिन', 'धूप', 'राजधानी एक्सप्रेस', 'खोज' ऐसी कविताएँ हैं जिनमें रामदरश जी का काव्य-मुहावरा अपने पूरे निखार और तेवर के साथ मौजूद है। हालाँकि इस दौर में भी "खो गई हैं सब यात्राएँ साथ की/रास्ता ही रास्ता अब रह गया" जैसी करुण गूँजों और नाद वाले गीत उनके साथ चलते रहे और इससे उनकी कविता-यात्रा में कोई अंतर्विरोध नहीं, एक पुख्तगी और भीतरी रस ही जुड़ा।

हाँ, रामदरश जी अपने तमाम आलोचकों को, जो महज उन्हें 'एक सीधा-सादा कवि' कहकर एक छोटी पिटारी या खाने में डाल देना चाहते हैं, कभी-कभी बड़े मजे में खिलाते और हड़काते भी रहते हैं। ऐसे 'श्रीमंत' लोग कल्पना तक नहीं कर सकते कि रामदरश जी 'मृत्युबोध' जैसी कविताएँ भी लिख सकते हैं जो उनके फूले हुए अस्तित्ववादी पेट में बड़ी होशियारी से एक सूई चुभा देती है। और फिर 'मृत्युबोध' का विदेशी बोध पढ़े हुए प्यारेलाल का जो नाटक आँख के आगे आता है, वह कमाल—सचमुच कमाल का है! 'आनंद-बोध' कविता में तो वे अपने आलोचकों और पाठकों दोनों को लगभग भौचक्का करते हुए 'कुकुरमुत्ता' के साथ एक 'जुत्ता' ले आते हैं, उससे अच्छे-अच्छों की साँस उखड़ सकती है, चेहरा फक्क हो सकता है। मैं समझता हूँ, रामदरश जी के हर आलोचक को आईने में अपना सही चेहरा देखने के लिए कम से कम एक बार जरूर यह कविता पढ़ लेनी चाहिए। इसलिए भी कि जो रामदरश जी को एक सूखा आदर्शवादी कवि कहते हैं, उन्हें पता चल जाए कि उनके भीतर हास्य का कितना माद्दा है—

एक आलोचक को मिला एक पहना हुआ जुत्ता
खुश हुआ
मुफ्त मिल जाए तो क्या कमल, क्या कुकुरमुत्ता!
वहीं खड़ा था एक स्वामिभक्त प्राणी
उसे बुलाया, पुचकारा, पिलाई अमरवाणी—
'देख प्यारे
तू खोटा है या खरा,
तू खाली है या भरा,
रोज-रोज थोड़ा-थोड़ा इस जूते को चाटा कर
और यहाँ से गुजरने वाले हर आदमी को काटा कर।'
तभी से

हर आने-जाने वाले को
(काट तो नही पाया) भूँक रहा है यह कुत्ता...!

जाहिर है, इस कविता में आलोचक से ज्यादा खबर साहित्य के उस 'बौनों के संसार' की ली गई है, जिसका काम 'एक' के जूते चाटना और बहुतों को 'काटना' है!...और कौन कहेगा कि यह सच नहीं है!!

पाँच

इससे आगे की रामदरश जी की काव्य-यात्रा जिसमें 'जुलूस कहाँ जा रहा है', 'आग कुछ नहीं बोलती', 'बारिश में भीगते बच्चे', 'ऐसे में जब कभी' और गजल-संग्रह 'हँसी होंठ पर आँखें नम हैं' रामदरश जी के प्रौढ़त्व की काव्य-यात्रा है, जिसमें दुनिया बहुत आश्चर्यजनक ढंग से फैलती गई है। आसपास की दुनिया का कोई छोटा से छोटा, मामूली से मामूली अनुभव भी वहाँ प्रवेश के लिए द्वार खटखटाकर दस्तक दे सकता है। मानो रामदरश जी दर्शा देना चाहते हों कि अब यह काव्य-यात्रा 'मैं' से बहुत दूर आकर सबके साझे 'हम' की काव्य-यात्रा हो गई है और यह एक ऐसी बड़ी पारिवारिकता का रूप लेती जा रही है, जिसमें हर शख्स उसी अधिकार से आकर बैठ और बतिया सकता है, जैसे वह उसका अपना घर हो!...यह आकस्मिक नहीं कि इस दौर में रामदरश जी की कविता का बीज शब्द 'घर' है और उनके जिस काव्य-स्वर की गूँज-अनुगूँज उनकी इस दौर की पूरी काव्य-यात्रा में समाई हुई है, उसे अगर कहना हो, तो उन्हीं के गीत की एक पंक्ति उठानी पड़ेगी—"दिन डूबा, अब घर जाएँगे।"...यह जो घर जाना है, यह जो घर की पारिवारिकता है, यह जो इस घर की पारिवारिकता में सारी दुनिया को परिवार बनाकर समा लेना है, इसे अपने दौर के दो बड़े लेखकों में मैंने बड़े आश्चर्यजनक ढंग से देखा—एक डॉ. रामदरश मिश्र, दूसरे डॉ. रामविलास शर्मा। दोनों दो भिन्न प्रकृति के लेखक, लेकिन यह जो घर की मर्यादा और आदर्श है, वह उनके महत् जीवन-आदर्शों में इस तरह घुल-मिल गया है कि उनकी शब्द-यात्रा लगातार अविचलित भाव से और-और बड़े शिखरों तक जाती रही है। इससे मालूम पड़ता है, घर कोई छोटी चीज नहीं, घर भी एक बड़ा आदर्श है और घर के आदर्शों को अपने ऊँचे जीवन-आदर्शों से एकाकार कर देने से ही किसी व्यक्ति या लेखक में वह दृढ़ता आती है कि वह अविभाज्य आस्था के साथ अंत तक चलता और बढ़ता नजर आता है।

जाहिर है, इस दौर की रामदरश जी की सबसे अच्छी कविताएँ वे हैं जो पत्नी, बच्चों, घर और आसपास को लेकर लिखी गई हैं। इस लिहाज से 'आग कुछ नहीं बोलती' में 'लड़की' शीर्षक से लिखी गई आठ कविताएँ बहुत मार्मिक हैं और अपनी

सादगी में अद्वितीय भी। ऐसी ही कुल छह लाइनों की एक छोटी-सी कविता उद्धृत कर रहा हूँ—

लड़का बड़ा हो रहा है
लड़की बड़ी हो रही है
लड़का धीरे-धीरे घर खाली कर रहा है
लड़की धीरे-धीरे घर भर रही है
लड़का डरा रहा है सड़कों-चौराहों को
लड़की स्वयं अपने से डर रही है।

कोई छह लाइनों की कविता भी कैसे एक मुकम्मल और भरी-पूरी कविता हो सकती है, इसका उदाहरण देना हो तो इससे अच्छी कितनी कविताएँ मिलेंगी आपको? ऐसे ही 'तुम्हारी हँसी' की घुटरुओं चलती वह छोटी-सी बच्ची नहीं भूलती जो दिन भर की उदासी का कलेजा चाक कर देती हैं और आकाश में चाँदनी निकल आती है। 'बारिश में भीगते बच्चे' की 'घर' शीर्षक से लिखी गई पाँच कविताएँ या 'संकु' के लिए लिखी गई कविता भी ऐसी ही आत्मीय हैं। 'आग कुछ नहीं बोलती' संग्रह की 'मकान' कविता अपना घर होने का एक और अर्थ खोलती है। सीमेंट और ईंटों से बने इस मकान में जमीन का एक टुकड़ा खाली छूटा हुआ है, जहाँ नीबू का एक छोटा-सा पेड़ और तुलसी का बिरवा है। इसी से यह मकान, मकान न रहकर 'घर' हो जाता है। इसी तरह 'जुलूस कहाँ जा रहा है' की 'औरत' कविता स्त्री होनू के कितने बड़े अर्थ और अस्तित्व को खोलती है, यह इसे पढ़कर ही जाना जा सकता है। पूरा घर उसकी लय पर चलता है। सभी के सुखों और हँसी-मुस्कराहट और गुनगुनाहटों की नींव में वह है। चरखे की तरह वह रात-दिन चलती रहती है। सबके साथ हँसती है और अपने एकांत में बहुत हल्के से अपनी कराह को दबा लेती है। सबके होने के पीछे असल में इस औरत का होना ही है। मगर इस औरत के होने को सचमुच किसने महसूस किया है! 'अकेला कबीर', 'रूपांतर', 'बात', 'तुमने क्यों कहा', 'बड़प्पन', 'हम दोनों', 'कट-फटे पृष्ठ', 'गोली', 'आलोचक', 'चिड़ियाँ, 'माइक', 'धर्म' इस दौर की रामदरश जी की वे कविताएँ हैं, जिनमें बहुत सहज ही और कभी-कभी तो बगैर 'लाउड' हुए जीवन की बड़ी से बड़ी विसंगतियों को मानो वे खेल-खेल में कह जाते हैं। यह वह दौर है, जबकि उनका गुस्सा, आक्रोश, दर्द, सब-कुछ एक तरह की संजीदगी में ढल गया है। और इनका आस्वाद कुछ-कुछ वैसा ही है, जैसे एक बड़ी जमीन से उगने वाले लोकगीतों और लोकाख्यानों का रहा होगा।

मजे की बात यह है कि इस दौर में रामदरश जी ने बहुत-सी गजलें भी लिखीं और ये गजलें कुछ तो इतनी सुघड़ और कामयाब हैं कि लगता है उनके गीतकार का ही एक नया कायाकल्प एक गजलकार के रूप में हुआ है। इसीलिए जब वे कहते हैं—

हम हैं तुम हो, तुम हो हम हैं,
छोटे-छोटे सुख क्या कम हैं!

तो इस गजल में उनके गीत का दर्द समाया हुआ सा लगता है। लेकिन हाँ, उनके गीतकार की तुलना में उनके इस गजलकार-रूप में मार करने और कभी-कभी शरारती अंदाज में थका डालने का साहस कहीं बढ़ा है। मसलन, "सुनेंगे आप जहाँ तक कथा सुनाएँगे/नहीं तो जावें अकेले में गुनगुनाएँगे।" मगर कभी-कभी वे इस बात को पलटकर कहते हैं और जिसे सुनाना होता है, उसे कुछ इस तरह और बेधड़क अंदाज में सुनाते हैं कि दाँतों तले अँगुली दबा लेनी पड़ती है। सिर्फ चार शेर की उनकी एक गजल है। जरा मुलाहिजा तो फरमाइए—

यह न सोचिए कि आपको सुना रहा हूँ मैं,
बैठे-बैठे यूँ ही जरा गुनगुना रहा हूँ मैं।
रूठ-सा गया है गीत आपकी दुआ से जो,
धीरे-धीरे उसे प्यार से मना रहा हूँ मैं।
पूछते हैं आप, कब तलक न कुछ करोगे तुम,
देखते नहीं हैं, एक घर बना रहा हूँ मैं।
आपने जमा किया जो दर्द मेरे नाम से,
काट-काट आँसुओं के चेक भुना रहा हूँ मैं।

मगर इसी के बीच उदासी की एक लहर भी छिड़ जाती है, जब वे देखते हैं कि जो कभी साथ थे, वे अब एक-एक कर विदा हो रहे हैं—

एक-एक जा रहे हैं सभी,
मन बड़ा अकेला लगता है।

इस दौर में रामदरश जी की कई ऐसी कविताएँ हैं, अपनी बात खरे ढंग से कहने का साहस और बोल्डनेस उनमें बढ़ी है और वे बिना 'किंतु-परंतु' के अपराधी को अपराधी कहने के लिए अब जैसे विकल हों! मसलन 'बड़प्पन : दो कविताएँ' में वे उस लेखक के बड़प्पन पर हँसते हैं, जो जहाँ कहीं जाता है, चाहे किसी शोक-सभा में ही, अगली पंक्ति की कुर्सी खोजता है और इस बात के लिए बेचैन रहता है कि पहली प्रतिक्रिया उसकी आनी चाहिए। 'हम दोनों' में गाँव से एक ही साथ चले, धूलभरी पगडंडियों से गुजरते हुए शहर आए दो लेखक हैं। इनमें एक जो गाँव को सदा जीता रहा, उसे पहचानने में आपको दिक्कत नहीं होती—ये रामदरश जी हैं। और दूसरा? पहचान आप उसे भी लेंगे, जिसकी नजर अट्टालिका और सत्ता के ऊँचे सिंहासनों पर है। शहर में आकर गाँव से सबसे पहले उसने अपने आपको मुक्त किया। लेकिन जब गाँव के लेखक होने पर जै-जैकार की बारी आई, तो वहाँ भी वह सबसे पहले गाँव के आदमी का अभिनय करता हुआ दिखाई देता है। और यों, "शहर तथा गाँव दोनों उसके पाँव के नीचे आ गए हैं।" मगर क्या

सचमुच आ गए हैं? इसी तरह 'तुमने क्यों कहा' और 'मुट्ठियाँ' में छद्म मार्क्सवादियों पर प्रहार है। नए-नए ठनठनाते हुए उत्तर-आधुनिकों पर भी, जो अब मानने लगे हैं कि, "अब सत्य को जोड़कर नहीं, तोड़कर कहा जा सकता है।" और इस 'तोड़ा-तोड़ी मैं और कुछ होता है या नहीं, मगर खुद वे अपने लिए बहुत-कुछ जोड़ लेते हैं।

एक बात साफ कर दूँ।...यह जो रामदरश जी का बेझिझक आगे आकर मार करना है, यह उनके स्वभाव में नहीं है। उनका स्वभाव तो है सहना। सहना और सहते-सहते अपनी बात कहते रहना। लेकिन आज अगर उन्हें आगे आकर आक्रमण करना पड़ रहा है, तो इसका मतलब एक सहनशील आदमी की हदों का टूटना है—और इसमें आज के साहित्यिक माहौल का एक बेतरह कड़वा सच और 'अक्षम्य अपराध' छिपे हुए हैं, जिसकी चर्चा करके मैं नाहक इस लेख का मिजाज बिगाड़ना नहीं चाहता।

छह

अलबत्ता रामदरश जी की पूरी काव्य-यात्रा का जायजा लें, तो एक बात पर हमारा ध्यान जाए बगैर नहीं रहता कि न सिर्फ गीत से उसकी शुरुआत हुई है, बल्कि यह भी साफ लगता है कि गीत उनसे कभी नहीं छूटा। न वे गीत को छोड़ पाए और न गीत उनको। यह दीगर बात है कि उनके गीत के स्वर शुरू में फैले-फैले और थोड़े स्फीतिपरक थे। वे बाद में सघन, मंद्र और गंभीर होते चले गये। उनमें सघनता आई और बहुत कम कहकर या कभी-कभी तो एकदम चुप रहकर बहुत ज्यादा कह डालने वाली संजीदगी भी। मगर रामदरश जी के गीत क्या सिर्फ रामदरश जी के गीत ही थे और उनकी कविता से उनका कोई लेना देना नहीं है। शायद बहुत मोटे दिमाग का आदमी भी ऐसा न कह पाए, इसलिए कि गीत यहाँ सिर्फ गीत नहीं हैं, वे जमीन की आवाजें हैं। वे जीवन के स्वर हैं, जिनमें जीवन के सुख-दुख का संगीत बहा आता है और कहीं न कहीं लोक-जीवन की एक गहरी मिठास उनमें हैं। तो गीत गीत नहीं है, जीवन-आस्था का, जीवन-आदर्श का पर्याय है, जो उन्हें धीरज और संयम का गहरा पाठ पढ़ाता है।

थोड़ा और गौर से देखें तो यह केवल रामदरश जी के गीतों का ही नहीं, उनकी समूची कविता का मिजाज है। संकोच और स्वाभाविक धीरज जो कहीं न कहीं उन्हें गीतों की विरासत से मिला है, जो उन्हें न कहीं 'बेसुरा' होने देता है और न 'बेताल'। उन्हें बेतरह फैलने भी नहीं देता। वे कम कहते हैं, अपने धीरजवान शब्दों में कहते हैं और आखिर कह ही लेते हैं, जो उन्हें कहना होता है। इसलिए रामदरश जी चाहे समकालीन हिंदी कविता के 'झंडाबरदार' न रहे हों, लेकिन वे ऐसे कवि हैं जिन्होंने हिंदी कविता को भीतर से माँजा है उसे बहुत-सी अनावश्यक गुत्थियों से छुटकारा

दिलाकर सादा-सरल बनाया है, उसे जनता के ज्यादा नजदीक, बल्कि खास और आम सबकी अपनी चीज बनाकर समकालीन कविता का एक नया 'लोक-संस्कार' किया है। इसके भीतर गहरे में झाँकें तो उत्स के रूप में, ऊर्जा के रूप में, आदर्श के रूप में गाँव का वही धूल से सना किशोर बैठा है, जिसने कभी गीत की करुण पुकार के साथ कविता की टेर लगाई थी!...और तब यह गीत गीत नहीं रह जाता, वाल्मीकि के हृदय से फूटा 'मा निषाद प्रतिष्ठां...' हो जाता है जिसके बगैर वाल्मीकि की रामायण लिखी न जा सकती थी और वाल्मीकि रामायण के महासिंधु को यही एक करुण राग शुरू से अंत तक लहर-लहर, लहर-लहर-लहर करता है। रामदरश जी की इस लंबी कविता-यात्रा में गीत का भी कुछ वैसा ही अर्थ, वैसा ही महत्त्व समझना चाहिए।

यह आकस्मिक नहीं कि साठोत्तरी कविता में इस लंबी कविता-यात्रा में 'किसिम किसिम की कविता' के आँधी-तूफान में जब हम अच्छे से अच्छे कवियों को अपनी जमीन से हटते और बहकते देखते हैं, जिनमें शमशेर, गिरिजाकुमार माथुर और भारतभूषण अग्रवाल जैसे 'बड़े' कवि भी थे।...और ऐसे कवियों की तो खैर कोई गिनती ही नहीं, जिन्होंने लगभग 'शीर्षासन' कर दिया था। तब रामदरश जी ही थे जो अविचलित धीरज से, अपने आश्वस्तिकारी कदमों से, अपनी राह पर बढ़ते नजर आ रहे थे। उन्हें जमाने के साथ चलता हुआ दीखने के लिए अपने चेहरे पर 'मुद्राएँ' चिपकाने की जरूरत नहीं पड़ी। गिरिजाकुमार माथुर अपने इस 'विचलनकारी काव्य-दौर' के लिए कुछ आगे चलकर शर्मिंदा नजर आते हैं। 'भीतरी नदी की यात्रा' की भूमिका में उन्होंने इस बात का विस्तार से जिक्र किया है। लेकिन जिस कवि को शर्मिंदा होने की कतई जरूरत नहीं पड़ी, वे रामदरश मिश्र हैं। क्योंकि कहीं न कहीं उनका गँवई गाँव का गीतों या लोकगीतों वाला मिजाज ही है, जो उनके कानों में चुपके से कह रहा था, "अपनी राह पर आगे बढ़ चल। ये तमाम झंडे हवा में उड़ जाने वाले हैं...!" रामदरश जी तो सिर्फ चलते जा रहे थे। वे जिधर जा रहे थे, वहाँ राह खुद-ब-खुद बनती चली गई। और वे, जिन्हें हम चिढ़ाती हुई मुद्राओं के साथ आगे-आगे दौड़ते, बल्कि 'उड़ते' हुए देखते थे, उन्हें भी अंततः उसी राह पर आना पड़ा। यह रामदरश जी के भीतर बैठे गाँव के साथ-साथ उस गीत की भी विजय थी, जो उन्हें अपनी जमीन से भटकने ही नहीं दे सकता था। असल में ये गीत नहीं, 'मा निषाद प्रतिष्ठां' की तरह जीवन की करुणा थी, जो गीत की शक्ल में नजर आती थी।

रामदरश जी के गीतों की यह व्याप्ति सिर्फ उनकी कविता तक नहीं, बल्कि वह उनकी कहानियों, संस्मरणों, आत्मकथा, उपन्यास, यात्रा-वृत्तांत सभी में फैली और समाई हुई है। चौदह खंडों में छपी रामदरश जी की बृहद् रचनावली किसी एक 'महासमुद्र' से कम नहीं है। उसे समूचा मैंने पढ़ा है। मुझे याद नहीं पड़ता कि इसके

किसी भी खंड को पढ़ते समय मैं कभी उस गीतकार कवि को भूल पाया हूँ, जो कभी लिखा करता था, "चल रहा हूँ क्योंकि गति से पंथ का निर्माण होगा..." याकि "उमड़ रही पुरवैया कुंतल-जाल-सी, लहर रहे अंबर में काले-काले बदरा..." या फिर "संध्या में बादल डूबे हैं, मन डूबा सन्नाटे में!" लगता है, रामदरश जी की समूची काव्य-यात्रा की गूँजें-अनुगूँजें और पदूचिह्न उनकी यात्रा के इस शुरुआती चरण में सुरक्षित हैं और बाद में तो केवल उनका विस्तार भर हुआ है। यानी चौदह खंडों में समाया बल्कि यहाँ भी पूरी तरह न समा सका वह महासिंधु बस करुणा की उसी एक बूँद का रचा हुआ है, जिसने कभी गुहार लगाई थी कि "मैं अषाढ़ का पहला बादल/मेरी राह न बाँधो" और कि "संध्या में बादल डूबे हैं/मन डूबा सन्नाटे में!"...

सात

रामदरश जी की यही करुणा घर-परिवार से लेकर सारे संसार को परिवार समझने वाले आदर्श में व्याप्त है। इसके लिए उन्हें दिखावा करने की कभी जरूरत नहीं पड़ी, न कोई 'पोस्चर' उन्होंने अपनाया। न ही चेहरा और भाषा बिगाड़ने की विद्रूप भंगिमाएँ। हाँ, जहाँ विरोध करने की जरूरत थी, वहाँ साफ-साफ विरोध दर्ज किया भी। 'आलोचक', 'हम दोनों', 'मुट्ठियाँ', 'उत्तर-आधुनिकता' उनकी ऐसी ही कविताएँ हैं जिनमें न सिर्फ वे भटकाव की ओर इशारा करते हैं, बल्कि बुरे इरादों पर चोट भी करते हैं। किसी भी सिद्धांत के नाम पर अपनाई गई अवसरवादिता और छद्म विद्वत्ता के घमंड को तार-तार करते हैं। लेकिन यह सब करते हुए भी वही धीरज, जो कि उन्हें बता जाता है कि कवि का काम महज किसी आलोचक को बेनकाब करना या साहित्य के बाड़े में मुट्ठियाँ भाँजना नहीं...कि उसका मुख्य काम तो जनता के दुख-दर्द में शामिल होकर उसके सुर में सुर मिलाना है। और कि उनके लिए बड़े कवि होने का आदर्श किसी बड़े आलोचक का सर्टीफिकेट जुगाड़ लेने वाला कवि नहीं, बल्कि 'जनता का अपना कवि' होना है। बड़ा कवि वही है जो जनता के ज्यादा से ज्यादा निकट का कवि हो...और रामदरश जी जनता के कवि हैं और यह जनता का कवि होना उनके समूचे व्यक्तित्व में बिंधा हुआ है। यह इससे पता चलता है कि वे अपनी आत्मकथा या कहानियों, संस्मरणों, यात्रा-वृत्तांतों और 'जल टूटता हुआ' और 'अपने लोग' जैसे बड़े उपन्यासों में कहीं ज्यादा बड़े कवि नजर आते हैं। उनकी कविताओं से ज्यादा बड़ी कविता, उनकी आत्मकथा और उनके उपन्यासों में फूटती है। उनके संस्मरणों में बहती है। मैं इसे उनके कवि की कहीं ज्यादा बड़ी सफलता कहता हूँ।

दूसरे शब्दों में, यह वह सच्चा मार्क्सवाद है जो किताबों से कम, जीवन का

पाठ पढ़ने से ज्यादा आया है। यह जीवन की खुली भाषा पढ़ने से आया है और इसे हम रामदरश जी में शुरू से आखिर तक लगातार विकासमान देखते हैं। रामदरश जी बगैर कोई दावा किए एक सच्चे और खरे और बड़े मार्क्सवादी लेखक हैं।...यह बात कहनी इसलिए जरूरी है क्योंकि आज के समय में जबकि कभी खुद को मार्क्सवाद का 'अवाँगार्द' कहने वाले लेखक आज बजरिए उत्तर-आधुनिकता न सिर्फ निर्लज्ज और बेशर्म किस्म के 'सेक्सवादी' हो चुके हैं, बल्कि उससे भी ज्यादा बेशर्मी यह है कि उसे सही साबित करने की दयनीय कोशिशें भी कर रहे हैं—तब यह साफ-साफ बता देने का समय आ गया है कि यह सारा का सारा प्रपंचवाद न मार्क्सवाद था, न है। झूठी लड़ाकू मुद्राएँ पहनने से मार्क्सवाद नहीं आ जाता, यह इसी से साबित हो जाता है कि सोवियत संघ का पतन होते ही सबसे पहले यही लोग भाग खड़े हुए थे और मार्क्सवाद को अप्रासंगिक करार देने में जुट गए थे। जबकि रामदरश जी जैसे बड़े लेखक, जिन्होंने कभी दिखावटी घोषणाएँ नहीं की और अपनी मार्क्सवादी समझ को सीधे-सीधे अपनी जनता के संघर्ष से जोड़ा, हिंदुस्तानी तहजीब और जमीन तथा उसकी पहचान से जोड़ा, आज वे उसी तरह अडोल धीरज के साथ अपने रास्ते पर आगे बढ़ते चले जा रहे हैं। अपनी जनता के विराट सुख-दुख को अपने अंदर समा लेने की कूव्वत और आत्म-विस्तार के लिहाज से अगर किसी लेखक से उनकी तुलना हो सकती है, तो वे प्रेमचंद ही हैं। प्रेमचंद की जीवन-यात्रा 1936 में थम गई थी और उन्होंने कविताएँ नहीं लिखीं। पर इधर रामदरश जी की रचनावली के पहले दो खंडों में शामिल कविताओं को बार-बार पढ़ते हुए और उनसे गुजरते हुए, मैंने अपने आपको खुद से कौतुक भरा सवाल पूछते देखा—"अगर प्रेमचंद आज होते और कविताएँ लिख रहे होते तो वे कैसी होतीं?" "वे ठीक रामदरश मिश्र जैसी होती।"—भीतर से जवाब आया। मुझे लगा अब कुछ और कहने की जरूरत मेरे लिए रह नहीं गई है।

वे जो 'कलावंत' होने या दीखने के लिए कविताएँ लिख रहे हैं, ऐसे झुंड के झुंड 'सूडो-इंटेलेक्चुअल' क्यों रामदरश जी के आगे आते ही प्रभाहीन और निस्तेज पड़ जाते हैं, उनकी कविताएँ क्यों उन्हीं के चारों ओर चक्कर काटती रह जाती हैं और रामदरश जी की कविताएँ कैसे जनता से सीधा-सच्चा संवाद कायम कर लेती हैं—अगर खोजें तो इस सवाल का जवाब भी हमें यहीं कहीं दिखाई देगा।

बहस

कविताएँ जिनमें आग नहीं, मिट्टी बोलती है!

एक

रामदरश जी के इधर के कविता-संग्रह 'बारिश में भीगते बच्चे' में एक कविता है—'मुट्ठियाँ'। बहुत अच्छी नहीं, मामूली-सी कविता है—मगर संग्रह की कुछ अलग सी कविताओं में यह भी है। तो चलिए, यही से शुरुआत करें।

यह कविता इतना तो साफ है कि 'मुट्ठीवादियों' के खिलाफ है। मुट्ठीवादियों यानी नकली जनवादियों से रामदरश जी का झगड़ा काफी पुराना है और उनकी इधर की कुछ कविताओं में यह बड़ा साफ-साफ आया है—मगर इस कविता में रामदरश जी जैसे खुल्लमखुल्ला एक युद्ध छेड़ देते हैं। उनकी मुद्रा ललकार की है—और वे लगभग चिढ़ाने वाले अंदाज से बताते है कि दो लोग जिनकी मुट्ठियाँ बंद हैं, न सिर्फ एक-दूसरे से अलग हो सकते है—बल्कि कभी-कभी तो विरोधी ध्रुवों पर भी खड़े हो सकते हैं। इसके बावजूद कि रामदरश मिश्र की सोच का सारा ढाँचा मार्क्सवादी है, वे मुट्ठीवादियों से अपनी गहरी अनबन को छिपाते नहीं हैं, "मुट्ठी बँधी होने से ही कोई भाई-बंधु होता है क्या/अब देखिए! आपकी मुट्ठी बँधी है/तमाम लोगों को इसमें कैद करने के लिए/और मेरी मुट्ठी बँधी है आपकी मुट्ठी खोलने के लिए..."

इन शब्दों का, जिसमें बौद्धिक कीमियागरी और काइयाँपन के जबाव में गाँव के एक सीधे-सादे आदमी का भरपूर गुस्सा है, वही असर हुआ जो होना था। यानी "मैंने अनुभव किया/कि/हम दोनों की मुट्ठियाँ अपनी-अपनी जगह/और कसती जा रही हैं..."

न सिर्फ मुट्ठियाँ कसने का, ब्लकि 'मुट्ठीवादी' का भी जो अर्थ इस कविता

में उभरा है—और दोनों का अलग-अलग मुट्ठियाँ कसना जिस तरह से अचानक अर्थवान हो उठा है, मुझे नहीं लगता कि वह हिंदी की किसी कविता में इससे पहले कहीं आया है। कम से कम मेरे लिए यह अर्थ अभी तक अज्ञात था।

'बारिश में भीगते बच्चे' की कविताओं से गुजरते हुए जो कुछ विलक्षण अनुभव हुए, उनमें एक यह भी है। लगता है, अपने लंबे साहित्यिक जीवन में रामदरश जी ने लगातार जो कुछ देखा और सहा है, उसका गुस्सा और आक्रोश उनके भीतर इकट्ठा होता गया है और संग्रह की कुछ कविताएँ गवाह हैं कि वह गुस्सा उनमें अब एक ललकार की शक्ल में फूट रहा है।

दो

रामदरश मिश्र की 'मुट्ठियाँ' कविता कोई ज्यादा पुरानी नहीं है। इस पर तारीख पड़ी है—5.4.1995। इससे कोई सवा साल पहले (28.1.94) की एक कविता इस संग्रह में है—जिसका शीर्षक है, 'तुमने क्यों कहा'। पढ़कर लगा कि यह कविता कथ्य के स्तर पर 'मुट्ठियाँ' कविता की जुड़वाँ कविता है। इसमें भी राजनीति का—एक खास तरह की साहित्यिक राजनीति का खुलासा है। यह साहित्यिक राजनीति भी मुट्ठीवादियों की है जिनमें एक 'बाजराज' है जो इस अवसरवादी कला में निष्णात है और एक 'पोपटराज' है जो बाजराज से दीक्षा ले रहा है। पोपटराज अभी पूरी तरह से शिक्षा ले नहीं पाया, इसलिए अच्छे और बुरे की उसे जो फेहरिस्त पकड़ा दी जाती है, उस पर यह शक करता है और अपने मन को पूरी तरह मार नहीं पाता। लेकिन दूसरी ओर बाजराज की जलती हुई आँखों और फरमान से डरता भी है। बाजराज का फरमान यह है—"तुमने क्यों कहा कि/आम का पेड़ भी तुम्हें अच्छा लगता है/तुम जानते नहीं/वह रोमांटिक पेड़ है/मैंने तो केवल कँटीली उलझी हुई झाड़ियों को ही/अच्छा कहने को कहा था।"

जाहिर है, इस फरमान के बाद पोपटराम की हालत ज्यादा अच्छी नहीं है। वह झटपट बाजराज के चरणों पर गिर जाता है, गिड़गिड़ाकर क्षमा माँगता है। मगर उसके मन में एक अंतर्द्वंद्व भी समांतर चलता है—"आम का पेड़ मुझे अच्छा लगता है / तो कब तक उसे अच्छा नहीं कहता।"

संग्रह की 'हम दोनों' शीर्षक कविता भी इसी कड़ी की एक और कविता है। यह दो मित्रों की कथात्मक कविता है जो गाँवों से साथ-साथ चले और शहर में आए। उनमें एक मित्र शहर में रहकर भी जीवन भर मन से गाँव में रहा और दूसरे की गाँव में रहते हुए भी नजर कुछ और थी। उसकी निगाहें हमेशा ऊँची अट्टालिकाओं को टटोलती थीं। इनमें एक मित्र तो खुद रामदरश जी हैं और दूर से पहचान में आते हैं—दूसरे मित्र भी कुछ-कुछ पहचान में आ रहे हैं और उनका नाम मेरे होंठों पर आना

ही चाहता है—लेकिन छोड़िए, इससे क्या फर्क पड़ता है। असल बात तो यह है कि ये मित्र भी मुट्ठीबाज हैं। सो, वे उस गाँव को मुट्ठी में बंद किए हुए हैं जिसमें वे कभी नहीं रहे। वे शहर के सारे रंग-ढंग तो सीख ही गए, अब गाँव में भी गाँव के प्रतिनिधि होकर मुआयना करने पहुँच जाते हैं। जो मन से गाँव में ही रह रहे हैं, उनकी विडंबना यह है कि वे न गाँव के हुए, न शहर के, जबकि अवसरवादी की मुट्ठी में गाँव और शहर दोनों आ गए। दो मित्रों के चरित्र के अलग-अलग ग्राफ को दर्शाती यह कविता संग्रह की एक महत्वपूर्ण कविता है—क्योंकि इसमें रामदरश जी का कवि और कथाकार दोनों एक साथ सक्रिय लगते हैं।

काश, यह कविता कुछ और बड़ी होती और दोनों मित्रों की चारित्रिक विशेषताओं को कुछ और खोलती! संभावनाएँ इसमें हैं। लेकिन तो भी जैसी भी यह है, संग्रह की एक यादगार कविता है जिसमें रामदरश जी का व्यक्तित्व रचा-बसा है—यानी एक ऐसी कविता, जिसे रामदरश जी ही लिख सकते थे।

इसी कड़ी की एक और छोटी से कविता है—'उत्तर-आधुनिकता'। रामदरश जी को यह कविता लिखने की जरूरत क्यों पड़ी? वे तो उत्तर-आधुनिक नहीं हैं, और तो और, वे तो ठीक से आधुनिक भी नहीं लगते। दिल्ली शहर में रहकर भी बड़े गँवई किस्म के आदमी हैं!...तो 'उत्तर-आधुनिकता' से उनका क्या सरोकार? इसकी तह में जाएँ तो भी छद्म और पाखंड के प्रति उनका निर्मम क्रोध ही निकलकर आता है—क्योंकि मुट्ठीवादियों में तमाम हैं जो सोवियत संघ के पतन के फौरन बाद अमरीका की ओर दौड़ पड़े हैं और पहले जैसे 'रूस...रूस' का गान करते थे, वैसे ही आजकल 'अमरीका...अमरीका' का जाप कर रहे हैं। इसी जप का एक दूसरा नाम उत्तर-आधुनिकता है जिसकी कुछ नायाब झलकियाँ इस कविता में मौजूद हैं—"उसने कहा—/कविता वापस लौट रही है।/और कविता की जगह/वह जाते-जाते स्वयं लौट आया/उसने कहा—यथार्थ अब जादुई हो रहा है/और उसका चुकता हुआ जादू/फिर एक बार यथार्थ बनकर मुस्करा पड़ा..."

ऐसा कवि—इतनी गहरी मार करने वाला कवि तथा साहित्य की नई से नई हलचलों और घातक किस्म की प्रवृत्तियों के जाल से परिचित कवि भला सीधा-सादा कैसे हो सकता है? सच तो यह है कि रामदरश मिश्र की कविताओं में धोखा खा चुके आदमी का आहत दर्प है और कई रूपों में है। इसीलिए उनकी सरलता एक भोले आदमी की सरलता नहीं, एक जागरूक लेखक की सरलता है।

तीन

यही बात रामदरश मिश्र की काव्य-भाषा को लेकर कही जा सकती है। 'बारिश में भीगते बच्चे' संग्रह की एक कविता है, 'कटे-फटे पृष्ठ'। जरा इस कविता पर एक

निगाह डालिए। इसमें रामदरश मिश्र की रचना-प्रक्रिया है, ठीक वैसी ही जैसी आम तौर से किसी भी कवि की रचना-प्रक्रिया होती है। इसमें रचना के लिखे जाने और उसके पूरे होने की बात है। साफ-सुथरी तराशी हुई रचना सुंदर पन्नों पर छपती है, पर उसे लिखने की प्रक्रिया में जो पन्ने फाड़े गए—वे? क्या होता है उनका? वे रद्दी की टोकरी में फेंक दिए जाते हैं, जहाँ से फिर वे नया कागज बनने की राह पर चलेंगे और कुछ सुंदर रचनाओं की निर्मिति में फिर काट-छाँटकर फेंक दिए जाएँगे।...देखने में यह एक छोटी-सी बात लगती है, मगर यह कोई छोटी बात नहीं है। यह असल में एक विराट सत्य का साक्षात्कार है, जो बहुत हल्के ढंग से हमारे पास आता है और अचानक फैलता जाता है। कुछ लोग हैं जो खास हैं, जिनके पास नाम है, यश है, कीर्ति है, सुंदरता है—और उसके लिए एक बहुसंख्यक नामहीन जनता हमेशा खाद की तरह इस्तेमाल होती है। होती आई है। उनकी नियति इन्हीं कटे-फटे पन्नों जैसी है जिन्हें बार-बार फटकर रद्दी की टोकरी में आना होता है। इसके अलावा इनका कोई अर्थ ही नहीं। इसी तरह पीढ़ियाँ-दर-पीढ़ियाँ गुलामों की पैदा होती जाती हैं और पीढ़ियाँ-दर पीढ़ियाँ उनकी भी जो सुंदर हैं, चमकदार हैं और करोड़ों गुलामों को अपने लिए खाद बनाना जानते हैं। इस कविता में कटे-फटे पृष्ठों के बहाने वंचित जनता की गहरी पीड़ा और कचोट है—"कटने-फटने की पीड़ा/दाग की तरह सीने से लगाए हुए/कटे-फटे पन्ने/रद्दी की टोकरी में पड़े-पड़े इंतजार करते हैं/उन हाथों का/जो उसे जला देंगे/या नए कोरे कागज की शक्ल में ढाल देंगे/फिर किसी अमर रचना हेतु/कटने-फटने के लिए।"

यह यकीनन एक 'लो टोन' की कविता है, लेकिन हल्के ढंग से सरका दी गई एक बात कितनी दूर तक जा सकती है, यह इस कविता में देखा जा सकता है। एक 'मास्टरली टच' है इस कविता में—और इसी से समझ में आता है कि रामदरश मिश्र असल में उतने सीधे नहीं हैं जितने वे नजर आते हैं—असल में वे काफी-कुछ टेढ़े आदमी हैं। कम से कम टेढ़े कवि वे जरूर हैं।

चार

अब रामदरश जी की उन कवितओं की चर्चा करें जिनकी वजह से उनकी खास पहचान है, यानी गँवई ठाठ की कविताएँ—गाँव, खेतों, प्रकृति के उल्लास और लोगों के दुख-दर्द की कविताएँ। इनमें भी प्रकृति का चित्रण उनका खासकर लुभाने वाला है और उसके पीछे उनका जिया गया जीवन साफ झाँकता है। रामदरश जी की कविताओं में ही नहीं, उनके उपन्यासों में भी गाँवों के जीवन, ऊष्मा और प्रकृति के सौंदर्य और उल्लास की लगभग झड़ी ही लग जाती है। 'बारिश में भीगते बच्चे' में भी प्रकृति को लेकर रामदरश जी की कुछ बेहतरीन कविताएँ हैं जिनके पीछे कुछ

बड़े जीवन-सत्य और 'इशारे' भी हैं। मसलन 'खंखड़ भया पलाश' में पलाश के पत्तों के झड़ने और 'एक विराट उजाड़' के बावजूद 'भविष्यत्' की प्रतीक्षा का यह भाव—"मैं तो झड़ जाता हूँ/लेकिन मेरी रंग-लिपियाँ तैरती रहती हैं/समय के पृष्ठ पर/मेरे फिर दहकने की प्रतीक्षा में/ठंडा समय बीत जाता है/और एक दिन फिर वसंत आ जाता है।"

'समय के पृष्ठ' पर तैरती रंग-लिपियों की इतनी गहरी पहचान उसी कवि को होगी जिसने प्रकृति के साथ एकमेक होकर उसे जिया है। इसीलिए कभी-कभी वे छोटी-छोटी और बड़ी मामूली-सी लगती बातें कहकर भी हमारा मन मोह लेते हैं। जैसे 'ढल रहा है दिन' में शाम की उदासी के साथ-साथ पक्षियों के उल्लास की यह याद—"लेकिन/कैसे हैं ये पंछी/जो दिन आते समय भी गाते हैं चहचहाते हैं/उड़ते चले जाते हैं पंखों पर धूप बिछाए हुए/जीवन के अनंत विस्तारों में/और दिन डूबने के समय भी/गाते हैं चहचहाते हैं/उत्सव मनाते हैं/फिर चुपके से उतर जाते हैं/रात की घाटी में।"

इसी तरह एक और कविता में दीया सिर्फ माटी का दीया नहीं रह जाता। बल्कि वह कहीं भी अँधेरे में भटकते आदमी का संबल लगने लगता है : "दीया मत बुझाओ/माना कि यह हमारे आराम का समय है/लेकिन तो भी रोशनी को पुकारने दो/कौन जाने कोई राही भटका हो/घने अँधेरे के जंगल में/याद हैं न अपने वे अँधेरे दिन।"—और कविता में न सिर्फ उनके 'गर्दिश के दिन' बल्कि सहानुभूति के डब-डब करता उनका 'बड़े भाई' का-सा चेहरा हमारी आँख के आगे आ जाता है।

पाँच

'बारिश में भीगते बच्चे' में प्रकृति के उच्छल आवेग और उल्लास की कुछ और भी बेहतरीन कविताएँ हैं। खुद संग्रह की शीर्षक कविता एक छोटी-सी, क्रीड़ामग्न कविता है जिसमें 'बारिश का आनंद' मूर्त हो उठा है। पर संग्रह की सबसे अच्छी कविता शायद 'आशीष' है—जिसमें प्रकृति नहीं, आदमी के 'होने' की सुंदरता बखानी गई है। एक ऐसा कविता, जिसमें रामदरश जी के कवि का ममत्व जैसे झर रहा है। रामदरश मिश्र ने यह कविता अपने पोते संकू या संकल्प पर लिखी है, तो जाहिर है, वह उसके लिए 'ममतालु' होंगे ही! लेकिन यह कविता एक बड़ी कविता हरगिज न होती अगर इसके पीछे 'जाती हुई पीढ़ी' का 'आती हुई पीढ़ी' के लिए होंठों तक लबालब भरा स्नेह यों लुटाया न जा रहा होता—"संकू!/अब तुम धीरे-धीरे मुस्कराना सीख रहे हो/धीरे-धीरे आँखों से बोलना सीख रहे हो/जब मुस्कराते हो तो/न जाने तुम्हारे भीतर के/कितने निश्छल सपने महकने लगते हैं/तुम्हारी उठती

गिरती बंद मुट्ठियों में/न जाने समय का कौन-सा रहस्य छिपा है? ”

और कविता का अंत इन पंक्तियों के साथ होता है जिसमें गुजरती हुई पीढ़ी का बहादुरी भरा 'आशीष' नई पीढ़ी के अभिषेक के लिए जैसे दोनों हाथों से फूलों की वर्षा कर रहा हो—“नहीं मेरे बेटे,/तुम इस तरह विमूढ़ होकर/समय से लांछित मत होना/उसके भाल पर/अपनी इसी हँसी के फूल छापते रहना/कौन जाने तुम्हीं वह मसीहा निकलो/अभिशप्त समय जिसका इंतजार कर रहा हो।”

संग्रह की कुछ छोटी कविताएँ अपने हल्के लेकिन सीझे हुए स्वर में मानवता के आसन्न संकटों की हमें सूचना देती हैं और आने वाली सदी की भयावहता का अहसास कराती हैं। ऐसी कविताओं में 'यह किसका घर है', 'केवल मैं नहीं हूँ', 'रात के सामने', 'अपरिचय' कुछ अच्छी और बेधक कविताएँ हैं।

'बारिश में भीगते बच्चे' में रामदरश जी की तमाम अच्छी और सफल कविताएँ हैं जो उनकी कविता से एक नई राह लेने की हमें सूचना देती हैं। तो भी रूटीन कविताओं का एक बड़ा काफिला उनकी काव्य-यात्रा में एक भार की तरह है। 'बारिश में भीगते बच्चे' में भी 'रूटीन' कविताओं की संख्या कुछ कम नहीं है और यही नहीं, इन कविताओं को पढ़ते हुए छठे दशक की कुछ काव्य-पंक्तियों की गूँजें इतना अधिक पीछा करती हैं कि यह खुद में एक चौकाने वाली चीज है। रामदरश जी को सोचना चाहिए कि वे इससे कैसे निजात पाएँ?...यों संग्रह में ऐसी कई कविताएँ हैं जिनसे रामदरश जी के नए काव्य-मिजाज का पता चलता है। यह खुद में एक सुखद उपलब्धि है।

कथालोक

धीरे-धीरे कथा की शर्तों से मुक्त होती कहानियाँ

एक

कहानी संग्रह 'खाली घर' से चलकर सदी के आखिरी दशक में छपे 'आज का दिन भी' तक कोई चार दशक लंबे सफर में रामदरश जी कहाँ से चलकर कहाँ आ गए, यह जानना हो तो इसी संग्रह में 'संध्या' और 'आज का दिन भी' शीर्षक कहानियों को एक के बाद एक पढ़ जाइए। आपको उनमें भाषा और अहसास ही नहीं, कहानी की बुनियादी संरचना भी बदली हुई नज़र आएगी और संभवतः आप उन्हें एक ही लेखक की रचनाएँ मानने से इनकार कर दें।

असल में 'आज का दिन भी' में सभी कहानियाँ नई नहीं हैं। कुल तेईस कहानियों के इस संग्रह में अठारह कहानियाँ सन् 91 से 95 के बीच लिखी गई हैं—यानी रामदरश जी की कहानी-कला का ताजा फेज इनमें नजर आएगा। बाकी पाँच कहानियाँ ('संध्या', 'गाँव का बड़ा आदमी', 'कहानी का प्लाट और खलिहान', 'वकील साहब', 'एक और बुद्धिजीवी') रामदरश जी की एक तरह से शुरुआती कहानियाँ हैं जो छठे दशक में लिखी गई थीं। उन्हें भी इस नए संग्रह में शामिल कर लिया गया है। 'संध्या' भी छठे दशक में लिखी गई इन्हीं पाँच कहानियों में से एक है। यह कैशौर्य अनुभूति या कच्ची उम्र के एक छोटे-से अहसास की कहानी है जिसमें साथ पढ़ने वाली लड़की के तनिक से झुकाव या उसके व्यवहार की किसी अबूझ पहेली को खोलने से अधिक सुखद और मीठा अनुभव कोई और नहीं है। यह प्रेम खुलता भी है तो उस समय जब लड़की इम्तिहान देने के बाद वापस अपने घर जा रही होती है और ट्रेन लगभग चल पड़ने की है। इस कहानी में प्रेम, जिज्ञासा, नाटकीय अंत और पीछे छूट जाने वाली एक मीठी सी-कसक—यानी रोमानी अंदाज

की कहानी के सभी तार एक 'सुर' में दिखाई पड़ते हैं। तब से रामदरश जी की कहानी ही नहीं, कथा-भाषा में भी एक बड़ी यात्रा के बाद की 'समृद्धि' दिखाई पड़ती है। यह 'आज का दिन भी' कहानी पढ़कर समझा जा सकता है। यहाँ न प्रेम का फार्मूला है, न नाटकीयता, न चरित्र, न कथा का जाना-पहचाना विन्यास। यहाँ तक कि पहले से सोचकर लिखी गई कहानी तक यह नहीं है। बस, एक लेखक की सीधी-सादी दिनचर्या है जिसमें खीज, खालीपन और कुछ न हो पाने, कुछ न कर पाने की एक अव्यक्त-सी तड़प समाई हुई है। और एक बच्ची की उपस्थिति उस खालीपन से बजते हुए दिन को एक अजीब सी अर्थवत्ता और दीप्ति से भर देती है।

धीरे-धीरे पकती उम्र की तरह यह धीरे-धीरे पकती और पौढ़ाती हुई कहानी है जो कहानीपन के भार से धीरे-धीरे मुक्त होती जाती है। और वहाँ आ गई है जहाँ सभी अतियाँ और नाटकीयताएँ फिजूल लगने लगती हैं। हालाँकि मजे की बात यह है कि चाहे 'संध्या' जैसी शुरुआती कहानी हो या 'आज का दिन भी' जैसी ताजा दौर की कहानी, रामदरश जी का कहानी पर अतिरिक्त जोर कभी नहीं रहा—न तब, न अब। 'संध्या' प्रेम के एक छोटे से अहसास की कहानी थी और 'आज का दिन भी' लेखक के निरर्थक और खाली होते जाने के अहसास की 'एक कहानीहीन कहानी' भर है।

दो

लेकिन नहीं, 'आज का दिन भी' की बदली हुई संवेदना और स्थापत्य पर अभी हमें थोड़ा और जमकर बात करनी चाहिए। इसलिए कि यह इस संग्रह की ही नहीं, रामदरश जी की अब तक की सबसे महत्वपूर्ण कहानियों में से एक है। यह ऐसी कहानी है जिसमें आज की कहानी, बल्कि कहें कि इक्कीसवीं सदी की कहानी के तमाम नए रास्ते फूटते हैं। यह साफ शब्दों में कहूँ तो 'कहानी की मुक्ति' की कहानी है। इसीलिए 'आज का दिन भी' अपने अनुभव पर जितना विश्वास करती है, उतनी कथात्मकता या कथा-रस पर नहीं। तो भी ताज्जुब की बात है, उसे पढ़ते हुए कथात्मकता की कमी हमें हरगिज नहीं खलती। रोजमर्रा की छोटी-छोटी बातों का संग्रह भी, जिन्हें एक खास क्रम दे दिया गया है—कथात्मकता की सृष्टि कर सकती हैं, यह इस बात का सबूत है। और कथा ही क्यों, यह चरित्र और नायकत्व से मुक्ति की भी कहानी है। यह आकस्मिक नहीं कि 'आज का दिन भी' कहानी में सबसे अधिक प्रमुख एक छोटी बच्ची मिट्ठू है। और मिट्ठू का हँसता हुआ चेहरा कहानी खत्म होने के बाद भी आपके जीवन में खिलखिलाहट का रंग भरता रहता है। वह केवल दादा जी से ही नहीं, जैसे आपसे भी सवाल कर रहा हों—"कहो जी, आऊँ?"

इसलिए कि समय अगर निराशाओं से लबालब भरा हुआ है तो प्रेम की एक छोटी-सी बूँद के सिवा भला ऐसी और क्या चीज है जिस पर आप यकीन कर सकते हैं!

यों कुल मिलाकर कहानी क्या है? यह लेखक की बड़ी नीरस और निरर्थक-सी लगती दिनचर्या है जिसमें कुछ बेमतलब के फोन हैं, कुछ निरर्थक दस्तकें हैं, कुछ गुजरे हुए समय का दर्द है, कुछ अपमानों की कड़वी स्मृतियाँ है, कुछ अपने कुछ न होने, कुछ न कर पाने की टीसें हैं। कुछ परिवार के सुख-दुखों की धूप-छाँव है। एक बच्चे के साथ खेलते हुए बारी-बारी से ये क्षण आते हैं और अनायास एक क्रम में ढल जाते हैं—और अचानक मिट्टू की हँसी की कौंध उसे कथा का रूप दे देती है। मानो उस निरर्थकता में अचानक कोई बड़ा अर्थ पैदा हो गया हो!!

तो गौर करने की बात यह है कि 'आज का दिन भी' में कोई चरित्र नहीं है। यह नायकत्व के विखंडन की कहानी है। एक ऐसा विखंडन जिसमें नायक टूट-फूटकर एक साधारण आदमी बन गया है। फिर भी उसका कुछ इसलिए नहीं बिगड़ा कि वह तमाम 'महानों' के ढोंग को आसानी से भेद सकता है और साधारण की पीड़ा को अधिक शिद्दत से महसूस कर सकता है। असल में रामदरश जी का ढंग यह है कि वह सहज ही किसी चरित्र या घटना को लेकर चल पड़ते हैं और कहानी खुद-ब-खुद बनती जाती है। पहले से स्थितियों का पूरा ताना-बाना बुनकर कहानी लिखना उन्हें प्रिय नहीं है। इसीलिए उनकी कहानियों के ज्यादातर पात्र ऐसे हैं जैसे आपको जीवन में कहीं भी चलते-फिरते मिल जाएँगे। वे साधारण हैं, लेकिन उन्हीं में से आगे चलकर सहज ही कोई अर्थ फूट पड़ता है। इसीलिए चरित्र को जान-बूझकर 'कर्व' देना या कथा के चालू लटके-झटके अपनाना रामदरश जी को कभी प्रिय नहीं रहा। एक बार को 'टाइप्ड' होने का खतरा तो वे उठा लेते हैं लेकिन कृत्रिम ढंग से पात्रों की साज-सज्जा उन्हें कभी पसंद नहीं रही।

संग्रह की ऐसी कहानियों में से जो चरित्रों के सहारे या उनकी अंतर्हित पेचीदगियों को खोलते हुए आगे बढ़ती हैं, 'मुकदमा' मुझे सबसे अच्छी लगी जिसकी करुणा कभी रुलाती, कभी हतप्रभ कर देती हैं। उसमें ऐसे 'बड़े भाईसाहब' का चरित्र है जो कभी कर्मठ थे और जिन्होंने अपनी पढ़ाई बीच में रोककर तथा अनगिनत कष्ट सहकर छोटे भाई को पढ़ाया था और पूरे घर का भार कंधों पर लिया था। बाद में धीरे-धीरे अव्यावहारिक आदर्शों के जाल में उलझते हुए वे एक ऐसी भूल-भुलैया में भटक जाते हैं जहाँ एक ओर घंटों पूजा-पाठ का झमेला है, दूसरी ओर दुनियावी लोभ का अनंत मायाजाल। धीरे-धीरे वे थक जाते हैं और स्मृति खो बैठते हैं। बड़े भाईसाहब की इस ट्रेजेडी को रामदरश जी इस तरह खोलते हैं, जैसे उनके व्यक्तित्व की एक-एक रेखा उनके दिल में बसी हुई है। इसी से कहानी के अंत में बड़े भाईसाहब की टूटन का पूरा इतिहास सुन लेने के बाद हमें लगता है, जैसे हमारे सामने कोई बड़ी चट्टान दरक गई हो।

इसी तरह 'रहमत मियाँ', 'कलाकार', 'एक कवि की डायरी', 'वकील साहब' 'गाँव का बड़ा आदमी', 'किस्सा श्यामकुमार का' जैसी कहानियाँ चरित्रों के इर्दगिर्द गढ़ी गई हैं। ये चरित्र कभी पूरी तरह खुलते और अपने साथ बहा ले जाते हैं तो कभी उनकी एकाध झलक ही उभरती है। लेकिन अकसर वे वक्रता नहीं, सादगी के साथ सामने आते हैं और अपनी कोई न कोई विश्वसनीय छवि लिए होते हैं। मसलन 'रहमत मियाँ' कहानी का रहमत मियाँ जो इनसानी भाईचारे में इस हद तक यकीन करता है कि एक हिंदू के बच्चे को पालता है, महात्मा गाँधी के नाम पर उसका नाम मोहन अली रखता है और अंततः हिंदू-मुस्लिम दोनों की नफरत का शिकार होकर एक सांप्रदायिक दंगे में मारा जाता है। लेकिन रहमत मियाँ का चरित्र थोड़ा दबा-दबा सा है। इसी तरह मोहन अली का चेहरा लगभग गायब ही है (मानो वह रामदरश जी के आदर्श का एक प्रवक्ता मात्र हो!) वरना उसके जरिए रहमत अली की ममतालु छवि के कुछ और बिंब उभर सकते थे।

'रहमत मियाँ' की तरह 'कलाकार' कहानी भी हल्के से सरलीकरण का शिकार हो गई लगती है और कुल मिलाकर उन दो भाइयों की कहानी होकर रह जाती है जिनमें एक अच्छा कलाकार लेकिन बुरा आदमी है और दूसरा हमदर्दी से भरा एक अच्छा इनसान है। कलाकार को खूब शोहरत मिलती है, अखबारों में उस पर लेख-समीक्षाएँ आती हैं और लोग उसके नाम से प्रभावित हैं। लेकिन वही कलाकार घर में पत्नी, बच्चों, पिता सभी के त्रास का कारण है और घर में बच्चों की पढ़ाई पर जो पैसे खर्च होने चाहिए थे, उन्हें दोस्तों के बीच शराब में उड़ा देता है। वह कलाकार है इसलिए सारी दुनिया का तिरस्कार करने और गाली-गलौज करने का हक पा लेता है, जबकि छोटा भाई सब सहता है, फिर भी अपने बड़े भाई, उसके परिवार और मित्रों तक के लिए जिसकी हमदर्दी कम नहीं होती। कहानी में कला की दुनिया का आडंबर खूब खुला है। यह एक ऐसी दुनिया है जिसमें सब कुछ है, लेकिन सच्ची संवेदना गायब है, इनसान और इनसानियत के लिए यहाँ जगह नहीं है। अगर चीजों को सिर्फ काले और सफेद में बाँटकर देखने की जिद के कारण कहानी में कलाकार को जान-बूझकर एक 'नेगेटिव' चरित्र के रूप में ही 'कंसीव' न किया होता, और उसकी भीतरी दुनिया की मजबूरियों और छटपटाहट को भी (जिसके कारण वह दुनियादारों की दुनिया में खो नहीं पाता)—थोड़ी सहानुभूति देकर समझा गया होता, तो यह यकीनन रामदरश जी की महत्त्वपूर्ण कहानियों में से एक होती।

'एक कवि की डायरी' के कवि और 'वकील साहब' कहानी के चरितनायक वकील साहब भी खासे दिलचस्प हैं और इनके मजेदार कैरीकेचर इन कहानियों में मिलते हैं। लेकिन कुल मिलाकर ये कहानियाँ ज्यादा ऊँचाई पर नहीं पहुँचतीं। इतना जरूर है कि ये बहुत निकट से देखे गए चरित्रों पर लिखी गई कहानियाँ हैं, सो ऊष्मा

इनमें काफी है। 'एक कवि की डायरी' के महान कवि जिस गत्यवरोध की चर्चा चलाते हैं, वह 'न लिखने के कारण' से काफी मिलता-जुलता है। हालाँकि 'एक कवि की डायरी' के चरित नायक में हमारी साहित्यिक दुनिया के एक नहीं, कई चेहरे गड्डमड्ड होकर मिल गए लगते हैं! 'गाँव का बड़ा आदमी' के धाकड़ पांडे में भी कुछ ऐसा है कि उन्हें भूलना मुश्किल है। हालाँकि इस कहानी में कच्चापन बहुत है। 'किस्सा श्यामकुमार का' एक बेहद उदास कर देने वाली कहानी है जिसमें कथावाचक का गाँव से दिल्ली आया कुंदजेहन भतीजा श्यामकुमार थोड़ी अपनी मूर्खता, थोड़ी अपनी गँवई चतुराई की वजह से अपने सगे चाचा को ठगता है, मगर खुद अपने बनाए जाल में उलझकर पहले से ज्यादा बुरी हालत में पहुँच जाता है। कहानी के अंत में उसकी पत्नी की दुर्घटना में मृत्यु हो जाने पर पैदा हुई स्थितियाँ महानगरीय जीवन के खौफ को उभारती हैं। यह इतने दुखी मन से लिखी गई कहानी है कि लगता है, आप कहानी नहीं पढ़ रहे, लेखक के मुँह से उसकी किसी पारिवारिक त्रासदी की कथा सुन रहे हैं।

चरित्र के इर्द-गिर्द बुनी हुई इन कहानियों में आप चाहें तो 'ज्ञानकुंज' को भी शामिल कर सकते हैं, गो कि वह किसी व्यक्ति नहीं, किसी बस्ती के चरित्रहीन होते जाने की कहानी है जो किसी अच्छे आदर्श की कल्पना से बसाई गई थी, मगर फिर 'बाजार' वालों के हत्थे चढ़कर बुरी तरह फूलती-फैलती गई और अंततः 'चोली के पीछे...' की दागदार संस्कृति की हिस्सा हो गई। आप कह सकते हैं कि 'ज्ञानकुंज' एक पूरी बस्ती के चारित्रिक पतन की कथा है—लेकिन वह एक बैरोमीटर भी है जिस के जरिए आप पूरे समाज की हालत और 'चरित्र' का अंदाज लगा सकते हैं।

तीन

रामदरश जी की कुछ कहानियाँ ऐसी हैं जिनमें कोई छोटी-सी घटना या तीखी खरोंच वाला कोई अनुभव खुद-ब-खुद कहानी में ढल गया है। इनमें से ज्यादातर कहानियों के पीछे 'मेहनत' नहीं है, बस तात्कालिक आवेश में वे लिखी गई हैं और लेखक की डायरी के किसी पन्ने या मीठे-तीते संस्मरण जैसी है। आप चाहें तो इन्हें 'वन शॉट स्टोरी' भी कह सकते हैं। इनमें 'तफरीह का एक दिन' बहुत मजेदार कहानी है जिसमें कथावाचक एक दिन अपने मित्र के मकान मालिक जैदी साहब की कार में सिनेमा देखने निकलता है और रास्ते में कार खराब हो जाने पर सिनेमा देखना तो दूर, इतनी विकट और नाटकीय स्थितियों का सामना करना पड़ता है कि यह त्रासदी खुद-ब-खुद एक कहानी बन जाती है। जैदी साहब जैसे थोड़े सनकी, थोड़े उदार, थोड़े कंजूस आदमी की उपस्थिति इस कहानी में खुद-ब-खुद अलबेले रंग भर देती है।

इसी तरह 'नेता जी की चादर' आज के राजनीतिज्ञों पर एक गहरी वितृष्णा भरी टिप्पणी है। यह कहानी भी एक प्रतिष्ठित शिक्षा-संस्थान के अतिथिगृह में एकाध रोज रुकने पर हुए अनुभव का बेबाक बयान है। अतिथिगृह में इसी कक्ष में इससे पहले नेता जी रुक चुके थे और उनकी इस्तेमाल की हुई चादर पर सोना इसलिए मुश्किल है क्योंकि उस चादर में वे सभी 'रोग' हैं जो आज की राजनीति और नेताओं को लग चुके हैं। लिहाजा कथावाचक को पलंग छोड़कर नीचे, नंगे फर्श पर सोना कहीं ज्यादा आरामदायक लगता है। वैसे यह सवाल अपनी जगह है कि जो नेता जी बाथरूम में माँस के टुकड़े फेंककर गए हैं, उन्होने कमरे के फर्श को कितना साफ-सुथरा छोड़ा होगा? कहानी पढ़कर यह सवाल मुझे लगातार परेशान करता रहा। कुल मिलाकर यह एक सहज कहानी है और राजनीतिक मिजाज की होंते हुए भी कहीं 'लाउड' नहीं होती। 'चोरी' भी एक छोटी सी कहानी है जिसमें घर में रखे पैसे चुरा लेने वाला बेटा है ओर उन पैसों की चोरी की वजह से टेलीफोन का बिल जमा न कर पाने वाला हकबकाया हुआ पिता है। पिता अचानक अपने बचपन में पहुँच जाता है जहाँ उसने दस रुपए का एक नोट चुराया था और जब वह बचे हुए सात रुपए लेकर हबसते हुए पिता की खाट के पास पहुँचा था तो पिता ने उसे रोते हुए छाती से लगा लिया था। अतीत का यह पन्ना इतनी सच्ची भावना से जुड़ा हुआ है कि आप विगलित हुए बिना नहीं रह सकते। हालाँकि कथावाचक यह घटना बयान करने बाद पुत्र को ठठाकर हँसते हुए पाता है तो दो पीढ़ियों का फर्क एक साथ उसकी आँखों में कौंध जाता है। इसी तरह 'और मैं फिर मुस्कराया' में एक ठगी गई स्त्री की व्यथा है जो बार-बार किसी के दुख में पिघल जाने वाली उसकी इनसानियत पर सवालिया निशान लगाती है। लिहाजा उसके भीतर इनसानियत और महानगरीय तटस्थता के बीच अजीब-सी जंग छिड़ जाती है।

संग्रह में ऐसी तमाम कहानियाँ हैं जो पढ़े-लिखे लोगों के ढोंग को खोलती है। 'अभिनंदन ग्रंथ', 'झगड़ा' जैसी कहानियाँ भी इन्हीं में से हैं। 'अभिनंदन ग्रंथ' एक व्यंग्यात्मक कहानी है जो उन पद्मश्री आचार्य मुकुंद जी के ढोंग को उधेड़ती है जो खुद योजना बनाकर अपना अभिनंदन कराते हैं, अभिनंदन ग्रंथ के लिए मुफ्त में लेख लिखवाते हैं और फिर उस अभिनंदन ग्रंथ की अग्रिम बिक्री के नाम पर लेखकों से पैसे भी हड़प लेना चाहते हैं। अभिनंदन ग्रंथ के संपादक संजीवकुमार भी उन आचार्य जी के योग्य शिष्य हैं और दोनों गुरु-चेला इस साहित्यिक छद्म में 'राम मिलाई जोड़ी' की तरह चमक रहे हैं। 'झगड़ा' पढ़े-लिखे और संवेदनशील कहे जाने वाले लेखकों के चेहरे नोंचकर उन्हें उन अनपढ़ सब्जी वालों के बरक्स खड़ा कर देता है जो आपस में खूब लड़ते-झगड़ते हैं लेकिन संकट आने पर सब कुछ भूलकर मदद करने दौड़े चले आते हैं। जबकि पढ़े-लिखों की ईर्ष्या और मत्सर देर तक नहीं धुलता और वे और चाहे जो भी हों, सहज आदमी नहीं हो पाते। यही समस्या संग्रह की

कई कहानियों में है। मालूम पड़ता है, लेखक की यह एक स्थायी 'प्रॉब्लम' है—जैसे वह बार-बार यह सवाल अलग-अलग कोणों से खड़ा कर रहा हो कि पढ़े-लिखे लोग अगर बढ़िया इनसान नहीं हैं तो उनके पढ़े-लिखे होने का मतलब ही क्या है?

रामदरश जी की कहानियों की एक दुर्बल धारा और है जिसमें कोई चरित्र या घटना नहीं, कोई विचार ही उनके जेहन में पहले आता है और उसके मुताबिक चरित्र या घटनाएँ सोचकर वे कहानी गढ़ते नजर आते हैं। ये कहानियाँ ज्यादा अच्छी इसलिए नहीं बन पड़ी कि इनमें चरित्रों का सहज ढंग से विकास हो ही नहीं पाया। लगता है, कुछ साबित करने के लिए कहानी लिखी जा रही है और जिस बिंदु पर उस विचार की निष्पत्ति हुई, कथाकार 'जाल' समेटकर एक ओर बैठ गया। रामदरश जी की कई अच्छी कहानियाँ इसी चक्कर में बिगड़ गईं। मसलन 'लेकिन' कहानी की शुरुआत गजब की है। रिक्शे की सीट पर धब्बे की तरह बैठा बालक जो बड़ी मुश्किल से रिक्शा चला पाता है—शुरू से हमारे जेहन में धँसने लगता है। लेकिन यह चित्र गहराए, इससे पहले ही यह कहानी मंडल-विरोधी तर्क-जाल में उलझकर पटरी से उतर जाती है। 'धंधा', 'एक और बुद्धिजीवी' भी इसी तरह की कहानियाँ हैं जो कुछ बेहतर हैं। 'कहानी का प्लाट और खलिहान' का आत्मव्यंग्य भी बहुत प्रभावशाली नहीं बन सका। यूँ भी यह शुरुआती दौर की कहानी है जो कहानी की 'तरकीब' से बुनी गई है, सहज उल्लास इसमें कम है। संग्रह की अच्छी कहानियों के साथ इसकी लय कहीं बैठती ही नहीं।

इस ढंग की कहानियों में 'कैसे हैं गुरु जी' जरूर कहीं कहीं छूती है और दीन-हीन बनकर आए शिष्य का एक बार टेढ़ी उँगली से घी निकालने के बाद हमेशा के लिए 'टेढ़ा' हो जाना समझ में आता है। यहाँ शिष्यों के लिए बहुत-कुछ करने की इच्छा के बावजूद कुछ न कर पाने की रामदरश जी के 'प्रोफेसर'-रूप की विवशता मन में गहरे खुब जाती है। धूर्जटीप्रसाद अग्निहोत्री के रूप में रामदरश जी के गुरु हजारीप्रसाद द्विवेदी की एक बड़ी ही आत्मीय छवि इस कहानी में है, जो याद रह जाती है। संग्रह में ग्रामीण परिवेश की एक बिल्कुल अलग मिजाज की कहानी भी है—'दक्षिणा'। यह प्रेमचंद के बाद के बदले हुए गाँव की कहानी है और कोई बुरी कहानी यह नहीं है। लेकिन कहानी में जिस तरह की अति-नाटकीयता है, वह रामदरश जी के स्वभाव से मेल नहीं खाती।

चार

अलबत्ता 'आज का दिन भी' की कहानियों की एक सीमा यह है कि ज्यादातर कहानियों में रामदरश जी खुद ही नैरेटर हैं। बहुत-सी कहानियों में तो नैरेटर ही नायक है और वह लेखक, पत्रकार या प्रोफेसर ही है। इससे ये कहानियाँ एक तरह

की 'मोनोटोनी' की शिकार तो हुई ही हैं। इसी तरह जिन शुरुआती कहानियों को संग्रह में शामिल किया गया है, उन्हें थोड़ा-बहुत 'टच' तो किया ही जा सकता था। 'संध्या' कहानी में यह गड़बड़ है कि कहीं तो अनिल नैरेटर है और खुद के लिए 'मैं' का प्रयोग करता है और कहीं यह नैरेटर गायब हो जाता है और कहानी में सीधे-सीधे मुकुल और अनिल के नाम आने लगते हैं। इसी तरह 'गाँव का सबसे बड़ा आदमी' में जो कविता का टुकड़ा है, वह मुझे कतई सुरुचिपूर्ण नहीं लगा—अनावश्यक तो वह है ही!

जो भी हो, इतना तो तय है कि रामदरश जी इस समय अपनी कथा-यात्रा के उस मोड़ पर नजर आते हैं जहाँ कोई लेखक कहानी से ज्यादा 'कहानी की मुक्ति' चाहता है। बगैर कथा के बने-बनाए रास्तों या ढाँचों की परवाह किए अपनी मौज में कहीं भी चल पड़ता है। और जिधर चलता है, उधर रास्ता खुद-ब-खुद बनता नजर आता है। संग्रह की बहुत-सी कहानियाँ इसी ढंग से सिरजी गई हैं, इसीलिए उनमें एक तरह का टटकापन भी है। लेकिन कुछ कहानियों को छोड़कर संग्रह की तमाम कहानियों की एक सीमा यह है कि रामदरश जी कहानी कहते हैं, उसे गहराते नहीं। इसलिए उनके चरित्र सहज तो लगते हैं, लेकिन ऐसे यादगार पात्रों में नहीं ढल पाते कि वे आपकी चेतना का हिस्सा बन जाएँ। या जीते-जागते लोगों की तरह आपको अपने लगने लग जाएँ! शायद उन्हें थोड़ी और हमदर्दी, थोड़ी और प्रतीक्षा, थोड़ी और आँच की जरूरत थी और पूरा पकने से पहले ही उन्हें आँवे से उठा लिया गया। वरना 'कलाकार' का आकाश सिर्फ एक 'नैगेटिव' चरित्र ही न होता, उसके भीतर की छटपटाहट और दुनियादारी की ले-दे से कुछ अलग समझे जाने और थोड़ा प्यार पाने की उसकी तड़प भी सामने आती! 'तफरीह का एक दिन' के जैदी साहब की सनक और मौज थोड़ी और खुलती, रहमत मियाँ का चरित्र थोड़ा और ऊँचा उठता ओर 'लेकिन' के रिक्शे वाले बच्चे का चेहरा कहानी में अधबना न रहता!

पाँच

रामदरश जी से इस समय ज्यादा गहरी गूँज वाली, ज्यादा थिराई हुई—और सचमुच बड़ी कहानियों की उम्मीद की जाए तो कुछ गलत न होगा। 'आज का दिन भी' में शीर्षक कहानी के अलावा किसी हद तक 'मुकदमा', 'कलाकार', 'रहमत मियाँ' और 'नेता जी की चादर' ही कुछ गहरी गूँज वाली कहानियाँ हैं। बाकी कहानियाँ सीधे-सच्चे अनुभवों का बयान तो करती हैं, कुछ कम या ज्यादा मन को छूती भी हैं, लेकिन उन्हें यादगार कहानियाँ तो नहीं ही कहा जा सकता।...हालाँकि अकेली 'आज का दिन भी' इतनी अच्छी और सच में दमदार कहानी है कि आज के एक ईमानदार लेखक के ईमानदार द्वंद्व के साथ-साथ, यह जानने के लिए भी उसे बार-बार

पढ़ा जाएगा कि आज की कहानी कहाँ से चलकर कहाँ तक आ पहुँची है और 'कथाहीनता' के बावजूद उसमें कथा के कैसे-कैसे नए क्षितिज और संभावनाएँ झलझला रही हैं। इस बढ़िया कहानी के लिए संग्रह को कई दशकों बाद भी उत्सुकता से खोजकर पढ़ा जाए, तो ताज्जुब न होगा।

टीप

जिंदगी और कला के बीच एक साझी दुनिया रचती कहानियाँ

एक

रामदरश जी के ताजा कहानी संग्रह 'फिर कब आएँगे' में हाल के वर्षों में लिखी गई कुल जमा नौ कहानियाँ हैं, जिनके नामों की सूची कोई चाहे तो संग्रह के शुरुआती पन्नों में देख सकता है। पर मेरे लिए यह बहुत काम की नहीं है। इसलिए कि इस संग्रह को मैंने दो बार पढ़ा है और दोनों ही बार पढ़ने के दौरान या फिर पढ़ने के तुरंत बाद मेरे लिए कहानियों के नाम एक ही तरह से बदलते चले गए। यानी वे नहीं रहे, जो रामदरश जी ने दिए हैं। उदाहरण के लिए 'फिर कब आएँगे' शीर्षक वाली कहानी का नाम हो गया—'बड़े भाई साहब, नंबर-दो।' यह इसलिए कि 'बड़े भाई साहब, नंबर-एक' कहानी भी इस संग्रह में है—'पेंशन' नाम से। ऐसे ही एक कहानी का नाम हो गया 'मेरी पत्नी उर्फ एक थी दादी'। एक कहानी का नाम 'प्रतिभा बहन'। एक और कहानी का नाम 'जगरानी फूआ'। फिर एक का नाम 'मेरा बाल सखा'। एक का नाम 'मेरी दुनिया बनाम मेरे बेटे हेमंत की दुनिया।' ऐसे ही कुछ और कहानियों के कुछ और नाम...

मेहरबानी करके इसका यह मतलब आप बिल्कुल मत निकालिए कि रामदरश जी ने कहानियों के नाम ठीक नहीं रखे और मैं उन्हें सुधार रहा हूँ।...न-न, नहीं! हरगिज नहीं। बल्कि शायद यह कहना तो परले दरजे की बेवकूफी ही होगी, लेकिन हाँ, कहानियाँ पढ़ते समय मुझे उनके नाम इन नए रूपों में भासते जरूर रहे।

मगर यह सब मैं आपको क्यों बता रहा हूँ? यह जो इन कहानियों को लेकर 'खेल' मेरे भीतर चला है, कोई जरूरी तो नहीं कि जो आपके भीतर भी उसी तरह चले या आप भी उसी तरह उसका आनंद ले पाएँ। बल्कि देखा जाए तो संभावना

उलटी ही ज्यादा है कि आप ऊबकर और झुँझलाकर कहें कि—"हाँ-हाँ ठीक है... सुन लिया। अब आप जरा कोई काम की बात कहिए!"

काम की बात! मुझे बड़ी दहशत होती है इस वाक्य या वाक्यांश से और दिल एकदम बैठने लगता है।...काम की बात? अरे भई, कहानियाँ पढ़ लीं, उन्हें भीतर तक महसूस किया। और तो और, उनके साथ एक प्रीतिकर खेल भी खेल लिया। आपको थोड़ा-बहुत उसके बारे में बता भी रहा हूँ या बताने की अपनी तरह से कोशिश कर रहा हूँ। इससे बढ़कर और क्या होगी काम की बात!

खैर...इस ऊलजलूल भटकाव के लिए क्षमा करें। मैं वाकई यह सब आपके आगे नहीं खोलना चाहता था और जहाँ तक संग्रह पर आलोचनात्मक आलेख तैयार करने की बात थी, कोई यह उसके लिखित या अलिखित नियम में भी शामिल नहीं है कि एक पाठक के रूप में आप किसी रचना के साथ कोई निजी खेल खेलें, तो उसे औरों को बताएँ ही।

मगर नहीं! एक दूसरी मजबूरी भी थी, जिसने मुझे यह सब कहने को बाध्य किया। हुआ यह कि इन कहानियों के जो-जो दूसरे नाम रखे गए थे, 'बड़े भाई साहब नम्बर-एक', 'बड़े भाई साहब नंबर-दो', 'मेरी पत्नी', 'प्रतिभा बहन', 'जगरानी फूआ', 'मेरा बाल-सखा', 'मेरी दुनिया बनाम मेरे बेटे हेमंत की दुनिया' आदि-आदि-आदि—ये सब बहुत चुपके से एक चीज की ओर इशारा करते हैं...कि ये जो कहानियाँ हैं रामदरश जी की, ये कहानियाँ नहीं हैं—कम से कम प्रचलित अर्थ में कहानियाँ नहीं हैं, कुछ और हैं!...या कहानियाँ होते हुए भी कुछ और हैं। इस 'कुछ और' में माफ कीजिए, रामदरश जी का पूरा का पूरा संसार चला जाता है, जिसे मैं इन कहानियों में धड़कते हुए देख सकता हूँ बल्कि चाहूँ तो छू भी सकता हूँ। और अगर कोई इन कहानियों को सीधे-सीधे रामदरश जी की 'आत्मकथा' के रूप में पढ़े जिनमें बस कुछ नाम बदल दिए गए हैं, कुछ स्थितियाँ इधर से उधर कर दी गई हैं, बस, तो भी कोई बहुत ज्यादा गड़बड़झाला न होगा।

दो

यह मैं समझता हूँ कि रामदरश जी की कहानियों और आज लिखी जा रही तमाम-तमाम कहानियों के बीच का एक बड़ा फर्क है कि रामदरश जी कला या कहानी-कला के बारे में 'अतिरिक्त' सचेत कतई नहीं हैं। यह उनकी सादी और बोलचाल की भाषा में लिखी गई कहानियों और किसिम-किसिम के साहित्यिक नारों, कला की रंगीन चिप्पियों और तमाम 'अलायों-बलायों' के बीच का फर्क है—बहुत बड़ा फर्क...कि रामदरश जी कहानी लिखते हैं, मगर कहानी लिखते समय कहानी की बिल्कुल परवाह नहीं करते। वे कहानी नहीं लिखते, बड़े भाई साहब के बारे में

लिखते हैं। वह कहानी बने न बने, उनकी बला से। और हम देखते हैं वह अनजाने ही एक ऐसी कहानी बनती जा रही है जो सचमुच हमें अपनी गिरफ्त में ले लेती है। इसी तरह वे कहानी नहीं लिखते, प्रतिभा बहन के कचोटने वाले दुख के बारे में लिखते हैं। अभागिन जगरानी फूआ की दुर्दशा के बारे में लिखते हैं। अपनी आधी सदी की मुस्तैद हमसफर पत्नी के बारे में लिखते हैं। अभी हाल में गुजर चुके बाल-सखा के बारे में लिखते हैं। बेटे हेमंत, उसके मित्रों और मीडिया-संस्कृति या अप-संस्कृति के बारे में लिखते हैं। और जो-जो वे लिखते हैं, हम देखते हैं कि वह बड़े विश्वसनीय ढंग से हमें अपने प्रभाव की लपेट में लेता जा रहा है। और यहाँ तक कि जहाँ कहानी नहीं है या जहाँ हल्के हाथ से और यत्किंचित लापरवाही से कुछ लकीरें खींच दी गई हैं, वहाँ भी हमें कहानी और कला नजर आने लगती है। यह है रामदरश मिश्र की कहानी-कला का जादू। मैं इसे 'सादा और सहज कला का जादू' कहता हूँ। यह प्रेमचंद में था, यही रामदरश मिश्र में है और उन्हें प्रेमचंद की परंपरा का सच्चा उत्तराधिकारी साबित करता है, जो बगैर फूँ-फाँ के अपने रास्ते पर बढ़ा जाता है।

यहाँ तक कि 'ही इज हेमंत'स फादर' में तो वह कहानी की यह अत्यंत साधारण-सी शर्त भी भूल जाते हैं कि कहानी में नायक के रूप में अगर आप खुद को देख रहे हैं तो शि-री-मा-न-जी, आप कम से कम उसका नाम ही बदल दें! मगर इस सादगी पे कौन न मर जाए ऐ खुदा, कि यहाँ तो वे खुद बमय रामदरश मिश्र नाम के घुसे चले आते हैं...और कहानी के कुछ कूढ़मगज, मगर थानेदार किस्म के आलोचक हाथ में डंडा लिए हाँक लगाते ही रह जाते हैं कि—"अरे...ओ भाया रामदरश मिसिर जी, आप जरा कहानी का थोड़ा सलीका तो सीखिए। यदि नायक का कोई बढ़िया-सा नाम आपको नहीं सूझता, तो हम सुझाए देते हैं, सुकांत, श्रीकांत या देवकांत रख लीजिए...छविनाथ या आलोकनाथ रख लीजिए। कोई पुराना ही रखना चाहते हैं तो रामसनेहीलाल के बारे आपका क्या ख्याल है?" मगर रामदरश मिश्र जी की रुचि हमारा या आपका, इनका या उनका—किसी का भी बताया नाम या कहानी का सलीका सीखने में नहीं है...बल्कि जो अनुभव किया, उसे सीधी-सादी आमफहम और एकदम अविशेष लगती शब्दावली में सघन और ठोस रूप में कहने में है। और हम देखते हैं कि चूँकि वहाँ जिंदगी उमगकर और छलछलाकर आती है, इसलिए कहानी कहने का सलीका खुद-ब-खुद आता है। और रामदरश जी की अपनी शर्तों पर आता है—यहाँ तक कि कहानी जितनी रामदरश जी की बहुत सादा और आमफहम भाषा में लिखी गई छोटे-छोटे अनुभवों वाली कहानियों में है, उतनी कहानी तो अब कथा के ढोल बजाते कलावंतों और 'वंस अपोन ए टाइम...' वाले अग्रिम पाँत के बड़े से बड़े धुरंधरों के पास भी नहीं बच रही।

उदाहरण के लिए 'फिर कब आएँगे' संग्रह की सबसे पहली कहानी 'दिन के

साथ' को ही लीजिए, जो निस्संदेह संग्रह की सबसे अच्छी कहानियों में से एक है। मगर आप देखें कि यह कहानी क्या है!...किसी एक दिन की पत्नी की दिनचर्या का मोटा लेखा-जोखा है, जिसमें उसके निजी और पारिवारिक किस्म के दुख हैं, अपने आस-पास की छोटी-बड़ी मानवीय चिंताएँ हैं, पति के साथ सहयोग और सहकारिता है और मिलकर एक ज्यादा स्वस्थ और ज्यादा बढ़िया दुनिया रचने की आकुलता है। बीच-बीच में थोड़ी थकान है, सिरदर्द है, कुछ अभिशप्त सपने हैं...कुछ गुपचुप भीतर तहाकर रख ली गई इच्छाएँ हैं और बस, लगातार खुद को घिसती आई स्त्री का दूसरों के सुख में खुद को सुखी महसूस करने की आदत डाल लेना है...यहीं कहानी पूरी हो जाती है। कहानी के अंत में जब पौत्र को दादा जी कहानी सुनाने लगते हैं तो 'एक थी दादी...एक थी दादी...' बस, इतना ही दोहराकर चुप लगा जाते हैं। बस, इसी क्षण उनके हाथों से छूट गई जो कहानी है, न जाने किस जादू के जोर से कागज से उठकर आपके भीतर पूरी होने लगती है। और उसमें न जाने कितना कुछ घिरता चला आता है। आप पाते हैं कि इसमें लिखे हुए शब्दों का उतना असर नहीं है, जितना लिखने से रह गए शब्दों का!...यानी कहानी शब्दों से नहीं, जो 'बिटवीन द लाइंस' है, उससे बनती है।

तो 'दिन के साथ' कहानी तो अच्छी है ही, और अगर आप मुझसे पूछें कि इस संग्रह की सबसे अच्छी कहानी कौन-सी है, तो मुझे जवाब देने में एक सेकंड का भी समय नहीं लगेगा—'दिन के साथ'। मगर मैं एक चीज और कहना चाहता हूँ कि जहाँ तक हिंदी कहानी का सवाल है, शायद ही किसी लेखक ने अपनी पत्नी को इतना सम्मान दिया हो...इतना भरपूर, छलछलाता सम्मान दिया हो, जितना रामदरश जी 'दिन के साथ' कहानी में न्योछावर करते हैं—प्यार भी, सम्मान भी। हाँ, वह इतना ऊपर-ऊपर की चीज नहीं है कि जहाँ-तहाँ उछलता फिरे। उसे कहीं भीतर से खोजना पड़ता है।...वे तमाम महापुरुष जो दिन-रात सोते-जागते 'नारी-नारी' की गुहार लगाते हैं और जो अपने हर लेख या संपादकीय में नारी-स्वतंत्रता के नाम पर एक कलम तोड़ देते हैं और अपनी पत्नी के साथ न जाने कितनी पर्तों में छिपी हुई बारीक हिंसा और क्रूरता का बर्ताव करते हैं, वे इसे नहीं समझ पाएँगे। और वे कहानी के चाहे कितने ही बड़े खलीफा क्यों न हों, वे चाहें भी तो ऐसा नहीं लिख सकते, क्योंकि ऐसी कहानी लिखने के लिए कहानी का कोई उतना बड़ा 'कलावंत' होना जरूरी नहीं है, जितना एक आदमी—एक भला और संवेदनशील आदमी होना। और जहाँ तक कहानी की बारीकियाँ और एक से एक दिलचस्प चारित्रिक ब्योरों की बात है, कहानी में इतना सधाव, खूबसूरती और भाषा के इतने बढ़िया स्ट्रोक्स हैं कि लेख लंबा हो जाने के भय से, बड़ी कठिनाई से मैं ऐसे अंश उद्धृत करने से खुद को रोक पा रहा हूँ।

तीन

रामदरश जी की इधर की एक और उम्दा कहानी 'अकेला मकान' भी एक स्त्री की तकलीफ को लेकर लिखी गई कहानी है—और कोई ताज्जुब नहीं कि किसी-किसी को वही इस संग्रह की सबसे अच्छी कहानी भी लगे। हमारे समाज में पतिविहीना स्त्री की क्या जगह है और पूरी दुनिया को प्यार लुटाने के बावजूद उसके जीवन का कुल जमा हासिल क्या है, उसका त्याग खुद में कैसी नगण्य वस्तु है और उसके नारीत्व को अपनों से ही कैसी-कैसी ठोकरें खानी पड़ती हैं—स्त्री की इस विडंबना को इतने सघन और बारीक ब्योरों के साथ यह कहानी प्रस्तुत करती है कि 'अकेला मकान' निस्संदेह रामदरश जी की यादगार कहानियों में से एक मानी जानी चाहिए। खासकर वे क्षण जब कथानायक के विवाह के समय उत्साह और आनंद में विभोर हो रही विधवा जगरानी फूआ को दूसरी स्त्रियों द्वारा ही अपमानित करके कोठरी में धकेल दिया जाता है और नायक जैसे-तैसे जतन और लाड़ से उन्हें वहाँ से निकालकर लाता है—कहानी के इस हिस्से को पढ़ते समय अपने आँसुओं को जज्ब कर पाना एक मुश्किल काम है। या फिर वे प्रसंग जब दुनिया भर को प्यार बाँटती, हर किसी की चिंता में बेकल होती, हर किसी को राहत बाँटती जगरानी फूआ को अचानक किसी के कहने पर 'डायन' घोषित कर दिया जाता है। तब जगरानी फूआ की आँखों में जो स्तब्ध कर देने वाला हक्का-बक्कापन उतर आता है और एक धोखा खा चुकी स्त्री की-सी जो टूटन उसके मन में बैठ जाती है, उसकी तड़प पाठक को किसी तीखी धार की तरह काटती चली जाती है।

खास बात यह है कि यह सब किसी नारेबाजी की शक्ल में हरगिज नहीं है। पूरी कहानी में ऊपर-ऊपर से स्त्री-स्वातंत्र्य का छोंक लगाता एक भी शब्द आपको नजर नहीं आता। मगर स्त्री के सम्मान और स्वाभिमान के लिए पुरजोर आग्रह करती और उसकी वेदना को इतनी गहराई से महसूस करती ऐसी तलस्पर्शी कहानियाँ भला कितनी इस दौर में लिखी जा रही हैं। यह मेरे ख्याल से रामदरश जी की कहानियों की एक ऐसी खासियत है, जिस पर गौर किया जाना चाहिए।

चार

इसी तरह 'पेंशन' और 'फिर कब आएँगे' कहानियाँ कथावाचक के बड़े भाई साहब के जरिए बदले हुए समय और बदले हुए समाज की दो अलग-अलग लेकिन मार्मिक तस्वीरें पेश करती हैं। इन दोनों कहानियों की सबसे बड़ी खासियत मुझे लगी, बड़े भाईसाहब के प्रति गहरी सहानुभूति और छटपटाहट के बावजूद कहानी लिखते समय वाचक द्वारा अपनाई गई एक ठंडी तटस्थता। और सच मानिए, इसी तटस्थता ने बड़े

भाईसाहब को उभार दिया। वरना शायद उनके दुखों और मुश्किलों पर हमारा इतना ध्यान न जाता। इन कहानियों की एक खासियत और है कि 'पेंशन' और 'फिर कब आएँगे', ये दोनों ही कहानियाँ बड़े भाईसाहब को लेकर लिखी गई कहानियाँ हैं और ये दोनों बड़े भाईसाहब अपने व्यक्तित्व की भीतरी बुनावट में यकीनन एक ही हैं। यहाँ तक कि ये दोनों कहानियाँ किसी एक बड़ी कहानी का हिस्सा लगती हैं और यहीं इनके साथ एक 'काश' भी जुड़ जाता है!...पता नहीं आप मेरे साथ कितने सहमत या असहमत हैं, मगर मैंने जितनी बार इन दोनों कहानियों को पढ़ा, उतनी बार लगा...कि काश, ये दोनों कहानियाँ किसी एक कहानी में गुँथ पातीं तो शायद सदी के आखिरी दौर की सबसे बड़ी कहानियों में इसका जिक्र होता। (हालाँकि यहाँ 'बड़ी' का अर्थ 'लंबी कहानी' कृपया मत लीजिए!...) यकीनन उस स्थिति में कहानी में तनाव कुछ अधिक तेजी से गहरा पाता और समय के एक बड़े कैनवस पर बदले हुए मूल्यों के बीच डगमगाते हुए बड़े भाईसाहब का हम कहीं बड़ा जटिल और संश्लिष्ट चित्र देख पाते!...तो भी, ये दोनों कहानियाँ जिस रूप में भी हैं, यकीनन ध्यान तो खींचती ही हैं।

यह बात गौर करने लायक है कि 'पेंशन' और 'फिर कब आएँगे'—इन दोनों ही कहानियों के कथानायक बड़े भाईसाहब जिंदगी की पिटी हुई लीक से कुछ अलग और आदर्शोन्मुख तो हैं, पर जबरन आदर्श का मुलम्मा उन पर नहीं चढ़ाया गया। और बड़े भाईसाहब अपने असफल जीवन और भग्न आदर्शों के अलावा अपनी तमाम मानवीय कमजोरियों और दुर्बलताओं के साथ हमारे सामने मौजूद हैं। यह बात भी काबिलेगौर है कि घर की तंगी और लगभग फटेहाली की हालत में भी उन्होंने 1942 के 'भारत छोड़ो आंदोलन' में हर खतरा उठाकर क्रांतिकारियों और स्वाधीनता सेनानियों की मदद की, लेकिन आजादी के बाद अपनी देश-सेवा के बदले पेंशन लेने से इनकार कर दिया। वही बड़े भाईसाहब बाद में बदले। उनका यह बदलाव ही असल में कहानी है। तमाम झूठों, अपराधियों, और लग्गुओं-भग्गुओं को देश-सेवा के नाम पर पेंशन लेते देख, कुढ़कर और अपने हालात से विचलित होकर बड़े भाईसाहब खुद पेंशन लेने के लिए उत्सुक हो उठते हैं। नेताओं और नौकरशाही के तमाम तरह के धक्के खाते हुए वे मखौल का पात्र बनते हैं, पर अपनी यह जिद नहीं छोड़ते कि जेल नहीं गए तो क्या! देश के लिए हमने हर खतरा उठाया, हमें पेंशन भला क्यों नहीं मिलनी चाहिए?...जब चोर और लुटेरों को पेंशन मिल सकती है, तो भला मुझ जैसे देशभक्त को क्यों नहीं? कहानी में बड़े भाईसाहब के सवालों का कोई जवाब नहीं है, पर हाँ, एक जवाब है भी—मौत...! मौत आकर उनकी सारी अशांति और सवालों को ले जाती है और उन्हें पूरी तरह शांत कर जाती है। इसके अलावा उन जैसे आवेगी व्यक्ति को शांत करने का कोई दूसरा तरीका शायद हो भी नहीं सकता था।

बहरहाल, कहानी पढ़ने के बाद बड़े भाईसाहब का पेंशन को नकारने का अक्खड़ स्वभाव और फिर उसी पेंशन को पाने के लिए दुनिया भर की भटकन आँखों के आगे उतर आती है। कहानी के अंत में उनकी मृत्यु जिस झटके के साथ हुई है—और उसे महज दो पंक्तियों में निपटा दिया गया है—वह विश्वसनीय नहीं लगता। पर यह एक तरह से अच्छा ही है। क्योंकि आखिर 'पेंशन' के इन्हीं भाईसाहब को हम आगे 'फिर कब आएँगे' कहानी में नई शक्ल में देखते हैं। वहाँ वे शर्तिया कुछ अधिक जिद्दी और थोड़े सनके हुए लग सकते हैं। उनकी कुछ कमजोरियाँ, दकियानूसी अंधविश्वास और कई तरह की मनोवैज्ञानिक जटिलताएँ और कुंठाएँ भी शायद पहली बार 'फिर कब आएँगे' कहानी में खुलती हैं और कहीं-कहीं तो वे एक न बर्दाश्त करने योग्य शख्स भी लगते हैं। कथावाचक से उनके निरंतर झगड़े में कथावाचक के शब्द ज्यादातर सही लगते हैं, मगर जाने कहानी का यह कैसा अजीब असर है (और राम जाने रामदरश मिश्र ने, जिनकी कला की सादगी मुझे कई बार धोखेभरी भी लगती है, जाने कहाँ से यह कला सीखी है!...) कि जहाँ वाचक के सारे के सारे तर्क सही लगते हैं, वहाँ दिल में प्यार हर बार बड़े भाईसाहब के लिए उमड़ता है और मन बार-बार उन पर न्योछावर होता है। वे चाहे जैसे भी हैं, बड़े भाईसाहब हैं, बहुत-बहुत-बहुत बड़े दिन वाले बड़े भाईसाहब। और मन बार-बार बिलखता है कि वे मेरे बड़े भाईसाहब क्यों नहीं हैं। (हालाँकि रामदरश मिश्र की कहानी-कला का यह जादू तो मानना ही पड़ेगा कि कहानी पढ़ते समय और उसके बाद भी वे जितने रामदरश जी के बड़े भाईसाहब हैं, उतने ही मेरे-आपके भी!)

पाँच

बाकी कहानियों में 'सहयात्री' और 'ही इज हेमंत'स फादर' की खासकर चर्चा करना चाहूँगा, क्योंकि ये एकदम रामदरश जी के अपने रंग और मिजाज की कहानियाँ हैं। हालाँकि 'सहयात्री' में उनकी ग्रामीण शक्ल तथा छूटा हुआ गाँव ज्यादा नजर आता है तो 'ही इज हेमंत'स फादर' में वे शहराती ज्यादा लगते हैं। या उनका वही दिल्ली वाला रूप कुछ अधिक फोकस में है। मुझे कई मामलों में इनमें 'सहयात्री' कुछ अधिक प्रिय है। कथा-रस के लिहाज से और गठन के हिसाब से भी यह कहीं बेहतर कहानी है। हालाँकि फिर वही बात। यह उनके एक बाल-मित्र और सहपाठी का चित्रण है, जिसके बारे में हम उनकी आत्मकथा 'सहचर है समय' में काफी विस्तार से पढ़ चुके हैं। उसी की यहाँ काशी के रूप में पुनर्रचना है—कुछ इस तरह से कि हम इसमें गाँव के एक किशोर की हवा में दूर तक खिंची हुई बालापन की लंबी पुकार सुन पाते हैं।

काशी और भुवनेश के चरित्र की जो बारीकियाँ हैं, उन्हें जोड़ने और अलगाने

वाले जो बिंदु हैं, उन्हें रामदरश जी ने ऊपर से अनगढ़ लगने वाली लेकिन अपनी महीन भाषा में अच्छी तरह पकड़ा और कहानी में करीने से रखा है। एक ढुलमुल और बेपेंदी के नेता के रूप में काशी का पतन और उसका हश्र दुखी और उदास कर देने वाला है। पर यह काशी बन कैसे रहा था!...और काशी और भुवनेश बचपन के ये दो संजीदा मित्र, कैसे साथ रहते हुए भी अलग-अलग रास्तों पर चलते हुए, अलग-अलग ढंग से विनिर्मित हो रहे थे—'सहयात्री' में उसे पढ़ना एक साथ रोमांचक और दिलचस्प भी है। और मेरे लिए तो इस कहानी को पढ़ने का एक अतिरिक्त सुख और भी है। इस कहानी से सेंध लगाकर सीधे-सीधे रामदरश जी के बचपन में पहुँचा जा सकता है और उस धूलभरे बचपन में कभी उन्हें मस्ती से हँसते-खिलखिलाते, कभी अपने एकांत में गुम रोते-हँसते और कभी बादल घिरने पर लहककर गाते देखा जा सकता है। पता नहीं, कहानी के विद्वान आलोचक इसे कहानी का कोई गुण मानते हैं कि नहीं, पर मैं अगर कहानी से यह अतिरिक्त सुख ले पाता हूँ, तो उसे स्वीकार कैसे न करूँ! और भाई, आप मानें न मानें, मैं तो इसे भी कहानी की एक खासियत ही मानता हूँ कि वह लेखक की अंतर्यात्रा पर हमें ले जाए।

'ही इज हेमंत'स फादर' दोहरे तनावों की कहानी है। इसके एक छोर पर पिता-पुत्र के बीच के संबंध का तनाव है, जिसमें पिता पुत्र को आगे बढ़ते तो देखना चाहता है, पर वह खुद अपनी शख्सियत से नहीं, बल्कि अपने प्रसिद्ध हो चुके पुत्र के पिता के नाते जाना जाए—कहीं न कहीं इससे भी उसे कचोट ही महसूस होती है। कहानी के दूसरे छोर पर साहित्य और मीडिया के बीच का तनाव है, इसलिए कि साहित्य में जीवन भर का तप भी आपको गुमनामी में रखता है, जबकि मीडिया अकसर नौसिखुओं को भी—जिन्हें थोड़ा-हाथ पैर उछालना और कमर मटकाना आ गया है, तमाम शोहरत और प्रसिद्धि से लाद देता है। उनकी इतनी अधिक चर्चा होने लगती है कि उनमें यह अहंकार आ जाना कि बड़े से बड़ा लेखक या साहित्यकार भी क्या चीज है मेरे आगे, कोई अस्वाभाविक बात नहीं। 'ही इज हेमंत'स फादर' कहानी इसी समस्या के बीचोबीच से होकर गुजरती है।

अब यह कहना तो मेरे ख्याल से फिजूल ही है कि कहानी में रामदरश मिश्र हमारे अपने खुद जाने हुए और इन कहानियों के लेखक खुद रामदरश मिश्र ही हैं तथा हेमंत उनका अपना मीडियाकर्मी बेटा है जो कलाकार के रूप में खासा नाम और यश अर्जित कर चुका है। 'ही इज हेमंत'स फादर' की कहानी कुल मिलाकर यह है कि रामदरश जी एक सीरियल की आउटडोर शूटिंग में शामिल होते हैं जिसमें उनके पौत्र को भी अभिनय करना था। मीडियाकर्मियों के साथ अपनी उस शिमला-यात्रा में रामदरश जी यह देखकर कदम-कदम पर आहत और अपमानित होते हैं कि उन जैसे बड़े और सम्मानित लेखक को भी सिर्फ 'हेमंत'स फादर' वाले परिचय से जाना जा रहा है। ऐसे में उनका लेखकीय स्वाभिमान कई बार उठता है,

ऐंठता-फुफकारता भी है और कभी-कभी बुरी तरह लहूलुहान भी होता है। कहानी इन क्षणों का अपूर्व दस्तावेज है। बहुत-सी असंबद्ध स्थितियों के कारण, जिनमें आर्या साहब की कभी न खत्म होने वाली लंतरानियाँ भी हैं, कहानी कई बार कहानी न रहकर एक संस्मरण की शक्ल भी ले लेती है। पर यह अनुभव-क्षण अंततः कुछ ऐसे संवेदनात्मक बिंबों की पुनर्रचना करता है कि यह संस्मरण बार-बार कहानी के निकट जाता है और ढर्रे से अलग एक कहानी जैसा आस्वाद देता है।

कहानी में कुछ ऐसे क्षण भी हैं जहाँ रामदरश जी के लेखकीय स्वाभिमान में कुछ ऐसी खरखराहट आ जाती है, जैसी अकसर उनमें दिखाई नहीं देती...या बहुत कम दिखाई देती है। पर ऐसे क्षणों में चूँकि वे महज अपने लिए नहीं, बल्कि साहित्य की प्रतिष्ठा या एक साहित्यिक के सम्मान के लिए झगड़ रहे होते हैं, इसलिए उनका यह थोड़ा-बहुत औद्धत्य या खरखरापन भी प्रीतिकर ही लगता है।

छह

'फिर कब आएँगे' की शेष कहानियों 'परिणति', 'प्रतिभा' और 'दुकान' में 'प्रतिभा' एक पारिवारिक करुण कथा है, जिसमें पहले ही कई हादसों से गुजरकर आई एक स्त्री अपने बेटे को खोकर एक करुण चीत्कार में अपनी कहानी कहती है। उससे वाचक किसी पत्रिका में छपी एक कहानी का जिक्र करता है, जिसमें एक बच्चा बाढ़ में बह जाता है और फिर उसकी लाश कहीं और निकलती है। और फिर एक कहानी से दूसरी कहानी के तार की तरह प्रतिभा के बेटे के अपहरण की कथा चल पड़ती है। कहानी खत्म होते-होते समझ में आ जाता है कि वह पहले वाली कहानी भी रामदरश जी ही कह रहे हैं और बाद वाली कहानी को अधिक सघन और धारदार बनाने के लिए उन्होंने यह टेक्नीक अपनाई है। और नदी की बाढ़ में बहकर कहीं और लाश मिलने का उस अपहरण से गहरा रिश्ता है, जहाँ कहीं एक जगह से गायब होने के बाद युवक का फिर कुछ पता नहीं चलता। यहाँ तक कि वह जिंदा है या मुर्दा, यही फैसला नहीं हो पाता।

'परिणति' और 'दुकान' अपेक्षाकृत कमजोर कहानियाँ हैं। इनमें अच्छी कहानियाँ हो सकने की संभावनाएँ जरूर हैं, पर कहीं न कहीं कुछ गड़बड़ भी है। मसलन 'परिणति' में वाचक जब अपने एक मित्र के साथ मंत्री के घर में मिले एक फटेहाल वकील की कहानी, बल्कि उसकी दुर्दशा का रस ले-लेकर चर्वण कर रहा होता है, तो जाने क्यों एक पाठक के रूप में मैं उसके साथ साझीदार नहीं हो पाया। वह वकील चाहे खुद ही अपने हालात के लिए जिम्मेदार क्यों न हो, मगर उसकी दुर्दशा पर इस कदर और इतना हँसना मुझे कुछ क्रूरताभरा और सेडिस्टिक ही लगा। शायद रामदरश जी ने भी इस बात को महसूस किया होगा, इसलिए कहानी के अंत

में वे वकील की त्रासदी को एक सहानुभूतिपूर्ण ट्रीटमेंट देने की कोशिश करते हैं। पर यह सब बहुत विश्वसनीय नहीं हो पाता और कहानी को जो क्षति हो चुकी है, उसकी भरपाई फिर नहीं हो पाती। 'परिणति' पढ़ने के बाद हमें लगता है कि हमने रामदरश जी की कहानी नहीं, कोई हल्का व्यंग्य पढ़ा है।

'दुकान' कहानी में इस तरह की स्थूलता नहीं है। एक संजीदा कहानी है यह, पर 'दुकान' की असफलता की वजह दूसरी है और यह है इसका 'आउट ऑफ फोकस' होना। यानी कहानी शिक्षा की दुकानों का बिंब बनाना चाहती है, पर बार-बार कहानी अपने लक्ष्य से भटकती है और कभी कथानायिका के पति की अमानवीयता और कभी उसकी पारिवारिक स्थितियों और दूसरी तरह के वर्णनों में उलझ जाती है। ये वर्णन बेतुके या अस्वाभाविक हैं, ऐसा मैं नहीं कह रहा...पर शिक्षा की दुकान का जो बिंब कहानी बनाना चाहती है, इनसे वह बार-बार बिखरता है। कहानी तमाम लंबे रास्तों और मोड़ों पर भटकती हुई अपनी बात कह तो जाती है, पर एक अच्छी कहानी शायद वह नहीं बन पाती।

सात

यों इन कहानियों में एक कमजोरी है, जिसकी ओर मैं इशारा करना चाहता हूँ। रामदरश जी के पिछले कहानी-संग्रह 'आज का दिन भी' की चर्चा करते हुए मैंने लिखा था कि अपनी सभी कहानियों के वाचक या फिर कथानायक रामदरश जी खुद होते हैं और इससे उन कहानियों का प्रभाव कुछ न कुछ घटता जरूर है। उन्हें जहाँ तक पहुँचना चाहिए था, वहाँ वे पहुँच नहीं पातीं। यही बात बगैर एक भी शब्द बदले, रामदरश जी के मौजूदा कहानी-संग्रह के बारे में भी कही जा सकती है।

फिर इन कहानियों में कुछ न कुछ ढीलापन या थोड़ी ऐसी लापरवाही भी रह जाती है, जिससे रामदरश जी अच्छे कहानीकार तो साबित होते हैं, पर शायद उतने बड़े कहानीकार वह नहीं लगते। उनकी ऐसी कहानियों के बारे में आप मुझसे पूछें, जो सच में 'कालजयी' हों, तो मैं संकोच में पड़ जाऊँगा, पर अगर आप उनकी अच्छी कहानियों के बारे में पूछें, तो मैं एक साथ कई कहानियाँ गिना सकता हूँ। इनमें उनके पिछले संग्रह 'आज का दिन भी' की शीर्षक कहानी भी है, 'माँ, सन्नाटा और बजता हुआ रेडियो' भी है।...'दिन के साथ' और 'अकेला मकान' भी है—और भी कई कहानियाँ हैं, पर इनमें से किसी की भी तुलना शायद रेणु की 'तीसरी कसम', निर्मल वर्मा की 'परिंदे', कमलेश्वर की 'जार्ज पंचम की नाक', मोहन राकेश की 'आर्द्रा', भीष्म साहनी की 'चीफ की दावत', अमरकांत की 'जिंदगी और जोंक' वगैरह-वगैरह से नहीं की जा सकती। पर हाँ, अगर आप उपन्यासों की बात करें, तो मैं रामदरश जी को निश्चित रूप से एक बड़ा उपन्यासकार मानता हूँ। आजादी

के बाद के दर्जन भर अच्छे उपन्यासों के नाम लें, तो उनमें 'अपने लोग' या 'जल टूटता हुआ' को आपको रखना ही होगा।

तो कहानी के थोड़े से विचलन...थोड़े दाएँ-बाएँ होकर निकल जाने वाले तीर का उपन्यास में एकदम सही निशाने पर बैठना, भला कैसे होता होगा यह? इसके पीछे शायद दोनों के अलग-अलग स्थापत्य की शर्तें हैं। कहानी में इधर-उधर के वर्णनों की छूट हमें मुश्किल से मिलती है...या जरा सा शैथिल्य भी उसे डुबो देता है, पर उपन्यास के शिल्प में इस तरह की अवांतर चीजें न सिर्फ जज्ब हो जाती हैं, बल्कि कई बार तो उसकी आंतरिक संरचना और कला-योजना का हिस्सा भी नजर आने लगती हैं। बहुत बार ऐसे गौण पात्र और गौण चीजें मुख्य घटनाओं से कहीं ज्यादा मजा दे जाती हैं। इसलिए रामदरश जी के लिए, जहाँ तक मैं समझता हूँ, कहानी की तुलना में उपन्यास कहीं अधिक मौजूँ विधा है। खुद रामदरश जी की आत्मकथा 'सहचर है समय' जो हर बार मुझे आत्मकथा से बढ़कर एक महाकाव्यात्मक उपन्यास ही लगता है, इस बात का प्रमाण है।

आठ

लेकिन मेरे यह कहने का आशय यह कतई नहीं कि रामदरश जी महत्वपूर्ण कथाकार नहीं है। वे कथा-आलोचक सचमुच अपराधी हैं जो पूरी मनोयोगभरी धूर्तता से रामदरश जी को फेंस के उधर धकेलते रहे हैं, हालाँकि वे कभी सफल नहीं हो सके तो इसका कारण रामदरश जी की कहानियों के वे तमाम पाठक हैं, जो उन्हें पढ़ते और प्यार करते हैं, उनकी मूल्य-चिंताओं से खुद को भी कहीं न कहीं जुड़ा पाते हैं। और फिर कितने छोटे-छोटे ब्योरों और मामूली रेखाओं से वे कैसी सघन और दिलों में देर तक गूँजने वाली कहानियाँ बुन लेते हैं, इसका उदाहरण तो उनकी 'दिन के साथ' और 'आज का दिन भी' जैसी खूबसूरत कहानियाँ हैं ही। इन्हें जितनी बार मैंने पढ़ा है, पहले से कहीं अधिक चमत्कृत हुआ हूँ।

यह एक तरह से अच्छा ही है कि रामदरश जी उन 'महानों' में शामिल नहीं हुए, जो कुछ महान कहानियाँ लिखते हैं और फिर जीवन भर इसी आशंका से काँपते रहते हैं कि कहीं हम कुछ 'अ-महान' न लिख दें और फिर धीरे-धीरे लिखना भूल जाते हैं। और न लिखने के कारण पर बहस में कूद पड़ते हैं। ऐसे महान लेखकों या उनके महान बगलगीर बच्चों की तुलना में, रामदरश जी ने लिखने और 'चरैवेति-चरैवेति' का रास्ता अपनाया, यह भी एक तरह से सुखद और आस्था देने वाली चीज ही है। इसलिए कि लेखक का काम तो लिखना ही है। अगर वह उनके मूल्यांकन और महत्व-प्रतिष्ठा के झमेलों में पड़ जाएगा, तो फिर लिख ही नहीं पाएगा। जबकि सच तो यह है कि लिखने की प्रक्रिया के दौरान ही महान से महान

चीजें भी सहज ही जन्म लेती हैं।...यह लेखन का 'सहज योग' है, रामदरश जी जिसमें पारंगत हो चुके हैं। इसीलिए वे एक रचना पूरी करने के बाद सहज रूप से दूसरी रचना की ओर मुड़ जाते हैं। एक सच्चे निरभिमानी लेखक का रास्ता यही हो सकता है।

और इसी प्रेमचंदीय 'कला की सहज साधना' का नतीजा है कि रामदरश जी अपनी इधर की कहानियों को जिंदगी और कला के बीच की कृत्रिम दूरियों को पाटते हुए एक साझी दुनिया की कहानियाँ बना पाते हैं। यह उपलब्धि मैं समझता हूँ, किसी भी कथाकार की बड़ी से बड़ी उपलब्धि से कमतर नहीं है।

यादें

जीवन की सहज सादगी से लिपटे संस्मरण

हिंदी में कविता, कहानी, उपन्यास के अलावा बाकी विधाएँ कुछ दब-सी गई हैं। न ढंग की आत्मकथाएँ दिखाई पड़ती हैं, न जीवनियाँ, न संस्मरण, न इंटरव्यू। यानी लेखक के अंतःसंसार में झाँकने की कोशिशें हमारे यहाँ करीब-करीब नहीं ही होतीं। दूसरे शब्दों में हमारा साहित्यिक विकास किसी कदर अधूरा और लँगड़ा है। दुख सिर्फ यही नहीं कि ऐसा हुआ, बल्कि इससे बढ़कर दुख तो यह कि ऐसा हुआ और इसकी तरफ किसी का ध्यान ही नहीं गया। हिंदी के शुभचिंतक, महंत सब मौन-मुग्ध अपने-अपने 'खेल' में लगे हैं। इस लिहाज से यह दौर शायद सबसे ज्यादा दुर्भाग्यशाली और अँधेरा ही कहलाएगा। और यह आकस्मिक नहीं कि इस दौर में एक ओर जहाँ लेखक हाशिए पर है, वहीं हमारी आस्थाओं के लिए सबसे बड़ा खतरा भी पैदा हो गया है। शायद इसलिए कि दोनों में कोई गहरा संबंध भी है। जिस समाज में लेखक का सम्मान न हो, उसे 'जीवित समाज' कहने में हिचक होती है।

जो भी हो, इधर कुछ बरसों में बरफ थोड़ी पिघली है। यदा-कदा ही सही, संस्मरणों और इंटरव्यूज की कुछ अच्छी किताबें आई हैं, कुछ ढंग की आत्मकथाएँ भी। रामदरश जी की आत्मकथा 'सहचर है समय' कुछ बरस पहले पढ़कर मैं चौंका था—आत्मकथा यह भी हो सकती है। इसलिए कि उस पूरी आत्मकथा में खुद से ज्यादा औरों के दुख-सुख और संघर्षों की कथाएँ थीं—वे जिन्हें उन्होंने साथ-साथ चलते देखा, महसूस किया था। कुल मिलाकर यह आत्मकथा खुद की न होकर, 'समय' की आत्मकथा बन गई थी।

इधर 'स्मृतियों के छंद' (रामदरश जी के संस्मरणों की किताब) पढ़ रहा था, तभी उनसे अचानक मुलाकात हुई। मैंने कहा—"रामदरश जी, एक बार फिर से आपकी आत्मकथा को पढ़ रहा हूँ।" सुनकर हँसे—"क्यों—कैसे?" और फिर पूरी बात सुनकर उनकी सहज, निश्छल हँसी बिखर गई, उनके सहज स्नेह की तरह! असल

में ये संस्मरण एक बार फिर हमें उन व्यक्तियों से मिलने का मौका देते हैं जिनके बीच उनका व्यक्तित्व तराशा गया और वह समय बार-बार आता है जिनके बीच थपेड़े खा-खाकर रामदरश मिश्र जैसा खुरदरा, स्वाभिमानी व्यक्तित्व निर्मित होता है। इस लिहाज से, इस किताब का अगर दूसरा नाम कुछ हो सकता था, तो वह है—'जिनसे जीवन लिया है!'

'स्मृतियों के छंद' में बिकाऊ पंडित, मदनेश जी, रामगोपाल शुक्ल, विज्ञ जी जैसे गाँव की मिट्टी में सने कुछ ऐसे कम जाने जाते या अनजाने लोगों की कथाएँ भी हैं जिन्हें याद करने से बचने में शायद कुछ लोग शहरी कुशलता समझते। लेकिन खुशी की बात यह है कि रामदरश मिश्र इतने 'सभ्य' नहीं। वह आज जो कुछ हैं, उसे बनाने का सर्वाधिक श्रेय शायद इन्हीं को देते हैं और दिल्ली में इतने बरस रहकर भी उनके माटीपुते चेहरों की पीड़ाएँ और सवाल आज तक नहीं भूल पाए। दूसरी ओर हजारीप्रसाद द्विवेदी, शमशेर, जैनेंद्र, प्रभाकर माचवे, ठाकुरप्रसाद सिंह, गिरिजाकुमार माथुर, देवीशंकर अवस्थी, उमाशंकर जोशी, सावित्री सिन्हा और भवानीप्रसाद मिश्र जैसे बड़े और दिग्गज साहित्यिकों के संस्मरण हैं। और यहाँ भी रामदरश जी इनके व्यक्तित्व से आतंकित कहीं नहीं हैं। बड़ी सहजता से उनके व्यक्तित्व की उलझी हुई, गझिन रेखाओं को सुलझाते नजर आते हैं—और इतनी सादा और सुलझी हुई भाषा में अकसर इतनी बड़ी बातें कह जाते हैं कि हमें ताज्जुब होता है, पर रामदरश जी को अपने अनुभवों पर पूरा भरोसा है और वे अपनी भरोसेदार धीमी लय-चाल में, बड़े सधे हुए आत्मविश्वास के साथ अपनी बात कहते हैं।

यह कहना तो शायद ठीक नहीं होगा कि अलग-अलग लेखकों के ये संस्मरण एक ही जैसा प्रभाव उपजा पाए हैं (यह दरअसल उस दूरी पर निर्भर करता है जहाँ खड़े होकर वे लेखकों को देखते हैं, मसलन ठाकुरप्रसाद सिंह या हजारीप्रसाद द्विवेदी के साथ वे जितने खुले या हिले-मिले हैं, जैनेंद्र, प्रभाकर माचवे, उमाशंकर जोशी के साथ उतने नहीं!) लेकिन रामदरश जी के ये संस्मरण विश्वसनीय बहुत हैं, इसमें शायद ही किसी को संदेह हो! रामदरश जी के साहित्यिक व्यक्तित्व की विशेषता उनकी सहज सादगी इन सभी संस्मरणों में नजर आती है, तो भी किशोर-काल के अनुभवों में लिपटे बिकाऊ पंडित, मदनेश जी, रामगोाल शुक्ल या विज्ञ जी के संस्मरणों में जो एक गहरी-गहरी सी आत्मीय गंध और अपनापा है, वह साहित्यिक व्यक्तित्वों पर लिखते समय कुछ दब-सा गया है, और कहीं-कहीं तो वे संस्मरणों के नाम पर गोष्ठियों या सेमिनारों के सामान्य और औपचारिक अनुभवों को सिर्फ तरतीब में पिरोते नजर आते हैं। या उनका बहुत-सा हिस्सा आलोचनात्मक मूल्यांकन या कृतियों के परिचय में खर्च हो गया है और हम उनके व्यक्तित्व के भीतरी घुमावों

से अपरिचित ही रह जाते हैं। दूसरे शब्दों में बिकाऊ पंडित या मदनेश जी के संस्मरणों में जो एक गाढ़ा-गाढ़ा-सा कथा-रस है, वह आगे चलकर क्रमशः विरल होता जाता है—लेकिन वह विलुप्त कहीं नहीं होता, इसलिए कि रामदरश जी अकसर छोटी-छोटी बातों के सहज वर्णन से उनमें रस भरते रहते हैं और उनके व्यक्तित्व की ऐसी रेखाओं को उभारते हैं, जिनसे उनका पूरा व्यक्तित्व खुल-खुल पड़ता है। फिर भी ठाकुरप्रसाद सिंह, हजारीप्रसाद द्विवेदी, सावित्री सिन्हा और गिरिजाकुमार माथुर के संस्मरण तो एकदम निराले और आत्मीयता से सराबोर हैं। इनमें साहित्यिक मूल्यांकन की कोशिश जो कभी-कभी हल्का व्यवधान भी बनती है, बहुत कम या आनुषंगिक रूप में है।

इन चरित्रों में पहली स्मृति रामदरश जी को बिकाऊ पंडित की है। और यह स्मृति अब भी जैसे उनके भीतर बाल-मन की गीली मिट्टी पर लिखी हुई है—"वे आए तो उनकी आँखों का तेज देखकर भय लगा, किंतु उस तेजी के भीतर छिपी हुई वत्सलता उभरती गई और आतंक आश्वस्ति में बदलता गया। फिर तो उस गँवई मास्टर के व्यक्तित्व और प्रतिभा के न जाने कितने रंग उभरते गए। वे हर विषय के पंडित थे। हर विषय को पढ़ाते समय उनका रोम-रोम जैसे स्फूर्त हो उठता था..."

धीरे-धीरे इस गँवई मास्टर ने जैसे-जैसे रामदरश के भीतर हिंदी प्रतिभा को पहचाना, उनकी घनिष्ठता के तमाम रंग बिखरने लगे। रामदरश जी के कवि को पहला साहित्यिक संस्कार यहीं से मिला। धीरे-धीरे निकटता यहाँ तक पहुँची कि वह बिकाऊ पंडित की तेजस्विता के भीतर छिपी कमजोरियों को भी देखने लगे। 'मौसा जी' कहने से बिकाऊ पंडित चिढ़ते थे, पर मगन भी हो जाते थे क्योंकि इससे वह स्त्रियों के सान्निध्य का सुख भी पा लेते थे। इस संस्मरण में रामदरश जी ने एक बहुत जरूरी सवाल उठाया है जो अंत तक हमारा पीछा नहीं छोड़ता—बिकाऊ पंडित अपने आपमें जो थे, सो थे, लेकिन लगता था कि इस देश और समाज के सामने एक प्रश्न भी थे। हाँ, प्रश्न कि ऐसी प्रतिभाओं को आगे बढ़ने और ऊँचे उठने का अवसर क्यों नहीं मिलता?

बिकाऊ पंडित के अलावा इस दौर में जिनसे गहन साहित्य-चर्चा का सुख मिलता था, उन गणेशदत्त मिश्र 'मदनेश' जी को भी रामदरश कभी नहीं भूल पाए—"एक जमींदार परिवार का साहित्यिक बेटा। लोग कहते—कितना निकम्मा आदमी है। इतनी बड़ी जमींदारी बर्बाद कर दी। कुछ करना न धरना, बस दरवाजे पर बैठकर किताबें पढ़ना और टोपी लगाए घूमना। और...इस 'पैसे' और 'फायदे' वाली दुनिया में ऐसे आदमी की भला क्या पूछ? अगर गरीबों का खून चूस-चूसकर उन्होंने खूब संपत्ति जमा कर ली होती तो वह सबके पूज्य होते! और अब? बेटा पागल हो गया, पत्नी को तपेदिक हो गया, लेकिन फिर भी वह निरुद्वेग अपने रास्ते

पर चलते जाते हैं। इस साहित्य-चर्चा में कभी-कभी 'क्रूर' व्यवधान भी आते हैं—"घर के अंदर पत्नी ने कहा होगा—खाने के लिए अनाज नहीं है और बाहर हलवाहा कह रहा है कि बीज नहीं है—दोनों अभावों का गहरा दंश अंदर-अंदर झेलते हुए भी मदनेश जी हँसने का बहाना ढूँढ़ रहे थे और बहाना था साहित्य..."

अभावों के बीच भी ठठाकर हँसना हर किसी के बस की बात नहीं। यह मदनेश जी ही हैं जो हलवाहे के यह कहने पर कि "मालिक, कब से कह रहा हूँ बीज ले आइए, आप सुनते नहीं। खेत उकठ रहे हैं..." जवाब में एक खीजभरी मुस्कराहट के साथ कह सकते हैं, "अरे, इधर कालिदास उकठ रहे हैं, तुझे खेत उकठने की चिंता लगी हुई है..." हालाँकि रामदरश जी की खासियत यह है कि वे किसी भी चरित्र को सरलीकृत करने को कोशिश कतई नहीं करते। रस-चर्चा में निमग्न रहने वाला मदनेश जी का कवि निम्नवर्गीय नारियों के साथ एक रूमानी लगाव महसूस करता है और उसके सहारे अपने बहुत सारे अभावों को जी लेता है, इसे वे हरगिज नहीं छिपाते। गाँव में रहकर भी नया से नया पढ़ने की मदनेश जी की ललक कभी खत्म नहीं होती और वे रूस में हो रही हलचलों पर भी अपनी नजर रखते हैं। दूसरी ओर मदनेश बूढ़े नहीं होना चाहते। बूढ़े होने से उन्हें घृणा है और जब उन्हें ऐसे किसी आविष्कार के बारे में पता चलता है जिससे आदमी बूढ़ा नहीं होगा, तो उनकी उत्सुकता का कोई अंत नहीं रहता। सचमुच मदनेश जी के व्यक्तित्व की रेखाएँ इस संस्मरण में बड़ी जिंदा और बोलती हुई लगती हैं।

इसी तरह 'युवा आचार्य का आश्रम' एक सर्जनात्मक किस्म का संस्मरण है जो ढरसी स्कूल के संचालक रामगोपाल शुक्ल के व्यक्तित्व की बड़ी अंतरंग झाँकी प्रस्तुत करता है। उनका बलशाली शरीर, बहु-आयामी व्यक्तित्व, स्वाभिमान, तेज, काव्य-रसिकता सब कुछ खूब उभरा है। वह प्रसंग जिसमें बालक रामदरश मिश्र अपने एक मित्र के साथ स्कूल छोड़ने का निश्चय करके संदूक एक हलवाई के पास छोड़ आते हैं और छिपकर भागते समय अपने अध्यापक की आँखों का गहरा ममत्व उन्हें वापस खींच लाता है, सचमुच रुला देने वाला है। ऐसे सतेज आदमी की राजनीति के गुंजलक में फँसकर दुर्गति तो कहीं अधिक ट्रेजेडिक है। इस पर रामदरश जी की टिप्पणी ध्यान देने योग्य है—"पंडित जी पान खाते थे, खूब खाते थे। स्वयं पनडब्बा रखते थे, उन्हें दाँत का कैंसर हो गया और एक दिन दुनिया से चले गए।...उनकी मौत सांस्कृतिक व्यक्तित्व के राजनीतिक, व्यक्तित्व में विलय के कारण हुई। दुनिया चाहे जो माने, मेरा मन तो यही मानता है।" यानी आलोचना भी कितनी गंभीर, कितनी सम्मानपूर्ण! यह चीज आज की दुनिया में दुर्लभ है।

ठीक है, रामगोपाल शुक्ल यूँ चले गए...तो फिर उस 'पागल प्रतिभा' यानी विद्याधर द्विवेदी 'विज्ञ' के पागल हो जाने का रहस्य? वह तो अपने 'सांस्कृतिक व्यक्तित्व' का किसी 'राजनीतिक व्यक्तित्व' में विलय नहीं कर रहे थे? तो फिर क्यों

हुआ पागल विद्याधर द्विवेदी 'विज्ञ' जैसा प्रतिभावान लेखक, जिसने "धरती पर आग लगी, पंछी मजबूर है, क्योंकि आसमान बड़ी दूर है..." जैसे मशहूर गीत लिखे और काफी ख्याति भी अर्जित की? शायद उनके निजी अभाव और साहित्य की राजनीति जो किसी 'जीनियस' को आसानी से पचा नहीं पाती, इसके पीछे रही हो और यह साहित्य की राजनीति कभी-कभी इतनी घातक होती है कि वह विद्याधर द्विवेदी विज्ञ जैसे ठोस मार्क्सवादी विचारशील व्यक्तित्व को पहले विभाजित व्यक्तित्व में बदलती है और फिर विक्षिप्त करके मार डालती है है। विक्षिप्तता के दौर में विज्ञ जी के दो ही काम थे–कविताएँ लिखना और लोगों से पैसे माँगना। पैसे उधार माँगकर वह शराब पीते थे और कहा करते थे–"आगरा में मुझसे मिलने के लिए अमरीकी अभिनेत्री मार्लिन मुनरो आई थी। कहने लगी–आपके समान जीनियस लेखक के साथ के लिए मैं कब से बेचैन थी। चलिए, मेरे साथ चलिए। मैंने कहा–अरे जा-जा। दुनिया की सारी औरतें खेला करती हैं। मैं कसी एक्ट्रेस-फैक्ट्रैस के साथ नहीं जाता...!"

किसी हद तक इसी पागल प्रलाप में विद्याधर द्विवेदी विज्ञ की कुंठा और पागल होने की वजहें भी छिपी हैं। रामदरश जिस सहानुभूति और अपनापे से सहलाकर, उसके दर्द का चित्र खींचते हैं, उससे हम किसी तेज धार वाली कहानी की तरह इस 'पागल प्रतिभा' की ट्रेजेडी की गिरफ्त में आने से बच नहीं सकते।

इसके अलावा बाकी संस्मरण विख्यात और जाने-माने साहित्यकारों के हैं और उनमें आत्मीयता से ज्यादा जोर कहीं-कहीं उनकी साहित्यिक छवि को आँकने में चला जाता है। तो भी कुछ संस्मरण तो सचमुच बेमिसाल हैं। प्रतिष्ठित साहित्यिकों पर लिखते समय बड़ी बारीकी से और अनायास रामदरश उनके लेखकीय व्यक्तित्व के विकास का ग्राफ भी दर्शाते जाते हैं। उदाहरण के लिए ठाकुरप्रसाद सिंह जिस गरीबी से ऊपर उठे थे और जिसके कारण उनके व्यक्तित्व में एक पुख्ता किस्म का स्वाभिमान आया, उसे उन्होंने जगह-जगह रेखांकित किया है और इस बात की ओर इंगित भी किया है कि क्यों उनका व्यक्तित्व औरों से इस कदर भिन्न था। वे जीवन-भर खानों में बाँटकर साहित्य को देखने-परखने के खिलाफ रहे। गुटबाजियों के खिलाफ रहे और खुले में बैठकर हँसते-अट्टहासते रहे। यहाँ तक कि उनकी 'प्रगतिशीलता' भी कठमुल्ले किस्म के मार्क्सवाद से कोई रिश्ता नहीं साध सकी। हिंदी संस्थान के निदेशक बने तो भी न वे कभी पूरी तरह अफसर हो पाए और न अपनी यारबाश 'चौपाली' प्रवृत्ति छोड़ सके। उनके व्यक्तित्व का इस गहरी-गहरी अनबन या कि आत्मिक झगड़े को रामदरश मिश्र ने खूब पकड़ा है–"लेकिन ठाकुरप्रसाद का चरित्र अफसर का तो था नहीं कि वे इन सुविधाओं अधिकार-बोध से

संतुष्ट होते या उन्हें और पाने की प्रतिस्पर्धा में भागते रहते। उनका साहित्यकार मन इनसे कब बँध सकता था? वे तो जहाँ भी रहे, अपनी साहित्यिक मस्ती में रहे, अल्हड़पन के साथ रहे। न किसी पर रोब जमाया, न किसी से रोब खाया।" इसकी तुलना अगर गिरिजाकुमार माधुर के अफसरी दबदबे से की जाए, रामदरशजी ने जिसका विस्तार से वर्णन किया है, तो दोनों के चरित्र की रेखाएँ खुद-ब-खुद उभर आती हैं। यह किसी को छोटा करने या बड़ा दिखाने के लिए नहीं, उनके व्यक्तित्व का मूल बनावट को समझने के लिहाज से बहुत महत्वपूर्ण है।

इसी तरह गाँधी भवन के सिलसिले में गाँधी और हेलेन की तुलना करके नकली गाँधीवादियों पर जो कठोर व्यंग्य ठाकुर करते हैं, वह भीतर तक धँस जाता है। दूसरी ओर "अरे भैया, इकनिहा दर्द से कविता नहीं बनती" जैसे हल्के-फुल्के हास्य के छींटे तो उनके व्यक्तित्व से जब-तब छूटते ही रहते हैं। इसके पीछे हो सकता है, कोई दर्द भी रहा हो, पर ठाकुर कभी इसका बयान नहीं करते। रामदरश जी ने हल्के से इशारा किया है कि उनकी अनपढ़ पत्नी से उनके सभी दोस्त बेहद त्रस्त और आतंकित रहते थे और खुद ठाकुर भी उनसे दबते थे, पर रामदरश जी का आस्थावादी मन उस रुक्ष स्त्री के भीतर की ममतालु औरत की तस्वीर किसी न किसी तरह दिखा ही देता हैं—"वे भाभी जी पर हावी होने के स्थान पर उनसे डरने का अभिनय करते थे और कटु से कटु प्रसंग को अपने व्यंग्य-विनोद से झेल लेते थे। भाभी जी पढ़ी-लिखी नहीं हैं और माँ भी नहीं बन पाईं, इसलिए उनकी भाषा, उनका व्यवहार पॉलिश्ड नहीं था। उसमें रुक्षता भी थी...वे इस बात को जानते थे कि अपनी भाषा की रुक्षता और अनगढ़ता के बावजूद यह औरत बहुत ममतालु है, बड़ी है।"

'सर्जना ही बड़ा सत्य है' में हजारीप्रसाद द्विवेदी के व्यक्तित्व की कुछ नई और बिल्कुल अलग-अलग-सी रेखाएँ हैं। उनके ठहाकों और फक्कड़ता में छिपी हुई करुणा की तस्वीर को रामदरश बड़े सलीके से दिखा पाए हैं। एक विदेशी युवती से इंटरव्यू के प्रसंग में उनका फक्कड़ चरित्र खूब उभरा तो रामदरश जी के बारे में कुछ विघ्न-संतोषियों द्वारा उलटी-सीधी बातें उड़ा दिए जाने पर उनकी रात भर करवटें लेती पीड़ा एक नई ही तस्वीर उकेरती है। इसी तरह 'कहानीकार' (राजेन्द्र यादव?) के द्वारा खाने पर बुलाए जाने पर उसकी लेखिका पत्नी के दर्द के खुलने का प्रसंग और उस मौके पर कहानीकार को मीठी मार लगाते पंडित जी का हास्य-बोध गजब का है। और शायद इस ओर भी रामदरश ही पहली बार इंगित कर पाए हैं कि अपने उपन्यासों में ही नहीं, आलोचना और इतिहास-लेखन में भी द्विवेदी जी सर्जक ही पहले हैं, आलोचक बाद में।

इन संस्मरणों की यह खासियत है कि रामदरश जी लेखकों के व्यक्तित्व की

निजत्वपूर्ण रेखाएँ पहचानते हैं, इसलिए कुछ ही रेखाओं में वे उनके व्यक्तित्व की आत्मीय तस्वीर आँक लेते हैं। मसलन डॉ. सावित्री सिन्हा पर लिखते हैं तो वे सिर्फ चंद शब्दों में उनकी एक मुकम्मल तस्वीर आँखों के सामने ले आते हैं—"सावित्री जी खूब खुलकर हँसती थीं। उनकी उन्मुक्त हँसी उनके अंकुठ व्यक्तित्व की अभिव्यक्ति थी। अपनी हँसी से संबंधित वे कई किस्से सुनाती थीं। उनका सार यह था कि पुरुष समाज किसी स्त्री का इस प्रकार खिलखिलाकर हँसना पसंद नहीं करता! यह क्या बात हुई कि सास-ससुर या जेठ जी लोग बैठे हों या समाज के तमाम बुजुर्ग या बड़े लोग...बैठे हों और औरत खिलखिलाकर हँस रही हो। है न यह बेशर्मी और बेअदबी की बात!" और उनमें एक सहज मित्र भी था जो विभागाध्यक्ष हो जाने पर रामदरश जी के कुछ कट जाने पर गुस्से और करुणा के साथ उन्हें सुना सकता है—"अध्यक्ष बनकर मैंने कोई अपराध कर दिया है कि मित्र लोगों ने मिलना बंद कर दिया।"

इसी तरह दो पंक्तियों में वे शमशेर जी का एक बहुत आत्मीय और मुकम्मल चित्र आँकते हैं, "शमशेर जी हँसते थे और खूब हँसते थे—बच्चे की तरह हँसते थे। हँसी-हँसी में किसी पर व्यंग्य भी करते थे, लेकिन वह व्यंग्य साधु होता था, दुष्ट नहीं।" और उनमें सरलता इस कदर थी कि रामदरश जी के यह पूछने पर कि इतने अमूर्त और रूपवादी कवि होने पर भी उन्हें प्रगतिशील कवि क्यों माना जाता है, शमशेर मुस्कराकर जवाब देते हैं—"यह इनायत मुझ पर इसलिए बख्शी जाती है कि मैं एक समय प्रगतिशील लेखक संघ का सदस्य रहा हूँ।" ऐसी बेतकल्लुफ सादगी भला किस कवि में होगी! शमशेर को दसियों पन्ने खर्च करके भी आप उतना नहीं उभार सकते, जितने वे अपने इस छोटे-से जवाब से उभरते हैं।

कई बार इन संस्मरणों में व्यक्तित्वों की बारीकियाँ भी बड़े सहज ढंग से और अनायास ही खुलती हैं। मसलन यहाँ उमाशंकर जोशी के विनम्र तेज की चर्चा है तो देवीशंकर अवस्थी के कुछ-कुछ उद्धत और खुद्दारी से जुड़े हुए तेज की भी और दोनों का फर्क भी बड़ी सहजता से सामने आ जाता है। उमाशंकर जोशी के तेज में धीरज और गांभीर्य कहीं ज्यादा है और देवीशंकर अवस्थी में तेजी अधिक है—कुछ इस ढंग की आक्रामक तेजी कि वे कभी-कभी तो भरी सभा में ललकार बैठते हैं—"वाह नामवर जी, आखिर बेईमानी की भी कोई हद होती है!" ऐसे ही गिरिजाकुमार माथुर वाले संस्मरण में पूर्वांश काफी बोझिल और भारी-भारी सा है, लेकिन जैसे ही रामदरश उनके वरिष्ठता-बोध की गाँठ को छूते हैं, गिरिजाकुमार माथुर अपनी कमजोरियों के बावजूद मुस्कराते हुए जमीन पर आ खड़े होते हैं। उनका यह वरिष्ठता-बोध साथ के लोगों को कई बार अटपटा लगता था और कई बार विचित्र स्थितियों में भी डाल देता था, लेकिन माथुर साहब का शायद इस मामले में कोई बस नहीं रह गया था और इस वरिष्ठता-बोध के साथ आ लगा 'अफसर' उन पर

इस कदर हावी था कि इस कारण अपने पोते से भी वह 'बाबा' की बजाए 'साहब' ही सुनना चाहते थे। दूसरों को भले ही अटपटा लगे, माथुर साहब के लिए यह सहज था।

हालाँकि यह रामदरश जी का उदार 'विजन' ही कहलाएगा कि एकाध दफे के मामूली झगड़े के बावजूद वे उनकी इस 'अफसर ग्रंथि' या साहबपने को भी बड़ी सहानुभूति से देखते-परखते हैं और उसके लिए आज के युग की साहित्यिक राजनीति को जिम्मेदार मानते हैं, जिसमें चार कविताएँ लिखने वाले 'महाकवि' घोषित हो जाते हैं और जीवन-भर कविता लिखने-जीने वालों को झाड़-बुहारकर कूड़ेदान में डाल दिया जाता है।

रामदरश जी के संस्मरणों में आत्मीयता का सेंक कई बार थोड़ा कम भी लगता है, मगर वह शायद इसलिए कि वह जीवन की सहज मर्यादा को जीने वाले लेखकों में से हैं। उनके यहाँ न दिखावे की आवारागर्दी है न शहीदाना मुद्राएँ, न फालतू की उठा-पटक, धोल-धप्पा और न शराबनोशी के लिए रात भर यहाँ से वहाँ भटकने वाली सनकें। जिन्हें संस्मरणों में इस तरह की 'गरम' चीजें पढ़नी हों—जिसका चस्का कुछ लोगों ने इधर पैदा कर दिया है, उन्हें रामदरश जी को हरगिज नहीं पढ़ना चाहिए। असल में रामदरश उन लेखकों में से हैं जो जीवन के मूल्य-बोध से कभी पृथक हो ही नहीं सकते। घर-परिवार का संस्कार उनके भीतर गहरे जमा हुआ है। यहाँ तक कि सावित्री सिन्हा जब फब्ती कसती हैं कि तुम कहाँ के आधुनिक हो, न शराब पीते हो, न चुरुट पीते हो, तो वे खीजकर कहते हैं—"नहीं चाहिए ऐसी आधुनिकता।" और इसीलिए भूमिका में उन्होंने स्पष्ट कर दिया है कि किसी को 'नंगा' करने के लिए वे ये संस्मरण नहीं लिख रहे। वे ऐसे 'यर्थार्थवादी' साहित्य के भी कायल नहीं हैं जो व्यक्तित्वों को एकदम नंगा कर देने में ही सुख पाता है। यह रामदरश मिश्र के व्यक्तित्व की मौलिक बनावट ही है कि वे दोष-दर्शन की बजाए हर जगह कुछ न कुछ अच्छा खोजने की कोशिश करते हैं। इसीलिए मदनेश जी पर खेतों में काम करती औरतों की फब्ती को बस हौले से सरका देते हैं। बिकाऊ पंडित के 'मौसा जी' रूप पर हल्की चुटकी भर लेते हैं। ठाकुरप्रसाद सिंह की पत्नी की रुक्षता में एक बड़ी ममतालु औरत देखने हैं और देवीशंकर अवस्थी की इस टिप्पणी पर कि "हाँ, देखिए बड़े आलोचकों के साथ चलते-चलते हम लोगों का भी चर्चा कर दीजिएगा" वे मित्रता के रस में भीगी-भीगी सी थाप लगाते हैं।

यहाँ तक कि 'जल टूटता हुआ' को बार-बार 'टूटा जल' कह देने वाले और इसे 'क्या फर्क पड़ता है' की मस्ती में छिपा लेने वाले डॉ. माचवे को भी वह ग्रेस मार्क्स देते हैं—"लेकिन फर्क पड़ता है, फर्क पड़ा। हिंदी जगत जितने मेधावी विद्वान

और लेखक से वह नहीं पा सका, जिसे वह पा सकता था लेकिन जितना पाया है वह भी डॉ. माचवे के प्रति कृतज्ञ होने के लिए कम नहीं है।" इसी तरह 'सबके लिए खुला एक घर' की व्यंजना को स्पष्ट करते हुए वह कहते हैं—"इस परिवार में मैंने कई आवश्यकताग्रस्त साहित्यकारों के लिए सक्रिय स्नेह बरसते देखा। डॉ. माचवे और श्रीमती माचवे ने बड़े स्नेह से कई साहित्यकारों को अपने परिवार में आश्रय दिया है—उन्हें छोटा बनाकर नहीं, समान हैसियत देकर। मुझे मालूम है कि अपने स्नेह की छाँह में बैठे हुए साहित्यकारों से डॉ. माचवे बार-बार उपेक्षित भी हुए, किंतु उन्होंने जरूरतमंद साहित्यकारों को स्नेह देने की अपनी आदत नहीं छोड़ी।"

यह कृतज्ञता रामदरश जी और उनकी पीढ़ी के लेखकों में तो है कि वे कहीं से कुछ भी लेते हैं तो वे विनम्र होकर आभार प्रकट किए बगैर नहीं रहते, लेकिन क्या हमारी पीढ़ी में भी यह है? इस सवाल का जवाब देने में कम से कम मुझे तो उलझन होती है।...क्या यही कारण है कि हमारी पीढ़ी के पास गहरी आस्थाएँ ही नहीं, बेहतर संस्मरण भी आज रह नहीं गए?

यूँ ऐसा नहीं कि इन संस्मरणों की सीमाएँ नहीं हैं। सच तो यह है कि इनमें से कुछ की साँस इतनी जल्दी टूट जाती है कि अपेक्षित प्रभाव बनते-बनते सिमट जाता है। कुछ संस्मरणों में गहराई कम है और आधे-अधूरे चित्र ही बन सके हैं। कहीं-कहीं मूल्यांकन संबंधी झमेले भी हैं जो व्यवधान बनते नजर आते हैं—खासकर तब जब हमें लगता है कि शमशेर जैसे कवि की तुलना में प्रभाकर माचवे या भवानीप्रसाद मिश्र को कहीं अधिक महत्वपूर्ण माना जा रहा है।...लेकिन इन सारी खामियों (या असहमतियों!) के बावजूद इन संस्मरणों का जो गाढ़ा-गाढ़ा जीवन रस और विश्वसनीय सादगी है, वह तो अपनी जगह है ही। और उन्हीं को मद्देनजर रखते हुए हमें सच में इन जीवंत संस्मरणों के लिए रामदरश जी का शुक्रगुजार होना चाहिए।

आत्मकथा

कथा जो समय की है!

हमारे समय और संघर्षों की सच्ची गवाही

हिंदी में लिखी जा रही आत्मकथाएँ पढ़ना हिम्मत की बात है। इसलिए कि इन्हें पढ़ने का अर्थ है लगातार झूठ और बासीपन की बू से गुजरना। लगता है, एक आदमी अपने आपको 'महानायक' साबित करने के लिए पंख-पैर फड़फड़ा रहा है ताकि जो वह नहीं है, वह लगे। इसका एक सोचा-समझा तरीका है, दूसरों का कद छोटा कर देना। दूसरे छोटे होंगे, तो जाहिर है जैसा भी वह है, 'महानायक' यानी अफलातून लगेगा ही। कहीं कोई कनफेशन, कोई द्वंद्व, कोई अपराध-बोध नहीं और न निजी और रचनात्मक दुनिया के अंतर्विरोध, झाड़-झंखाड़—कुछ भी नहीं। सब कुछ बस, साफ-सुथरा, चमकता हुआ-सा। जैसे एक आदमी महान बनने के लिए कहीं से अवतरित हुआ और महान हो गया। और शायद यही वजह है कि हिंदी की ज्यादातर आत्मकथाएँ इतनी नीरस और उबाऊ होती हैं।

लेकिन हिंदी का दुर्भाग्य सिर्फ यही नहीं। इससे भी बढ़कर विडंबना यह है कि अपने ही बारे में जो प्रलाप या गद्गद आत्ममुग्धता जैसा सीलनभरा, उबाऊ गद्य लिखा जाता है, उसी को आत्मकथा मान भी लिया जाता है। लोग किसी और ढंग की आत्मकथा के बारे में अभी सोचने-सुनने, पढ़ने को भी राजी नहीं। लिहाजा कुछ रोज पहले हिंदी के एक आलोचक जी से रामदरश मिश्र की आत्मकथा 'सहचर है समय' पर चर्चा हुई, तो वे तीखी व्यंग्यात्मक मुद्रा में बोले—"भई, रामदरश जी का जीवन तो सीधा-सादा है। कहीं कोई संघर्ष, कोई नोंक-झोंक नहीं। विवाह के अलावा कोई प्रेम नहीं किया...नौकरी के अलावा कोई क्रांति नहीं! वे भला क्या लिखेंगे आत्मकथा?"

उनको यह समझना मुश्किल था कि शांत दिखने वाले व्यक्ति का संघर्ष कई बार संघर्षशीलता का जामा पहनने वालों से ज्यादा सच्चा और खुरदरा होता है। उसकी खुद्दारी तथा गुटबंदियों और समझौतों से अलग खड़े होकर अपना रास्ता

तलाशने की झोंक आदमी को कई बार ऐसे भीषण षड्यंत्रों की कैद में डाल देती है जहाँ खुद को टूटने से बचाते हुए सीधे खड़े होना किसी अभिमन्यु जैसे साहस का काम है। और फिर जब उसमें बचपन की खुशबुओं, गाँव-घर की स्मृतियों और यार-दोस्त, आसपास के लोगों के दुख-दाह, संघर्ष की एक-एक रेखा उभर आई हो, तब यह आत्मकथा किसी एक की नहीं, सबकी साझी हो जाती है। जैसे कोई व्यक्ति अपने से ज्यादा अपनों के संघर्ष की गवाही दे रहा हो और उसके जरिए अपने वक्त और समाज के चेहरे को अच्छी तरह छू-टटोलकर सही-सही पहचान बता रहा हो। 'सहचर है समय' की एक और खासियत यह है कि इसमें रामदरश गाँवों की भयानक गरीबी के नरक को टोहते हैं तो वहाँ की खिलखिलाती जिंदादिली को भी, जहाँ धूप के अलग-अलग स्पर्शों की पहचान तक अलग-अलग है। यही वजह है कि इस आत्मकथा में हम जिंदगी को रू-ब-रू देखते हैं और उस वक्त की तस्वीर भी, जो हमारे इर्द-गिर्द धूप, हवा और संवेदना की तरह फैला हुआ है।

'जहाँ मैं खड़ा हूँ', 'रोशनी की पगडंडियाँ', 'टूटते बनते दिन' और 'उत्तर-पथ'—चार खंडों में विभाजित रामदरश जी की आत्मकथा 'सहचर है समय' का आत्मविस्तार गजब का है और शायद इसीलिए इसका आस्वाद सचमुच निराला है। कहीं-कहीं आत्मकथा की हदबंदियों से बाहर भी! लगभग किसी उपन्यास जैसा—बल्कि उससे भी बढ़कर एक महाव्यात्मक उपन्यास की तरह, जिसमें सीधे-सादे शब्द, सीधी-सादी अभिव्यक्तियाँ है, मगर जिसके एक-एक शब्द पर आप यकीन कर सकते हैं और लिखने का ढंग कुछ ऐसा कि जैसे कोई छोटी-सी, मामूली बात कही जा रही हो, मामूली ढंग से कही जा रही हो। मगर फिर देखते ही देखते उस छोटी-सी बात में बड़े अर्थ प्रकाशित होने लगते हैं और मामूलीपन असाधारण हो जाता है। और कुछ ही आगे चलते हैं तो आप अपने आपको इस आत्मकथा के लगातार गहराते हुए प्रभाव की गिरफ्त में पाते हैं।

यों आत्मकथा का सबसे आत्मीय हिस्सा वह है जहाँ रामदरश बचपन की स्मृतियों और गाँव के अभाव के बड़े करीबी चित्रों से हमारा साक्षात्कार कराते हैं। बाढ़ के आगे मूक पशुओं की तरह लाचार लोग, बारिश में घर की गिरती हुई दीवारें, आँखों में भय की परछाइयाँ—बहुत गीले-गीले अहसास के साथ ही आप उससे गुजर सकते हैं। और फिर स्कूल का अजीब तरह का आतंक, जरा-जरा-सी भूलों पर ताबड़तोड़ बेंतों की मार लगाते घाघ मास्टर, डरकर स्कूल से भागते छात्र—लेकिन इसी के बीच रामचंद्र तिवारी जैसे मास्टर का रूप और खुलता है जो डरे हुए रामदरश को थपथपाकर फिर स्कूल के आंगन में ला खड़ा करते हैं और जीवन के नए पाठ से जोड़ देते हैं। बचपन के खेल, शैतानियों, भूतों के भय के साथ न जाने कब कविता का नशा भी सिर पर

सवार हो जाता है। और एक बार सवार हुआ तो वह फिर कभी छूटा नहीं और जीवन के तमाम नए रास्ते उसी ने खोले। चाहे शुरू-शुरू में उन्हें बच्चा बाबू के आगे 'कपि जी' क्यों न बनना पड़ा हो, लेकिन उनका कवि 'जमीन के कवि' के रूप में अपना कद हासिल करने के लिए लगातार उठता चला गया। और उसने स्वर्णवीचियों और स्वर्णशिखरों की नहीं, आदमी की लाचारी और मुश्किलों की बातें कहीं।

'रोशनी की पगड़डियाँ' में इसी का विस्तार है। इसमें रामदरश जी की किशोरावस्था है और ज्ञान के नए बोध और उस संस्कार से जुड़ने की कहानी भी जिसमें आज के रामदरश मिश्र की धुँधली-सी छाप आप देख सकते हैं। ढरसी स्कूल के आचार्य पं. रामगोपाल शुक्ल का चरित्र तो खुद में किसी कहानी-उपन्यास से बढ़कर है। न उनकी सादगी, साहित्यानुराग और बौद्धिक सतर्कता आप भूल पाएँगे और न शीतल नदी की तरह छल-छल बहता स्नेह। उनके दो-एक संस्मरण तो सचमुच भावार्द्र और विकल कर देने वाले हैं। ताज्जुब है, गाँव में उस समय इतने समर्पित और तेजस्वी शिक्षक भी थे और बहुत ज्यादा पढ़ाकू न होकर, उनकी दृष्टि कितनी दूर तक जाती थी!

ढरसी से बरहज के राष्ट्रभाषा विद्यालय और फिर काशी विश्वविद्यालय तक चले जाने की कहानी में ही धीरे-धीरे संस्कारों के गहनतर होते जाने की कहानी भी छिपी है। जिसमें यारी-दोस्ती और विद्याध्ययन के साथ-साथ सामाजिकता और राष्ट्रप्रेम की गहरी पुस्तकें भी आ जुड़ती हैं। इसके साथ ही कविता की नदी का पाट भी चौड़ा होता चला जाता है। नए से नए साहित्यकारों से नई-नई मुलाकातें। बहुत-कुछ सीखना, ग्रहण करना, बहुत-कुछ छोड़ना—छोड़कर आगे बढ़ जाना। इसी के साथ स्वाधीनता-संग्राम की गूँज भी कहीं पिरोई हुई है। इसमें बड़े राष्ट्र नेता ही नहीं, छोटे-छोटे मामूली लोग भी बड़ी भूमिकाएँ निभा रहे हैं। प्रथम श्रेणी में प्रथम एम.ए. कर लेने के बाद नौकरी की तलाश, कालेजों और विश्वविद्यालयों की ओछी राजनीति के बीच भी अपने लिए सही जगह खोजने की लड़ाई और साहित्यिक जीवन के रचनात्मक द्वंद्व 'टूटते-बनते दिन' और 'उत्तर-पथ' में हैं।

इस महाकाव्यात्मक आत्मकथा की खासियत यह है कि इसके कथा-रस और संवेदना-प्रवाह में बहते हुए, दुनियावी तौर से बहुत छोटे और मामूली लगते पात्र और छोटी-छोटी घटनाएँ भी अद्भुत अर्थवत्ता पा लेती हैं। पूरी आत्मकथा में एक किस्म का पारिवारिकता है जो अपने बारीक रेशों से जाल बुनती हुई, हर चीज को संबंधों के घेरे में ले लेती है—जैसे हर कोई उनका अपना हो। परायापन कहीं नहीं रह जाता। गाँव के सीधे-सादे माँ-बाप और दृढ़निश्चयी, स्वाभिमानी बड़े भैया का जिक्र जब-जब वे करते हैं, तब गाँव की मिट्टी की उस महक तक हमें ले जाते हैं

जिसने उन्हें रचा है। बचपन में पिटने के डर से स्कूल न जाने पर मामूली पढ़ी-लिखी माँ का तमककर कहना "तुम्हें मैं पढ़ाऊँगी" शायद मैं कभी नहीं भूल पाऊँगा। ऐसा ही प्रसंग वहाँ नजर आता है जब एम.ए. में प्रथम श्रेणी आने पर हाईस्कूल पास गाँव की पत्नी की आँखों में हम गर्व और प्रसन्नता की मिली-जुली परछाइयाँ तैरती देखते हैं।

बिकाऊ पंडित हों या मदनेश जी, भिरखू चाचा, बेंचू भाई, बच्चा बाबू या बाबा सत्यव्रत—सभी में कुछ न कुछ ऐसा है जो आपके स्मृतिपटल पर लकीरें खींचे बगैर नहीं रहता। ऐसे ही साहित्यकारों की ढेरों, एक से एक विलक्षण छवियाँ मुग्ध करती हैं। जिन साहित्यकारों को आज कीर्ति-शिखरों पर देखकर हमें हैरानी होती है, उनके लेखक होने की जद्दोजहद, किशोर सपनों, संघर्ष की तकलीफों और निस्संदेह कमजोरियों को भी (जो आगे जाकर बेईमानियाँ बनीं) हम 'सहचर है समय' में जहाँ-तहाँ बिखरा हुआ देखते हैं। इस लिहाज से कम से कम आज की पीढ़ी के लिए तमाम अनजाने पर्दे खुलते हैं 'सहचर है समय' में। नामवर, ठाकुरप्रसाद सिंह, शभुनाथसिंह, त्रिलोचन की बड़ी ही अंतरंग शक्लें इस आत्मकथा में हैं। और फिर विद्वता के गर्व को चूर-चूर करते आचार्य हजारीप्रसाद द्विवेदी के ठहाके तो हैं ही। निराला के भव्य व्यक्तित्व का एक बड़ा ही भीना-भीना संस्मरण है। इसके अलावा शिवप्रसाद सिंह, श्यामनारायण पांडेय, बच्चन, धर्मवीर भारती, अज्ञेय, अश्क, डॉ. नगेन्द्र, सावित्रीकुमारी सिन्हा, डॉ. राजबली पांडेय से खूब दिलचस्प मुलाकातें होती हैं। काशी विश्वविद्यालय में हजारीप्रसाद द्विवेदी को दुश्चिंता से मुक्त करने के लिए खुद त्यागपत्र दे आना, गुजरात छोड़ने की तकलीफ और वहाँ से विस्थापित होकर दिल्ली आना, "रामदरश आउट ऑफ जॉब हैं" सुनने के बाद डॉ. नगेंद्र की प्रतिक्रिया—ये प्रसंग बहुत बड़े न सही, मगर ऐसे हैं जिनसे हमारे समाज का चरित्र और समय की ठीक-ठीक पहचान बनती है।

यों इस आत्मकथा की तमाम सीमाएँ भी हैं। एक तो है—फालतू विस्तार। पुस्तक में तमाम प्रसंग ऐसे हैं, खासकर 'टूटते-बनते दिन' और 'उत्तर-पथ' में जिनका सर्जनात्मक इस्तेमाल नहीं हुआ। वे सिर्फ होने के लिए हैं और कुछ मामूली सूचनाएँ देकर रह जाते हैं। 'उत्तर पथ' में तो कहीं-कही हद हो गई है। रामदरश जी इस तरह साहित्यकारों, अपने शिष्यों, परिचितों और अपने मुहल्ले के अड़ोसियों-पड़ोसियों तक के नामों की मालिका पिरोते हैं कि ताज्जुब होता है।... एक बात और! साहित्यकारों का उल्लेख करते समय रामदरश जी उनकी रचनाओं के बारे में अपनी राय भी बताते जाते हैं। पर यह राय कई बार इतनी अजीब होती है कि ताज्जुब होता है। शमशेरबहादुर सिंह या त्रिलोचन की कविताओं पर उनकी राय से सहमत होना कठिन है। शमशेर के यहाँ कहीं-कहीं दुरूहता हो सकती है, पर उनकी बहुतेरी कविताओं में ऐसा संवेदनात्मक प्रवाह और आवेग है कि आप कवि

हों और उसमें बह न जाएँ, यह कल्पना तक मुश्किल लगती है। और त्रिलोचन की 'चंपा' या 'नगई मेहरा' कविताएँ नहीं है, तो फिर कविता क्या है?

ऐसा भी लगता है कि रामदरश जी साहित्य के बारे में राय देते हुए व्यक्तिगत संबंधों से भी दूर तक प्रभावित हुए हैं। मसलन 'दिनमान' में छपने वाली सर्वेश्वर की सारी समीक्षाओं को वे खारिज कर देते हैं, क्योंकि उन्हें वे दूसरों पर चोट करती हुई नजर आती हैं, किंतु नामवर सिंह की साहित्य में 'राजनीति' और डॉ. नगेंद्र के 'जग विख्यात प्राध्यापकीय चरित्र' के बारे में वे कुछ भी कहने से परहेज करते हैं। ऐसे क्षणों में जैसे वे किसी दबाव में आकर सहम-सहमकर बोलते हैं। बहुत-कुछ ऐसा है जिसे कहने से वे बचते हैं, ताकि बात किसी को बुरी न लग जाए! काशी विश्वविद्यालय से हजारीप्रसाद द्विवेदी के निष्कासन तथा दिल्ली विश्वविद्यालय के हिंदी अध्यक्ष पद से डॉ. नगेंद्र के त्यागपत्र पर उनकी चुप्पी बहुत-कुछ कहती लग रही है। और यह बात भी कुछ कम अजीब नहीं कि इतने लंबे साहित्यिक और प्राध्यापकीय जीवन में कहीं कोई पछतावा, कोई कनफेशन नहीं, अपने किसी कार्य पर अपराध-बोध नहीं। यह मनुष्य के बस की तो बात है नहीं, अगर वह सचमुच उतना ही सीधा-सादा है जितना वह दिख रहा है। यह बात कहीं-कहीं इस आत्मकथा को 'सपाट' भी बनाती है।

...इन और ऐसी तमाम कमियों की वजह से आत्मकथा का प्रवाह बीच-बीच में अवरुद्ध होता है और अंत में जाकर तो वह मानो रुक-सा गया है। इसके बावजूद इस बात से इनकार करना मुश्किल है कि 'सहचर है समय' आत्मकथा के रूप में एक बिलकुल नया और संभावना भरा रास्ता खोजने की कोशिश है। इसको पढ़ने का अर्थ एक बड़े जीवन के बड़े अहसास से जुड़ना है। कम से कम मैं स्वीकार करूँगा कि अब तक पढ़ी किसी भी आत्मकथा में मुझे अपने वक्त और संघर्ष की इतनी साफ-साफ, सही तस्वीर नहीं मिली, जितनी 'सहचर है समय' में--और यह, मेरे ख्याल से कोई मामूली सफलता नहीं है।

आखिर में इतना और जोड़ना चाहूँगा कि हिंदी की आत्मकथा 'मैं-मैं' के प्रलाप के साथ अपने बासीपन और सीलन भरे रास्तों को छोड़कर जिस ओर आएगी, वह वही है जहाँ रामदरश मिश्र अपने समय की गवाही देते हुए, 'सहचर है समय' के साथ खड़े हैं। इस लिहाज से आज के वक्त में शायद हिंदी की सबसे मौजूँ और प्रासंगिक आत्मकथा है 'सहचर है समय'। कहना न होगा कि बच्चन जी की आत्मकथा की सारी कलात्मक भव्यता के 'आतंक' के बावजूद सीधे-सादे लफ्जों में लिखी गई 'सहचर है समय' उससे कई कदम आगे की रचना है। इसलिए कि 'सहचर है समय' के साथ पहली बार हिंदी की आत्मकथा 'एकांत-पथ' को छोड़कर सच्ची 'लोकधारा' के साथ जुड़ती है।

फिलहाल

पारिवारिकता की सुगंध से सराबोर 'फुरसत के दिन'

रामदरश मिश्र उन लेखकों में से हैं जिन्हें 'बनना' नहीं पड़ता—यानी अपना लेखक होना दिखाना नहीं पड़ता। वे सहज ही लेखक हैं—एक बड़े लेखक जिनके व्यक्तित्व और लेखक का बड़प्पन धीरे-धीरे खुलता है। आप धीरे-धीरे उनकी गिरफ्त में आते हैं। मगर आते हैं तो फिर जिंदगी भर छूट नहीं पाते। हर बार उनके व्यक्तित्व और लेखन का भीतरी जोर—एक किस्म का भीतरी उजास आपको बाँध लेता है। रामदरश जी की यही सहज सादगी उनके उपन्यासों, कहानी, कविताओं के अलावा उनके संस्मरणों और आत्मकथा के पन्नों में छिटकी नजर आती है। खासकर रामदरश जी की आत्मकथा 'सहचर है समय' तो इतनी जीवंत और जीवन की सहज गुनगुनाहट से भरी-सी लगती है, उसमें समय और लोगों की इस कदर आवाजाही है कि उसे हिंदी की सबसे अच्छी आत्मकथाओं में शुमार किया जा सकता है। इस आत्मकथा की खासियत भी यही सहज सादगी है जिसके कारण रामदरश जी के कैमरे का लेंस उनसे ज्यादा उनके उन सहयात्रियों पर टिका रहता है जो उनके साथ-साथ चल रहे हैं। उनमें से कुछ भटके, कुछ प्रलोभनों की जकड़ में आकर ठहर गए। कुछ दूसरी तरह के खेलों में रम गए और कुछ ऐसे थे जो उसी ईमानदारी से खोने और गँवाने की चिंता किए बगैर अपने रास्ते पर चलते रहे। लेकिन खासियत यह है कि रामदरश जी जिस सहानुभूति से भरकर अपने इन सहयात्रियों का वर्णन करते हैं, वह विरल है और इस लिहाज से रामदरश जी की आत्मकथा हिंदी की कुछ सबसे उदार आत्मकथाओं में से गिनी जा सकती थी—गो कि यहाँ साफगोई और साफ बयानी की कमी भी आपको महसूस नहीं होती।

इसका जिक्र इसलिए कि रामदरश जी की आत्मकथा का ताजा खंड 'फुरसत के दिन' ठीक वहाँ से शुरू होता है, जहाँ 'सहचर है समय' खत्म हुआ था। लिहाजा

'फुरसत के दिन' का आस्वाद भी लगभग वैसा ही है जैसा 'सहचर है समय' का था। यहाँ भी कथा केवल खुद पर नहीं टिकती, बल्कि बार-बार खुद से दूसरों पर फिसलती है, फिर चाहे वे लेखक हैं, मित्र हैं, परिवार के लोग हैं या फिर यात्राओं में मिल गए अजनबी और सहयात्री हैं। यहाँ तक कि कई बार तो कोई बहुत मामूली व्यक्ति भी रामदरश जी की स्मृति में इस तरह घर बना लेता है कि जब वे लिख रहे होते हैं तो वह मामूली-सा दिखने वाला व्यक्ति भी किसी कथा-कहानी के चरित्र की तरह एक गैर-मामूली शख्सियत बन जाता है। अपनी जगह संपूर्ण और अद्वितीय। शायद इस सबके पीछे रामदरश जी के व्यक्तित्व के वे रेशे हैं जिन्हें किसी और नाम से पुकारने की बजाए मैं 'पारिवारिकता' कहना पसंद करता हूँ। यह पारिवारिकता रामदरश जी में है। वही उनके व्यक्तित्व का केंद्रीय गुण है और यह सभी के लिए है। मित्रों, लेखकों यहाँ तक कि अजनबियों के लिए भी। इसलिए जब वे आत्मकथा लिख रहे होते हैं तो कुछ-कुछ ऐसे लगता है जैसे घर का कोई बड़ा घर के लोगों के बारे में बता रहा हो या उनके हालचाल के बारे में लिख रहा हो।

'फुरसत के दिन' रामदरश मिश्र के प्राध्यापक जीवन से अवकाश प्राप्त करने के बाद के दिनों की कथा है। यह समय, जाहिर है, रामदरश जी के मुक्त भाव से लिखने और मुक्त भाव से लेखकों, मित्रों से मिलने और खुले संवाद का समय है। लिहाजा 'फुरसत के दिन' में सिर्फ फुरसत के दिन ही नहीं, बल्कि साहित्यिक गोष्ठियों और यात्रा-प्रसंगों की भी बहुतायत है। इनमें से कुछ गोष्ठियों के बारे में नीरस और इतिवृत्तात्मक किस्म के ब्योरे भी हैं कि उस गोष्ठी में क्या-क्या कहा बोला गया। जबकि आत्मकथा में हम केवल गोष्ठियों की साहित्यिक रपट ही नहीं, बल्कि उससे बहुत कुछ अधिक की दरकार करते हैं। बहुत-सी गोष्ठियों के जीवंत ब्योरे भी इसमें हैं। लेकिन 'फुरसत के दिन' का जादू यह नहीं है। 'फुरसत के दिन' में आत्मकथा का निखार रामदरश जी की गुजरात, हैदराबाद और दक्षिण कोरिया की उन यात्राओं के जरिए आता है, जिनमें साहित्य तो है, लेखक भी हैं, लेकिन यात्रा कहीं ज्यादा बड़ी हो गई है क्योंकि वह यात्रा मनुष्य के अनुसंधान की यात्रा-सी लगती है। खासकर दक्षिण कोरियाई यात्रा में रामदरश जी के शिष्य उनगू ली और उनके पूरे परिवार की आत्मीयता, हैदराबाद की यात्रा में विजयलक्ष्मी जैसी व्यक्तित्ववान साहित्य-रसिक की उपस्थिति और गुजरात-यात्रा में यशवंत भाई और उनके छात्रों की भावुक आत्मीयता को भूल पाना तो असंभव ही है। बल्कि सच तो यह है कि ये चेहरे और इनके जरिए उभरे जीवन के बिंब इतने सच्चे और गहरे हैं कि उन्हें फिर देखने, छूने के लिए ही हमें फिर 'फुरसत के दिन' के पन्ने पलटते रहने चाहिए।

इसी तरह पारिवारिक प्रसंगों में कम से कम तीन प्रसंग ऐसे हैं, 'फुरसत के दिन' को पढ़ते हुए जिनसे किसी भी पाठक का अलिप्त रह पाना मुश्किल है। इनमें

निःसंदेह सबसे करुण है रामदरश जी के छोटे हेमंत की सड़क-दुर्घटना का प्रसंग जिसकी सूचना भी उन्हें तब मिली, जब हेमंत को अस्पताल में दाखिल करा दिया गया था और वह जीवन और मृत्यु के बीच झूल रहा था। उन दिनों रामदरश मिश्र और उनकी पत्नी सरस्वती जी जिस भीषण मानसिक प्रताड़ना से गुजरे, उसे कहा नहीं जा सकता, सिर्फ महसूस ही किया जा सकता है। रामदरश जी की आत्मकथा के ये वे पन्ने हैं जिनका दुख आपको बार-बार रुलाता है और आप स्वयं को हाथ जोड़े एक अज्ञात की प्रार्थना में पाते हैं। ऐसा ही एक यादगार प्रसंग है रामदरश जी की अपनी नातिन के साथ यात्रा पर जाना—एक संरक्षक की हैसियत से। उस यात्रा में रामदरश जी की नातिन को अभिनय के सिलसिले में जाना था। जाहिर है, यात्रा में जितने भी लोग मिले, वे सब हेमंत को जानने वाले थे जिनके लिए रामदरश मिश्र का परिचय महज यह था कि 'ही इज हेमंत'स फादर'। इन शब्दों की चोट रामदरश जी को जिस तरह से महसूस होती है और उनकी लेखकीय व्यथा और स्वभिमान जिन शब्दों में उजागर होता है, वे निःसंदेह रामदरश जी के कद को बड़ा कर देते हैं। इसी तरह सरस्वती जी की षष्ठिपूर्ति का प्रसंग बड़ा रोचक और रसपूर्ण है। इससे सरस्वती जी की कर्मठता के साथ-साथ एक पारिवारिक लगाव की भी झाँकी मिलती है। और सबसे बढ़कर तो उनका वह बालिका वाला रूप है जिसमें मानो वे रूठकर कहती हैं—'हूँ, क्या इनके कहने से मैं साठ की हो गई!'

और भी बहुत-से प्रसंग हैं जिन्हें पढ़ने-जानने के लिए 'फुरसत के दिन' के पन्नों को बार-बार पलटा जाएगा। उन सबका जिक्र एक लेख में मुश्किल है। हालाँकि रामदरश जी ने जितनी सहज सादगी से इन प्रसंगों को लिखा है, उससे रामदरश जी के व्यक्तित्व का कोई न कोई प्यार से भीगा हुआ कोना जरूर सामने आ जाता है। यही चीज आत्मकथा के इस खंड को बड़ा और यादगार बनाती है। फिर इसमें एक साथ इतने लेखकों और उनके कृतित्व का जिक्र है। बड़े से बड़े लेखकों के साथ बिल्कुल नए और संघर्षशील लेखकों तक का, जिन्होंने साहित्य के संसार में अभी प्रवेश ही किया है—कि उससे यह आत्मकथा एक तरह से गत दस वर्षों की साहित्य की दुनिया की हलचल या साहित्येतिहास की झलक भी देने लगती है। और इसकी यह खासियत तो है ही कि रामदरश जी बड़े और यशस्वी साहित्यकारों का जिक्र जितने प्रेम से करते हैं, बिल्कुल नए और युवा लेखकों का जिक्र भी उसी प्रेम और आत्मीयता से। यह जो रामदरश मिश्र का सभी पर प्रेम लुटाने का स्वभाव है, 'फुरसत के दिन' में यह बखूबी व्यक्त हुआ है और यही महज डेढ़ सौ पन्नों में फैले आत्मकथा के इस खंड को एक यादगार कृति में तब्दील कर देता है। पुस्तक का आवरण जो चेतनदास ने बनाया है, 'फुरसत के दिन' की आत्मा को कुछ इतने गजब के ढंग से पकड़ता है और इस कदर प्रभावित करता है कि उसकी तारीफ न करना शायद कृतघ्नता होगी।

परिशिष्ट-1

डॉ. रामदरश मिश्र : संक्षिप्त जीवन-परिचय

1924 : 15 अगस्त को, श्रावण पूर्णिमा के दिन, गोरखपुर से बीस मील की दूरी पर बसे डुमरी नामक गाँव में जन्म। पिता रामचंद्र मिश्र और माता कँवलपाती। रामदरश जी अपने तीन भाइयों में सबसे छोटे हैं। बड़े भाइयों के नाम हैं--रामअवध मिश्र तथा रामनवल मिश्र। छोटी बहन--कमला।

1929 : पाँच वर्ष की आयु में गाँव के पास बिशनुपरा के स्कूल में भर्ती हुए और वहीं पर प्रारंभिक और मिडिल स्कूल की शिक्षा पाई।

1938 : चौदह वर्ष की आयु में हिंदी मिडिल की परीक्षा पास की।

1939 : उर्दू मिडिल पास किया। इस अवधि में काफी कविताएँ लिखीं और एक राष्ट्रीय नाटक भी लिखा था। कुछ कविताएँ गोरखपुर से निकलने वाली 'ब्राह्मण' पत्रिका में भी छपी थीं।

1940 : पहला विवाह सोलह वर्ष की आयु में हुआ। इसी वर्ष 'विशेष योग्यता' परीक्षा पास की।

1942 : 'विशारद' और 'साहित्य-रत्न' की परीक्षाएँ पास कीं।

1945 : अंग्रेजी की शिक्षा पाने के लिए बनारस के 'कैंब्रिज आकादमी' स्कूल में दाखिल हुए।

1946 : मैट्रिक परीक्षा पास की।

1947 : पहली पत्नी का निधन।

1948 : 'बनारस हिन्दू विश्वविद्यालय' से इंटर पास किया। इसी वर्ष 5 जुलाई को, सरस्वती जी के साथ दूसरा विवाह हुआ।

1950 : बी.एच.यू. से बी.ए. पास किया।

1951 : 'पथ के गीत' नाम का पहला कविता-संग्रह प्रकाशित हुआ।

1952 : बनारस हिंदू विश्वविद्यालय से एम.ए. की उपाधि प्राप्त की तथा इसी वर्ष शोध-कार्य का आरंभ 'हिंदी आलोचना की प्रवृतियाँ और उनकी

आधारभूमि' शीर्षक पर हुआ।

1953 : बड़े बेटे हेमंत का जन्म हुआ।

1955 : बड़ी बेटी अंजलि का जन्म हुआ।

1956 : बड़ौदा के महाराजा सयाजीराव विश्वविद्यालय में प्राध्यापक के रूप में नियुक्ति हुई।

1957 : सेंट जेवियर्स कॉलेज से निमंत्रण मिलने पर अहमदाबाद आए। इसी वर्ष पी-एच.डी. की डिग्री भी प्राप्त की। मझले बेटे शशांक का जन्म हुआ।

1959 : अहमदाबाद से नवसारी चले आए जो दक्षिण गुजरात का एक शहर है वहाँ एस.बी. गारडा कॉलेज में साल भर तक अध्यापन का कार्य किया।

1960 : शोध-प्रबन्ध 'हिंदी आलोचना का इतिहास' नाम से प्रकाशित हुआ। नवसारी से फिर सेंट जेवियर्स कॉलेज अहमदाबाद लौट आए।

1961 : पहला उपन्यास 'पानी के प्राचीर' प्रकाशित हुआ। 'साहित्य : संदर्भ और मूल्य' नामक समीक्षात्मक पुस्तक का प्रकाशन भी इसी वर्ष में हुआ।

1962 : मित्रों के सहयोग से 'बैरंग बेनाम चिट्ठियाँ' कविता-संग्रह प्रकाशित हुआ।

1963 : 17 जनवरी को छोटे बेटे विवेक का जन्म हुआ। उस दिन स्वामी विवेकानंद जी की जयंती होने के नाते, पुत्र का नाम विवेक रखा गया।

1964 : 10 अगस्त को दिल्ली आए। पी.जी.डी.ए.वी कॉलेज में पाँच वर्ष तक अध्यापन का कार्य किया। एम.ए. के लघु शोध-प्रबंध 'ऐतिहासिक उपन्यासकार वृंदावनलाल वर्मा' का दुबारा प्रकाशन हुआ। इसी वर्ष जनवरी में पिता का तथा दिसंबर में माँ का निधन हुआ।

1965 : छोटी बेटी स्मिता का जन्म हुआ।

1968 : पहला कहानी-संग्रह 'खाली घर' प्रकाशित हुआ। 'हिन्दी उपन्यास : एक अंतर्यात्रा' समीक्षात्मक कृति भी प्रकाशित हुई।

1969 : 'दिल्ली विश्वविद्यालय' में लेक्चरर के पद पर नियुक्ति। दूसरा उपन्यास 'जल टूटता हुआ' और तीसरा कविता-संग्रह 'पक गई है धूप' तथा 'हिंदी कविता : तीन दशक' (समीक्षात्मक कृति) प्रकाशित हुए। बालकृष्ण शर्मा 'नवीन' पर संपादित पुस्तक इसी वर्ष प्रकाशित हुई।

1970 : 'बीच का समय' (उपन्यास) प्रकाशित हुआ।

1971 : रीडर के पद पर पदोन्नति।

1972 : 'सूखता हुआ तालाब' उपन्यास छपा।

1974 : 'हिंदी समीक्षा : स्वरूप और संदर्भ' (समीक्षात्मक कृति) तथा 'एक वह' (कहानी-संग्रह) प्रकाशित हुए।

1975 : 'आज का हिंदी साहित्य : संवेदना और दृष्टि' समीक्षात्मक कृति निकली।

1976 : 'अपने लोग' तथा 'रात का सफर' उपन्यास प्रकाशित हुए।

1977 : 'हिंदी कहानी : अंतरंग पहचान' (समीक्षात्मक कृति) और 'कंधे पर सूरज' (कविता-संग्रह) का प्रकाशन हुआ।

1978 : 'हिंदी कविता : आधुनिक आयाम' (समीक्षात्मक पुस्तक) निकली जो 'हिंदी कविता : तीन दशक' पुस्तक का संशोधित और परिवर्द्धित संस्करण है।

1979 : 'आकाश की छत' (उपन्यास) और 'दिनचर्या' (कहानी-संग्रह) प्रकाशित हुए।

1980 : 'छायावाद का रचना-लोक' समीक्षात्मक कृति का प्रकाशन हुआ। इसी वर्ष वाणी विहार, उत्तम नगर, नई दिल्ली में अपना निजी मकान बनवाया।

1982 : ललित निबंध संग्रह 'कितने बजे हैं' तथा संपादित पुस्तक 'कथाकार प्रेमचंद' का प्रकाशन हुआ। इसी वर्ष 'बसंत का एक दिन' (कहानी-संग्रह) का प्रकाशन भी हुआ।

1983 : प्रोफेसर के रूप में पदोन्नति।

1984 : 'दिन एक नदी बन गया' (कविता-संग्रह), 'बिना दरवाजे का मकान' (उपन्यास), 'इकसठ कहानियाँ' (कहानी-संग्रह), 'हिंदी उपन्यास के सौ वर्ष' (संपादित पुस्तक), 'हिंदी के आंचलिक उपन्यास' (संपादित पुस्तक) तथा 'जहाँ मैं खड़ा हूँ' (आत्मकथा का पहला खंड) का प्रकाशन हुआ।

1985 : 31 जनवरी को सेवानिवृत्ति। पुनर्नियुक्ति योजना के अंतर्गत पुनः उसी पद पर सेवारत रहे। 'मेरे प्रिय गीत' कविता-संग्रह का प्रकाशन हुआ।

1986 : 'बाजार को निकले हैं लोग' (गजल-संग्रह), 'दूसरा घर' (उपन्यास) और 'आधुनिक हिंदी कविता : सर्जनात्मक संदर्भ' (समीक्षात्मक कृति) का प्रकाशन हुआ।

1987 : 'आधुनिक हिंदी गद्य : सर्जनात्मक संदर्भ' (समीक्षात्मक कृति) का प्रकाशन हुआ।

1988 : 'रोशनी की पगडंडियाँ' (आत्मकथा का दूसरा खंड) का प्रकाशन हुआ।

1989 : 'जुलूस कहाँ जा रहा है' (कविता-संग्रह), 'टूटते-बनते दिन' (आत्मकथा का तीसरा खंड) तथा 'तना हुआ इंद्रधनुष' (यात्रा-वृत्तांत) का प्रकाशन हुआ।

1990 : 31 जनवरी को प्रोफेसर पद से अवकाश मिला। 'मेरी प्रिय कहानियाँ' (कहानी-संग्रह), 'रामदरश मिश्र की प्रतिनिधि कविताएँ' (कविता-संग्रह) का इसी वर्ष प्रकाशन हुआ।

1991 : 'उत्तर-पथ' (आत्मकथा का चौथा खंड) का प्रकाशन हुआ।

1992 : 'आग कुछ नहीं बोलती'(कविता-संग्रह) के अलावा 'अपने लिए' तथा 'चर्चित कहानियाँ' (कहानी-संग्रह) का प्रकाशन हुआ।

1993 : 'भोर का सपना'(यात्रा-वृत्तांत) प्रकाशित हुआ।

1994 : 'थकी हुई सुबह'(उपन्यास) प्रकाशित हुआ।

1995 : 'स्मृतियों के छंद'(यात्रा-वृत्तांन्त) तथा 'श्रेष्ठ आंचलिक कहानियाँ' (कहानी-संग्रह) प्रकाशित हुए।

1996 : 'बारिश में भीगते बच्चे' (कविता-संग्रह), 'बीस बरस' (उपन्यास) तथा 'आज का दिन भी' (कहानी-संग्रह) का प्रकाशन हुआ।

1997 : 'हँसी ओठ पर आँखें नम हैं' (गजल-संग्रह) का प्रकाशन हुआ।

1998 : 'एक कहानी लगातार', 'फिर कब आएँगे' (दोनों कहानी-संग्रह) और 'बबूल और कैक्टस' (निबन्ध-संग्रह) प्रकाशित हुए।

1999 : 'ऐसे में जब कभी' (कविता-संग्रह), 'अकेला मकान' (कहानी-संग्रह), 'पड़ोस की खुशबू'(संस्मरण) तथा 'अंतरंग'(साक्षात्कार) का प्रकाशन हुआ।

2000 : 'अपने अपने रास्ते' (संस्मरण), 'सवाल के सामने' (कहानी-संग्रह), 'हिंदी गद्य साहित्य : उपलब्धि की दिशाएँ' (आलोचना) तथा 'फुरसत के दिन' (आत्मकथा का पाँचवा खंड) प्रकाशित हुए। इसी वर्ष चौदह खंडों में 'रामदरश मिश्र रचनावली' (सं. डॉ. रामदरश मिश्र एवं डॉ. स्मिता मिश्र) का प्रकाशन हुआ।

2001 : हिंदी अकादमी का 'शलाका सम्मान' तथा हिंदी साहित्य सम्मेलन, प्रयाग का 'साहित्य वाचस्पति' सम्मान।

2002 : 'दिन के साथ', 'मेरी तेरह कहानियाँ' तथा 'विदूषक' (कहानी-संग्रह) प्रकाशित हुए।

2003 : 'घर-परिवेश' (निबंध-संग्रह) तथा 'मेरे गीत' पुस्तकें छपीं। आल इंडिया कांफ्रेंस ऑफ इंटेलेक्चुअल्स, आगरा चैप्टर द्वारा 'रामविलास शर्मा साहित्य सम्मान'।

परिशिष्ट-2

रामदरश मिश्र की रचनाएँ : अब तक

कविता

पथ के गीत—राजेंद्र एंड ब्रदर्स, बलिया (1951)।
बैरंग-बेनाम चिट्ठियाँ—आस्था प्रकाशन, अहमदाबाद (1962)।
पक गई है धूप—भारतीय ज्ञानपीठ, दिल्ली (1969)।
कंधे पर सूरज—राधाकृष्ण प्रकाशन, दिल्ली (1977)।
दिन एक नदी बन गया—नेशनल पब्लिशिंग हाउस (1984)। अब वाणी प्रकाशन।
मेरे प्रिय गीत—कंदर्प प्रकाशन, दिल्ली (1985)।
बाजार को निकले हैं लोग (गजल)—विकास पेपरबैक्स, दिल्ली (1986)।
जुलूस कहाँ जा रहा है?—प्रभात प्रकाशन, दिल्ली (1989)।
रामदरश मिश्र की प्रतिनिधि कविताएँ—पार्श्व प्रकाशन, अहमदाबाद (1990)।
आग कुछ नहीं बोलती—इंद्रपस्थ प्रकाशन, दिल्ली (1992)।
शब्द-सेतु—साहित्य सहकार, दिल्ली (1994)।
बारिश में भीगते बच्चे—वाणी प्रकाशन, दिल्ली (1996)।
हँसी ओठ पर आँखें नम हैं (गजल)—परमेश्वरी प्रकाशन, दिल्ली (1997)।
ऐसे में जब कभी—नमन प्रकाशन, दिल्ली (1999)।
मेरे गीत—नमन प्रकाशन, दिल्ली (2003)।

उपन्यास

पानी के प्राचीर—हिंदी प्रचारक संस्थान, वाराणसी (1961)। अब वाणी प्रकाशन, दिल्ली।

जल टूटता हुआ—हिंदी प्रचारक संस्थान, वाराणसी (1969)। अब वाणी प्रकाशन, दिल्ली।
सूखता हुआ तालाब—नेशनल पब्लिशिंग हाउस (1972)। अब वाणी प्रकाशन, दिल्ली।
अपने लोग—नेशनल पब्लिशिंग हाउस (1976)। अब इंद्रप्रस्थ प्रकाशन, दिल्ली।
रात का सफर—राधाकृष्ण प्रकाशन, दिल्ली (1976)। अब इंद्रप्रस्थ प्रकाशन, दिल्ली।
आकाश की छत—वाणी प्रकाशन, दिल्ली (1979)।
आदिम राग—वाणी प्रकाशन, दिल्ली (1982)।
बिना दरवाजे का मकान—प्रभात प्रकाशन, दिल्ली (1984)। दूसरा संस्करण—विद्यार्थी प्रकाशन, दिल्ली (1991)।
दूसरा घर—वाणी प्रकाशन, दिल्ली (1986)।
थकी हुई सुबह—इंद्रप्रस्थ प्रकाशन, दिल्ली (1994)।
बीस बरस—वाणी प्रकाशन, दिल्ली (1996)।

कहानी

खाली घर—ज्ञान भारती प्रकाशन, दिल्ली (1968)।
एक वह—नैशनल पब्लिशिंग हाउस, दिल्ली (1974)।
दिनचर्या—प्रवीण प्रकाशन, दिल्ली (1979)।
सर्पदंश—पराग प्रकाशन, दिल्ली (1982)।
बसंत का एक दिन—प्रभात प्रकाशन, दिल्ली (1982)।
इकसठ कहानियाँ—प्रभात प्रकाशन, दिल्ली (1984)।
मेरी प्रिय कहानियाँ—साहित्य सहकार, दिल्ली (1990)।
अपने लिए—परमेश्वरी प्रकाशन, दिल्ली (1992)।
चर्चित कहानियाँ—सामयिक प्रकाशन, दिल्ली (1992)।
श्रेष्ठ आंचलिक कहानियाँ—कादंबरी प्रकाशन, दिल्ली (1995)।
आज का दिन भी—कादंबरी प्रकाशन, दिल्ली (1996)।
एक कहानी लगातार—प्रभात प्रकाशन, दिल्ली (1997)।
फिर कब आएँगे?—इंद्रप्रस्थ प्रकाशन, दिल्ली (1998)।
अकेला मकान—नमन प्रकाशन, दिल्ली (1999)।
दिन के साथ—वाणी प्रकाशन, दिल्ली (2002)।
मेरी तेरह कहानियाँ—अभिरुचि प्रकाशन, दिल्ली (2002)।
विदूषक—नमन प्रकाशन, दिल्ली (2002)।

आलोचना

हिंदी आलोचना का इतिहास–हिंदू विश्वविद्यालय, वाराणसी (1960)।
साहित्य, संदर्भ और मूल्य–एस. चाँद एंड कंपनी, दिल्ली (1961)।
ऐतिहासिक उपन्यासकार वृंदावनलाल वर्मा–एस. चाँद एंड कंपनी, दिल्ली (1964)।
हिंदी उपन्यास : एक अंतर्यात्रा–राजकमल प्रकाशन, दिल्ली (1968)।
आज का हिंदी साहित्य : संवेदना और दृष्टि–अभिनव प्रकाशन, दिल्ली (1975)।
हिंदी समीक्षा : स्वरूप और सन्दर्भ–मैकमिलन एंड कंपनी, दिल्ली (1974)।
हिंदी कहानी : अंतरंग पहचान–नेशनल पब्लिशिंग हाउस (1977)। अब वाणी प्रकाशन, दिल्ली।
हिंदी कविता : आधुनिक आयाम–वाणी प्रकाशन, दिल्ली (1978)।
छायावाद का रचना-लोक–ज्ञान प्रकाशन, दिल्ली (1981)।
आधुनिक हिंदी कविता : सर्जनात्मक सन्दर्भ–इंद्रप्रस्थ प्रकाशन, दिल्ली (1986)।
हिंदी गद्य साहित्य : आधुनिक आयाम–किताबघर, दिल्ली (1994)।
हिंदी गद्य साहित्य : उपलब्धि की दिशाएँ–नार्थ इंडिया पब्लिशर्स, दिल्ली (2000)।

ललित निबंध

कितने बजे हैं–प्रभात प्रकाशन, दिल्ली (1982)।
बबूल और कैक्टस–इंद्रप्रस्थ प्रकाशन, दिल्ली (1997)।
घर-परिवेश–साहित्य सहकार, दिल्ली (2003)।

यात्रा-वर्णन

तना हुआ इंद्रधनुष–साहित्य सहकार, दिल्ली (1989)।
भोर का सपना–वाणी प्रकाशन, दिल्ली (1993)।
पड़ोस की खुशबू–नमन प्रकाशन, दिल्ली (1998)।

आत्मकथा

सहचर है समय–किताबघर, दिल्ली (1991)।
फुरसत के दिन–इंद्रप्रस्थ प्रकाशन, दिल्ली (2000)।

संस्मरण

स्मृतियों के छंद—वाणी प्रकाशन, दिल्ली (1995)।
अपने-अपने रास्ते—नया साहित्य केंद्र, दिल्ली (2001)।

चुनी हुई रचनाएँ

बूँद-बूँद नदी—साहित्य सहकार, दिल्ली (1994)।

संपादित पुस्तकें

कथाकार प्रेमचंद
हिंदी के आंचलिक उपन्यास
कवि श्री नवीन
हिंदी उपन्यास के सौ वर्ष
जयवर्धन की पहचान

अंग्रेजी में पुस्तकें

The Sky before Her and Other Stories (Short Stories)—Radha Publication, Delhi (1998).
Modern Hindi Fiction—Bansal & Co., Delhi (1983).
Dawn of Red Flames (रात का सफर)—Kritika Books, Delhi (2000).

रचनावली

रामदरश मिश्र रचनावली—नमन प्रकाशन, दिल्ली (2000)।